SILKROAD

비단길에서 만난 세계사

S I L K R O A D

비단길에서 만난
세계사

정은주 · 박미란 · 백금희 지음

창비

비단길로 역사여행을 떠나는 여러분에게

지금까지 세계사는 유럽을 중심으로 한 '서양의 눈'과 중국을 중심으로 한 '중화(中華)의 눈'으로 기록되었습니다.

서양의 눈은 동양보다 자신들이 우월하다고 믿는 오만의 눈이었으며, 유럽만이 세계사를 주도했다고 보는 편견의 눈입니다. 그 눈은 명백한 역사적 사실조차도 뒤틀어 기록했고, 심지어 자신들에게 불리한 역사를 지워버리기까지 했습니다. 지워버리고 침묵하는 것은 잘못 기록하는 것보다 더 심하게 역사를 왜곡하는 짓입니다. 후대가 잘잘못을 따질 수도 없게 만들기 때문입니다. 그 서양의 눈은 비단길(실크로드)의 역사도 자신들을 중심으로 기록했습니다. 여러분도 알다시피 유럽은 유라시아대륙 끝부분에 자리하고 있으며, 근대 이전까지 그들은 세계사의 바다에 그리 큰 물결을 일으키지 못했습니다. 그래서 서양의 한 학자는 유럽을 '세계사의 변방'이었다고 말했습니다.

그렇다고 동양의 우월함만을 강조하는 것도 바람직하지 않습니다. 역사에서 뭔가를 배우는 데 아무런 도움을 주지 못하기 때문입니다.

또 하나의 눈인 중화의 눈은 중국만이 세계의 중심이고 그 주변은 모두 오랑캐거나 야만족이라 생각했습니다. 오래전부터 우리 안에 들어와 서서히 깊어진 중국을 중심으로 한 역사 인식은 어쩌면 유럽 중심의 역사관보다 더 경계해야 할 대상인지도 모릅니다. 중국이 고구려사와 발해사를 자국사 안으로 편입하려는 오늘날의 움직임은 중화주의 역사관이 얼마나 뿌리 깊고 집요한지 알려주고도 남습니다.

유럽 중심과 중국 중심의 역사관은 비단길의 역사에서도 그대로 드러납니다. 그들은 유라시아대륙을 하나로 이어주던 오아시스 도시국가들이나 초원민족들의 역사를 통째로 빼버리거나 일부러 모른 척해버리기도 했습니다. 특히 유목민족들을 야만적이고 잔인한 부족 정도로 생각했지요. 몽골제국에 대한 그들의 평가를 보면 잘 알 수 있습니다. 그러나 중국과 유럽이 몽골제국의 강한 힘을 얼마나 두려워했는지, 몽골제국을 막기 위해 얼마나 안간힘을 썼는지, 그리고 이들에게서 얼마나 많은 영향을 받았는지 하나둘씩 밝혀지고 있습니다.

우리가 여러분과 나누고픈 이야기는 '비단길을 통한 만남과 교류가 각 나라와 세계의 역사를 어떻게 바꾸었을까'에 관한 것입니다. 얼마나 많은 사람들이 무엇을 가지고 오갔는지, 험난하고 드넓은 사막과 초원과 바다를 어떻게 오갔는지, 그리고 비단길을 따라 흘러간 문명이 다른 문명을 어떻게 바꾸었는지, 그래서 인류의 문명이 얼마나 풍요로워졌는지를 살펴보자는 것이지요. 한 예로 비단이나 종이, 화약의 교류는 세계사 자체를 뒤흔든 '대사건'이었습니다. 죽어 있는 사건이 아닌 살아 있는 그 현장으로 여러분과 함께 여행해보고 싶었습니다. 워낙 긴 시대와 넓은 공간에 걸친 교류와 영향을 살피는 작업이라 어려움이 많았지만, 세계사의 맥을 짚는 데 여러모로 참고가 될 수 있으리라 생각하여 있는 지혜를 모았습니다.

이와 더불어 우리는 비단길의 역사에서 사라져간 구체적인 사람과 민족의 모습을 보여주고 싶었습니다. 사막과 산맥과 바다에서 강인한 모험심으로 시련과 난관을 뛰어넘은 용기 넘치는 삶의 모습을 전해주고 싶었지요. 유라시아대륙 한복판에서 동과 서가 만나는 데 당당한 주역을 맡은 중앙아시아의 역사를 만나본 것도 이 때문입니다. 그래서 우리는 이 책에서 역사의 뒷길로 사라진 그들을 역사의 무대로 불러내려 애썼습니다.

비단길 위에서 마주치는 우리나라 역사도 새롭게 다가올 것입니다. 유리시아대륙의 동쪽 끝에 있는 우리나라도 비단길을 통해 세계와 폭넓게 교류했습니다. 분단된 남쪽 땅에서 반세기가 넘도록 살아오고 있지만, 사실 우리 민족은 대륙과 바다로 활짝 열린 창(窓)을 통해 세계와 호흡했습니다. 서쪽의 로마제국과 페르시아제국의 문물이 들어왔으며, 아랍의 상인들이 직접 들어와 살기도 하는 등 동시대의 세계문명을 함께 누리며 호흡했다는 사실을 확인하면 아마 벅찬 감격을 맛보기도 할 것입니다.

서양의 눈과 중국의 눈으로 역사를 보는 것은 이미 낡은 방식이 되었습니다. 이제는 서양과 중국의 관점을 뛰어넘어 유라시아대륙, 나아가 지구촌 전체를 하나로 아우르는 '우리의 눈'으로 역사를 봐야 합니다.

비단길은 인류가 교류를 통해 공존과 번영을 실현한 역사의 길입니다. 세계를 향해 문을 활짝 연 당나라 사람들, 세계에서 배우기를 주저하지 않은 무슬림들, 그리고 마침내 세계제국을 실현한 몽골인들의 장쾌한 역사는 인류의 미래를 상상하는 데 부족함이 없었습니다. 인류가 공생공영하는 미래를 위한 지혜를 비단길의 역사에서 배울 때, 비단길과 우리는 '비단처럼 아름다운 존재'가 될 것입니다.

우리는 이 책을 이제 막 비단길로 역사여행을 떠나려는 여러분에게 내놓습니다. 예전에 비하면 퍽 많은 역사교양서들이 출간되고 있습니다. 반갑고 다행스런 일이지요. 그러나 걱정되는 면이 있는 것도 사실입니다. 여전히 많은 책이 서구 중심의 역사관을 담고 있기 때문입니다. 학교에서 배우는 교과서만 보아도 세계사의 중심은 여전히 서구입니다. 어차피 역사는 '승자의 기록'이라는 강자의 패권논리를 배우는 게 아닌지 우려스럽습니다. 또 청소년여러분께 자신 있게 권해줄 만한 역사책을 찾는 것도 무척 힘들더군요. 결국 우리들은 여러분에게 들려줄 만한 책을 직접 쓰기로 했습니다. 세 명이 함께 공부하고 토론한 후 글을 썼고, 쓴 글을 돌려 읽고 또다시 토론하고 공부하는 과정이 여러 차례 반복되었습니다.

동서문명 교류사 연구에 큰 산을 이룬 정수일 선생의 초인적인 노작 『씰크로드학』은 우리들이 기댈 수 있는 언덕이 되어주었습니다. 더욱이 바쁘신 가운데도 우리의 궁금증에 성실히 답해주시고 격려해주신 정선생님께 깊은 감사의 인사를 드립니다. 그리고 공들여 엮어준 창비 교양출판부와 이 책을 준비하는 오랫동안 아낌없는 관심으로 힘이 되어준 가족에게도 고마움을 전합니다.

2005년 8월
정은주·박미란·백금희 씀

추천의 글

비단길, 그것은 그저 여흥이나 즐기는 여행길이 아니라, 인류 역사가 흘러온 길이고 인류 문명이 소통된 길이다. 그래서 오늘도 수많은 사람과 숱한 문물이 그 길을 따라 오가고 있다. 더욱이 이 시대에 와서 비단길은 세계를 하나로 이어주고 묶어주는 유대이기에 그 중요성은 더더욱 커지고 있다. 그러나 그 길이 어떤 길이고, 그 길 위에서 무슨 일이 어떻게 벌어졌는지는 아직 제대로 밝혀지지 않고 있다. 따라서 그 길을 밝히려는 노력은 역사와 문명의 속내를 파헤치는 작업이고 도전일 수밖에 없다.

2년 전 어느 날, 세 저자와 자리를 함께한 바 있다. 그 분들은 아이들을 기르는 현장에서 시대의 요청에 걸맞은 문명사를 가르쳐야 한다는 사명을 절감했기에 비단길에 관한 책을 쓰기로 작심했다고 하였다. 내용은 물론, 얼거리도 신선하고 창의적이었다. 문명교류사를 전공한답시고 비단길에 늘 관심을 갖고 있던 필자로서는 여간 반가운 일이 아니었다. 그 반가움이 오늘의 결실로 이어졌다. 책의 출간을 진심으로 축하해 마지않는다.

총 여섯 장으로 구성된 이 책에는 개념 정의 같은 이론상의 문제가 없지는 않지만, 총체적으로 볼 때 이 책은 재미있게 풀어쓴 교양서이다. 비단길이 언제 생겨나서 어떻게 발달해왔는가를 밝히고 나서는 그 길 위에서 꽃핀 여러 문물 교류상과 위대한 유산들을 조목조목 알려준다. 이러한 교류는 사람들과 국가권력에 의해서 이루어졌기 때문에 험난한 비단길을 누비면서 교류를 담당한 주역들과 흥망을 거듭한 나라들의 역할도 반듯하게 설명하고 있다.

이 책에서 주목되는 대목은 비단길을 우리나라와 연결시키고 있다는 점이다. 저자들은 이 길을 흔히들 말하는 '실크로드'라 하지 않고 굳이 '비단길'이라고 이름하며, 3대 간선인 초원로와 오아시스로, 해로를 각각 한반도까지 연장시키고 있다. 아름다운 마음자리가 돋보여 더욱 흐뭇하다. 사실 지금까지는 비단길이 고작 중국까지라는 통념에 사로잡혀 우리나라는 이 길에서 소외되고 말았다. 그러나 이제 우리나라가 비단길의 동단(東端)에 당당히 자리함으로써 '세계 속의 한국'이란 위상이 복원되는 셈이다. 이 한 가지만으로도 이 책의 값어치를 가늠하고도 남음이 있다 하겠다.

저자들이 책을 잘 꾸미기 위해 성심성의를 다한 흔적이 곳곳에서 또렷이 보인다. 워낙 비단길에 관한 연구는 새로운 분야라서 참고자료가 많지 않을뿐더러, 아직 내용이나 체계도 제대로 잡혀 있지 않다. 이렇게 불비(不備)한 여건 속에서도 저자들은 나름대로의 소신을 가지고 서술체계를 세워 내용을 알기 쉽고 친절하게, 그리고 알차게 풀어가고 있다. 간략한 '주'와 더불어 요소마다에 '잠깐잠깐'이라든가, '한 걸음 더 자세히'라든가 하는 보충설명란을 마련하여 이것저것 흥미 있는 이야기를 덧붙이고 있다. 그런가 하면 직관성을 높이기 위해 관련 사진이나 그림, 지도들도 적절하게 배합하고 있다.

비단길은 어느 지역만의 길이 아니라, 전 세계를 아우르는 문명교류의 통로다. 저자들은 이 책에서 주로 유럽과 아시아 간에 전개된 비단길에 관해서만 다루고 있다. 그러나 이제는 그 한계성을 뛰어넘어 우리처럼 따돌림을 당해온 라틴아메리카와 아프리카, 북방 유목세계 등을 포함한 전지구로 뻗어나가야 할 것이다. 더불어 생소한 개념 같은 것들도 좀더 다듬어야 할 것이다. 옥에 티는 어디까지나 티일 뿐, 옥은 옥대로 빛나는 법이다.

저자 세 분의 힘을 한데 모아 훌륭하게 엮어낸 이 책은 읽는 이들, 특히 청소년들이 비단길을 통한 문명 교류를 이해하는 데 하나의 안내서·지침서가 되리라 믿어 의심치 않는다. 그래서 모든 이들에게 일독을 권장하는 바이다.

2005년 8월
정수일 씀

차례

책머리에 __ 005
추천의 글 __ 009

제1장 ● 비단길의 발자취

1. 오아시스비단길, 장벽을 뚫다 __ 018
2. 초원비단길, 푸른 대륙을 달리다 __ 032
3. 로마에서 중국으로 이어진 바다비단길 __ 045
한걸음 더 자세히 빛나는 도시 이야기 __ 059

제2장 ● 비단길에서 오간 진귀한 물품들

1. 세계를 매혹시킨 실바람, 비단 __ 071
2. 말, 비단과 바꾸다 __ 079
3. 옥과 유리, 아름다운 고대의 얼굴 __ 086
4. 흙과 불로 빚은 예술혼, 도자기 __ 098
5. 향료 찾아 비단길에 돛을 올리다 __ 109
한걸음 더 자세히 비단길을 오간 여러 식물 __ 117

제3장 ● 비단길 교류의 주역들

1. 세계사에 우뚝 선 유목민족 __ 126
2. 오아시스도시국가 순례기 __ 138
3. 비단길의 주연배우, 상인이야기 __ 155
4. 비단길 상인들은 어떻게 교역했을까? __ 165
5. 비단길의 교통수단 __ 171
한걸음 더 자세히 비단길에서 기록을 남긴 사람들 __ 185

제4장 ● 비단길의 위대한 유산

1. 동아시아에 퍼진 불교의 향기 _194
2. 알라의 빛으로 비단길을 비추다 _203
3. 기독교, 동방으로 간 까닭은? _216
4. 동방에서 꽃핀 서역의 예술혼 _224
5. 동아시아의 과학기술, 세계를 바꾸다 _237
6. 이슬람의 학문과 과학기술 _248
한걸음 더 자세히 전설을 역사로 바꾼 발굴이야기 _257

제5장 ● 비단길에서 만난 대제국

1. 헬레니즘제국, 아시아와 유럽의 결합 _270
2. 중국에서 로마제국까지 _276
3. 중세를 이끈 두 거목, 이슬람과 중국 _285
4. 세계를 뒤흔든 몽골제국 _295
한걸음 더 자세히 비단길에 이름을 남긴 사람들 _311

제6장 ● 비단길과 우리나라

1. 한반도에 이르는 비단길 _321
2. 삼국과 통일신라의 서역관계 _334
3. 고려와 조선의 서역관계 _351
4. 비단길에 새겨진 우리 민족의 얼굴들 _362

찾아보기 _378

일러두기

1. 이 책에 등장하는 외국의 인명과 지명 등은 대부분 현행 외래어 표기법을 따라
   표기했다.

2. 외국 지명과 인명의 원어는 '찾아보기'에 함께 적어두었다.

제1장

비단길의 발자취

지금부터 2,000년도 더 된 오래 전 일이다. 아시아와 유럽, 북아프리카에 있는 나라들은 서로를 잘 알지 못한 채 살았다. 이들이 이웃으로 살면서도 서로 잘 알지 못했던 것은 오가기가 힘들었기 때문이다. 중국과 중앙아시아 사이에 '세계의 지붕'이라 불리는 파미르고원이 버티고 있어 동서를 잇는 길은 좀처럼 열리지 않았다. 파미르고원을 넘는 길이 뚫리면서 인류는 본격적으로 만나 문명과 물품을 주고받았다. 비단은 중국에서 유럽으로 간 최초의 귀한 물품이었다. 그래서 이 길을 비단길이라 부른다.

　　오아시스도시의 상인들은 중국의 장안(오늘날의 시안)에서 낙타의 등에 비단을 가득 싣고 파미르고원을 넘고 서아시아의 사막을 거쳐 로마까지 갔다. 그들이 간 거리는 직선으로 따지면 9,000킬로미터이며 실제거리는 1만 2000킬로미터였다. 1만 2000킬로미터라, 상상이 가는가? 한반도의 12배 길이고 하루 30~40킬로미터씩 간다는 낙타가 쉬지 않고 걸어도 1년 이상이 걸리는 거리다. 그러니 보통 2~3년이 걸리기 십상이었다.

　　초기의 비단길은 중앙아시아와 서아시아에 있는 사막의 오아시스를 연결한 길이라 오아시스비단길이라고도 불린다. 하지만 오아시스비단길만 있던 것은 아니다. 북쪽의 유라시아초원을 연결하는 초원비단길도 있었고 중국 앞바다와 인도양, 그리고 아라비아해를 잇는 바다비단길도 있었다.

또 비단길은 장안에서 로마까지만 이어진 길이 아니다. 초원비단길·오아시스비단길·바다비단길 모두 한반도와 끈끈하게 이어졌다. 바다비단길로는 일본까지 이어지기도 했다. 물론 16세기 이후에는 태평양비단길이 열리고 '신대륙'이라고 부른 아메리카까지 연장되기도 한다.

이 길들을 따라 많은 진귀한 물품이 교류되었고, 인류가 만든 대표적 문명인 종교와 예술도 전해졌다. 인류는 이 길들을 통해 서로의 문명을 주고받으며 새로운 문명을 꽃피웠고, 세계의 역사도 이 길을 중심으로 발전했다고 해도 지나친 말이 아니다.

1. 오아시스비단길, 장벽을 뚫다

　지도를 펴고 유럽과 아시아, 즉 유라시아를 살펴보자. 남쪽에는 적도를 지나는 바다와 북쪽에는 얼음으로 덮인 북극해가 있을 것이다. 그 중간 북위 40도 부근의 지형을 살펴보면 1년 내내 강수량이라고는 200~500밀리미터 정도밖에 되지 않는 건조지대가 펼쳐져 있다. 사막이란 붉은 띠가 동쪽에서 서쪽으로 마치 유라시아를 감싼 것처럼 놓여 있는 것이다. 동쪽 몽골의 고비사막을 시작으로 중국의 타클라마칸사막, 남러시아의 키질쿰사막과 카라쿰사막이 잇달아 자리하고 있다. 서아시아에서 지중해까지 이르는 길에도 이란의 카비르사막, 루트사막과 시리아사막이 연이어 펼쳐져 있다.

　물론 건조지대라고 해서 모래와 자갈로 뒤덮인 사막만 계속 이어지는 것은 아니다. 눈을 찌를 듯한 강한 햇볕과 황량함으로 지칠 때쯤이면 파미르고원과 톈산산맥의 눈 녹은 물이 사막으로 흘러 생긴 오아시스가 나타난다.

카자흐초원
발하시호
몽골고원
고 비 사 막
시르다리야강
키질쿰사막
톈 산 산 맥
타림분지
파미르고원
타클라마칸사막
카라쿰
사막
쿤 룬 산 맥
카스피해
아무다리야강
카비르사막
힌두쿠시산맥
티 베 트 고 원
부트사막
히말라야산맥
양쯔강
지 중 해
태 평 양
아라비아해
인 도 양

유라시아대륙.

1 | 초록의 보석, 오아시스를 이은 비단길

오아시스비단길은 이름에서도 알 수 있듯이 중국에서 생산된 비단이 서방에 전해져 큰 인기를 모으면서 이름이 붙은 길이다. 낙타를 타고 사막을 오가던 대상(隊商)들이 장안에서 로마 사이에 있는 오아시스와 오아시스를 오가며 비단을 사고팔면서 생긴 길이다.

하지만 오아시스비단길은 단지 비단만 오간 길이 아니다. 동방에서만 생산되는 도자기 같은 귀한 물건들과 그 반대로 서방에만 있는 유리 따위의 물건들이 거래되던 교역로였다. 이처럼 동서방이 원하는 귀중품을 구하기 위해 고생도 마다하지 않겠다는 사람들이 늘면서 오아시스비단길은 차츰 사람과 물자가 흘러넘치는 길이 되었다.

비단길을 오가는 대상이 늘어남에 따라 교통량이 많아지면서 중앙아시아의 여러 오아시스는 그저 대상들이 잠시 쉬어가는 곳이

* 중앙아시아 타림분지 남부
에 있는 오아시스도시다.
위구르어로는 '호탄'이라고
도 부른다.

* 불교와 이슬람교를 제외한
종교를 간단히 설명하면 이
렇다(불교와 이슬람교에
대해서는 제4장에서 자세
히 설명). 경교(景敎)는 당
나라 때 중국에 전해진 네
스토리우스파의 기독교다.
왕실의 보호로 융성했다가
당나라 말에 거의 소멸했
다. 조로아스터(Zoroaster)
교는 기원전 6세기 무렵,
조로아스터가 창시한 페르
시아의 고대종교다. 불을
신성하게 여겨 배화교(拜火
敎)라고도 부른다. 마니교
(摩尼敎)는 3세기 때에 페
르시아인 마니가 조로아스
터교를 바탕으로 하고, 기
독교와 불교의 요소를 가미
해 만든 종교다.

아니라 그 자체가 중요한 교역거점으로 발전하기에 이른다. 그러
다 어떤 오아시스는 규모가 커져 번영을 누리게 되고 주변을 지배하
면서 독립적인 도시국가의 형태를 갖추기도 했다. 투루판·허텐*·
사마르칸트·부하라 같은 오아시스도시는 대부분 이렇게 생겨난
도시국가였다. 여러 문물이 교류되는 오아시스도시국가들이 이어
져 동서로 뻗은 길이 바로 오아시스비단길이다.

오아시스비단길을 따라 대상들만 오간 것은 아니다. 불교·이
슬람교·경교·조로아스터교·마니교* 같은 종교도 그 길을 따라
퍼져나갔다. 특히 불교와 이슬람교는 이 길을 따라 각지로 전파되
어 세계적인 종교가 되었다. 또 중국이 자랑하는 양잠술(누에 치는
기술)과 견직술(비단 짜는 기술), 그리고 제지술·인쇄술·화약 등도 오
아시스비단길을 통해 서방에 전해졌고 이슬람문명권의 뛰어난 학
문과 과학기술도 이 길을 따라 동서방에 전해졌다. 인도의 불교미
술이 그리스문화와 만나 꽃핀 간다라미술도 오아시스비단길에서
만날 수 있다. 동서양의 예술도 이 길을 따라 교류되었다.

한편 이 길은 인도로 불교경전을 구하러 떠난 법현과 현장 같
은 승려들, 동방을 찾아온 기독교 선교사들, 마르코 폴로나 이븐
바투타 같은 이름난 여행가들, 장건 같은 사신들, 기타 학자와 예
술가 등 수많은 사람이 지난 길이기도 하다. 또한 오아시스비단길
은 한나라와 당나라를 비롯해 이슬람제국과 몽골제국, 티무르제국
등 여러 나라와 민족이 흥망성쇠를 거듭하며 유라시아의 역사를
만든 길이기도 하다. 이 길에는 다리우스 1세, 알렉산드로스왕, 칭
기즈칸 등 영웅들의 흔적이 생생히 남아 있다.

오아시스비단길에는 이처럼 헤아릴 수 없는 많은 이들의 드라
마가 살아 있다. 그래서 이 길은 동서문명을 이어주는 비단처럼 아
름다운 길이 된 것이다.

2 | 오아시스비단길 가는 길

오아시스비단길은 오아시스남도·오아시스북도·톈산북로 등 몇 갈래 길로 나뉜다. 여기서는 힘의 균형을 이룬 당나라와 이슬람 제국이 활발한 왕래와 교류를 하던 8~9세기 무렵을 중심으로 살펴보자.

오아시스비단길은 시대에 따라 그 노선이 달랐다. 이 길은 여러 나라를 거치는 길이기 때문에 나라들 간에 전쟁이 있거나 다툼이 있을 경우 매우 불안정한 길이 되기도 했다. 주변정세의 변화에 따라 길이 폐쇄되기도 하고 다른 지역으로 옮기기도 했다. 또 번성하던 오아시스도시가 갑자기 모래에 묻혀 길이 없어지는 바람에 새로운 길이 개척되기도 하고 지름길로 노선이 단축되기도 했다.

그럼 지금부터 장안을 출발해 로마까지 대상을 따라 오아시스비단길을 따라가보자.

낙타무리를 이끌고 장안을 떠난 대상행렬은 먼저 치롄산맥과 고비사막 사이에 동서로 좁은 복도처럼 길게 뻗은 허시후이랑지대*를 지나 몇몇 오아시스도시를 거쳐 둔황에 이른다.

둔황은 중국에서 서방으로 나가는 관문이다. 그래서 이곳을 '오아시스비단길의 목구멍'이라고 부르기도 한다. '죽음의 사막'이라고 하는 타클라마칸사막을 앞두고 있어 일단 휴식을 취해야 하는 곳이기도 하다. 둔황 교외에 있는 유명한 모가오굴에서 여행의 안전을 기원하며 불공을 드리는 상인과 여행자 무리를 자주 만날 수 있다.

둔황을 나서 위먼관과 양관을 지나면 타클라마칸사막의 남쪽

* 중국 간쑤성 서부 치롄산맥과 고비사막 사이에 위치해 동서로 이어진 비옥한 땅이다. 우웨이·장예·주취안·둔황 등 오아시스도시가 있으며 예로부터 동서 교류의 중요한 지역이다. '하서회랑지대'라고도 한다.

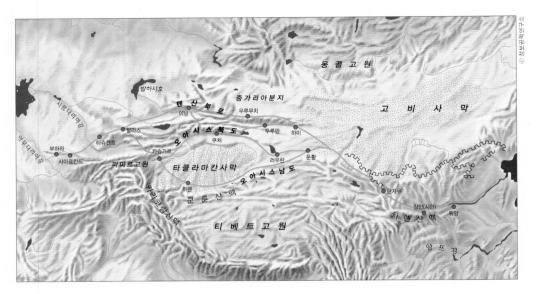

오아시스비단길.

과 북쪽 오아시스도시들을 연결한 오아시스남도와 오아시스북도가 나타난다. 대상들은 이 가운데 한 길을 선택해야 한다.

비단길의 모험은 이곳에서 본격적으로 시작된다. 투르크말로 한 번 들어가면 살아서 나오지 못한다는 뜻을 가진 타클라마칸사막이 있는 타림분지가 펼쳐지기 때문이다. 오늘날 중국 북서부의 신장웨이우얼자치구에 있는 타림분지는 비단길에서 가장 위험한 구간이기도 하다. 타림분지는 사방이 높은 산으로 둘러싸인 계란 모양의 낮은 지대다. 북쪽으로는 톈산산맥이 솟아 있고 서쪽으로는 파미르고원이, 남쪽으로는 쿤룬산맥과 카라코람산맥이 에워싸고 있다. 이 지역은 동쪽으로만 트여 있는데 그쪽으로는 고비사막과 뤄부포사막이 있다.

이처럼 험한 타클라마칸사막의 북쪽 오아시스를 연결한 길을 오아시스북도라고 부른다. 오아시스북도를 거쳐 콘스탄티노플에 도착하면 교역품은 배에 실려 로마로 향한다. 특히 이 길은 중국의 제지술이 이슬람세계에 전해진 길이기도 하다. 또 현장과 혜초 같

22

은 불교승려들이 고생스런 발자국을 새겨
놓은 길이기도 하다. 이 길에는 많은 불교
유적이 있으며 여러 문명이 교류한 흔적
도 찾아볼 수 있다.

　오아시스남도는 타클라마칸사막의 남
쪽 오아시스도시들을 이은 길이다. 이 길

중국에서 서역으로 나가는
마지막 문 위먼관.

은 인도를 비롯한 서남아시아 지역을 중국과 연결하는 길이다. 전
한 때 장건이 박트리아에서 이 길을 따라 귀국하면서 처음 알려진
후 인도와 서남아시아 지역을 오가는 많은 사람들이 이 길로 다녔
다. 또한 오랫동안 신비에 싸여 있던 양잠술이 바로 이 길을 거쳐
옥의 산지 허톈에 전해졌다.

　오아시스비단길 중 가장 북쪽에 놓인 톈산북로는 톈산산맥 북
쪽을 넘고 중앙아시아를 거쳐 비잔틴제국*으로 가는 길이다. 이
길은 13세기 유라시아를 지배한 몽골제국의 영향력 아래 초원비단
길과 함께 많이 이용되던 길이다.

*테오도시우스 1세가 죽은
뒤 동과 서로 나뉜 로마제
국 가운데 동방제국을 일컫
는 말이다. 330년에 개국했
고 1453년 오스만투르크제
국에 망했다. 동(東)로마제
국이라고도 부른다.

3 | 오아시스비단길은 어떻게 만들어졌나?

　모든 길이 그렇듯이 오아시스비단길도 처음부터 장안에서 로
마까지 한꺼번에 뚫린 것은 아니다. 험준한 파미르고원이 가로막
아 동방과 서방은 오랫동안 만나지 못했다. 기원전 파미르고원의
서쪽 드넓은 지역을 차지하고 있던 아케메네스왕조 페르시아에는
'왕의 길'이라고 불린 도로가 정비되어 있었다. 그러나 파미르고원
에서 동쪽 중국에 이르는 길은 미지의 상태였다. 지금부터 파미르
고원을 뚫고 장안에서 로마까지 오아시스비단길이 열리게 된 사연

을 알아보자.

비단길의 개척자 장건

기원전 2세기 무렵 한나라 무제 때 장건이 험준한 이 고원을 가로질러 서쪽으로 가게 되었다. 동방과 서방을 가로막던 거대한 장애물에 길이 열리면서 드디어 장안과 로마는 연결된 것이다. 장건이 서역*으로 가는 길을 처음으로 뚫었다고 해 이를 장건의 서역 착공(鑿空)이라고 부른다.

장건은 왜 그때까지 아무도 밟지 않던 파미르고원을 넘었을까?

당시 중국은 북쪽 국경을 침범하는 흉노* 때문에 큰 위협을 받고 있었다. 흉노의 중국 침공은 전국시대* 때 시작되었는데 진나라 시황제가 만리장성을 쌓은 것도 이들의 침략을 막기 위해서였다. 나라의 틀을 다진 후 국력을 강화한 흉노가 한나라에는 처음부터 큰 골칫거리여서, 한나라는 건국 직후 60여 년 동안 흉노에 화친과 타협 정책을 썼다. 한나라는 해마다 흉노의 왕인 선우에게 비단을 비롯한 공물을 바치고 혼인도 마다하지 않았다. 그렇지만 100만 명의 유능한 기마정예병을 가진 흉노는 이에 아랑곳하지 않고 계속 변방을 침범해 약탈하곤 했다.

16세의 어린 나이에 왕위에 오른 한나라의 무제는 흉노를 물리치기로 결심한다. 그러던 차에 흉노에 쫓겨 서쪽으로 간 대월지*가 복수할 기회를 노린다는 소식을 전해 듣는다. 무제는 대월지와 힘을 합해 동서 양쪽에서 흉노를 공격할 전략을 세우고 그것을 실현하기 위해 대월지에 사신을 보냈는데, 장건이 바로 그 사신이다.

기원전 138년 장건은 감부를 비롯한 100여 명의 수행원을 이끌고 대월지를 찾아 나섰다. 그는 가는 도중에 국경 일대를 장악한 흉노에 사로잡혔지만 흉노는 그를 죽이지 않고 자기편으로 만들기

* 중국 서쪽에 있던 나라들을 통틀어 서역이라 불렀는데 한나라 때의 서역은 대체로 오늘날의 중국 신장웨이우얼자치구 타림분지에 해당한다. 당나라 때에 와서는 한나라의 서역과 파미르고원 서쪽의 중앙아시아뿐 아니라 인도와 페르시아, 아랍까지 포함해 서역이라 불렀다.

* 기원전 3세기 말부터 기원후 1세기 말까지 몽골고원을 중심으로 활약한 유목민족이다.

* 기원전 5세기부터 기원전 3세기까지 중국에서 여러 나라들이 패권을 다투던 시기를 이른다. 춘추시대와 합쳐 춘추전국시대라고도 한다.

* 중국 전국시대에서 한나라 때까지 중앙아시아 아무다리야강 유역에서 활약한 페르시아계 또는 투르크계의 민족이다.

서유기행역정도 ③

장건의 서역사행 경로.

위해 흉노족 처녀를 아내로 삼게 했다. 하지만 10여 년 동안 자신
의 임무를 잊은 적이 없는 장건은 감시가 소홀해진 틈을 타 아내,
감부와 함께 도망치는 데 성공했고, 대월지로 가기 위해 아무도 밟
지 않았던 톈산산맥을 넘었다.

　그러나 온갖 고생 끝에 도착한 대월지에는 그새 많은 변화가
있었다. 대월지는 박트리아를 지배하며 태평성세를 누리고 있어
복수할 마음이 없어진 것이다. 장건 일행은 크게 실망하고
한나라로 돌아오는 길에 다시 흉노에 붙잡혀 1년 동안
갇혀 있다 마침 흉노의 내분을 틈타 탈출해 13년
만에 장안으로 돌아왔다. 함께 대월지로 떠났
던 100여 명 중 살아남은 사람은 그와 수행
원 단 두 명뿐이었다.

장건. 오늘날 중국인들은 '중
국의 콜럼버스'라고 부른다.

　이처럼 장건의 서역 사행은 실패로 끝났지
만 역사상 매우 중요한 의미를 지닌다. 장건이
서역의 여러 곳을 둘러본 후 갖고 돌아온 여러
정보는 그때까지 중국이 몰랐던 페르가나·사
마르칸트·부하라·발흐·인도·페르시아·로마

모가오굴 제323굴에 그려져
있는 「장건 출사 서역도」.

등 중국 밖의 세상을 알게 해주었다. 서역에 대한 지식과 함께
말·포도·석류·호두 등 중국에는 없던 서역 물물도 중국으로 들
어오고 서역 여러 나라에 사신을 파견하는 등 본격적인 교섭이 시
작되었다.

결국 장건의 서역착공은 동방과 서방이 사상 처음으로 만나고
교류하는 계기가 되었다. 그래서 장건을 '비단길의 개척자'라고 부
른다.

활짝 열린 오아시스비단길

서역으로 가는 길이 열린 후 오아시스비단길은 당나라 때 전성
기를 맞는다. 당나라의 강력한 힘과 열린 대외정책이 동서 간의 교
역과 교류를 활발하게 하였다.

당나라는 비단길 교역으로 부(富)가 모여드는 서역을 노렸다.
타림분지의 오아시스도시국가를 지배하던 서돌궐이 내분으로 약
해지자 당나라는 본격적으로 서역으로 진출하기 시작했다. 당나라

는 고창국*을 물리치고 그 여세를 몰아 타림분지의 지배에 나섰다. 당나라의 힘이 파미르고원 너머 중앙아시아의 소그디아나에서 오늘날의 아프가니스탄 일대까지 미치자 비단길을 통한 당나라와 서역 간의 교역량은 크게 늘었다.

소그드상인·페르시아상인·아랍상인들을 통해 서역의 진귀한 물품들이 당나라에 물밀 듯이 밀려왔고 장안은 활기 넘친 국제교역도시가 되었다. 불교·경교·마니교·조로아스터교 등 다양한 서방종교가 들어왔을 뿐 아니라 서역의 음악과 무용 등도 전래되었다. 이렇게 화려한 국제문화가 꽃핀 시대를 '장안의 봄'이라고 부른다.

하지만 당나라는 751년 탈라스강전투*에서 고구려의 후예인 고선지 장군이 패배함으로써 이슬람세력에 파미르고원 서쪽을 잃고 오아시스비단길의 교통요충지인 타림분지 일대조차 티베트에게 빼앗기면서 서역에 대한 지배력을 잃었다. 이리하여 오아시스비단길은 일시적으로 부진상태에 빠졌다.

그러다가 13세기에 몽골이 드넓은 유라시아에 강력한 제국을 건설하면서 오아시스비단길에는 번영과 안정이 다시 찾아왔다. 몽골제국의 지배 아래 동서방의 물물 교류도 활발하게 이루어졌다. 몽골제국이 일칸국을 비롯한 서역의 속령(屬領)들을 원활하게 지배할 수 있었던 것도 오아시스비단길 덕분이다. 몽골제국에 이어 14세기에 중앙아시아에서 일어난 티무르제국 역시 이 길을 통해 동서 교류의 교량역할을 담당했다.

그러나 오아시스비단길은 17세기 이후 유럽이 바다비단길을 통해 동방으로 세력을 강화하면서 그 찬란했던 영광을 뒤로하고 점차 쇠퇴기에 접어드는 운명을 맞는다.

* 흉노 출신의 저거씨(沮渠氏)가 기원전 450년 차사국을 멸망시키고 동투르키스탄의 투루판분지에 세운 국가다.

* 751년에 있었던 당나라와 이슬람제국의 전투다. 탈라스강은 톈산산맥의 한 줄기에서 시작해 북쪽으로 흐르다 사막에서 사라지는 강이다. 제6장을 참고하라.

4 | 오아시스비단길을 가로막던 자연의 장벽

파미르고원

파미르고원은 오늘날 중앙아시아와 중국을 가르는 경계 구실을 한다. 중국에서 서쪽으로 난 비단길을 따라 가면 더 이상 가지 못하게 막고 선 것이 바로 파미르고원이다. 파미르고원의 대부분은 중앙아시아의 타지키스탄에 속해 있고 나머지 부분의 동쪽은 중국, 서남쪽은 아프가니스탄에 걸쳐 있다. 오늘날 우리가 동과 서라고 할 때는 동양과 서양, 혹은 아시아와 유럽을 구분하는 말이지만 이 책에서 말하는 동과 서는 대체로 파미르고원과 톈산산맥을 기준으로 삼고 있다. 파미르고원은 톈산산맥·카라코람산맥·힌두쿠시산맥·쿤룬산맥 등이 만나는 곳에 넓게 펼쳐진 고원이다. 높은 곳은 5,000미터가 넘고 여름에도 눈을 이고 있는 7,000미터가 넘는 봉우리가 몇 개나 된다.

중국의 타림분지를 지나온 오아시스북도와 오아시스남도가 파미르고원을 넘기 위해 만나는 곳이 비단길의 큰 도시 카스다. 카스는 중국의 제일 서쪽에 있는 국제도시이며 비단길의 중요한 도시로 번성했다. 지금도 카스는 중앙아시아와 중국을 이어주는 교통의 요충지 역할을 하고 있다.

402년 중국의 승려 법현은 파미르고원을 넘은 후 "여름에도 눈이 덮여 있었고 독룡(毒龍)이 있어 한 번 노하면 눈과 비를 토하며 모래와 자갈을 날리므로 이를 만나면 한 사람도 살아남지 못한다"라고 말했다.

신라의 승려 혜초는 727년 파미르고원을 넘기 전 심경을 시로 남겼다.

길은 험하고 눈 쌓인 산마루 아스라한데
험한 골짜기엔 도적떼가 길을 트누나.
새도 날다 가파른 산에 짐짓 놀라고
사람은 기우뚱한 다리 건너기 어렵네.
평생 눈물을 훔쳐본 적 없는 나건만
오늘만은 하염없는 눈물을 뿌리는구나

그의 막막하고 고적한 심정이 가슴에 다가온다. 마르코 폴로도 파미르고원을 넘어서 중국으로 갔는데, 그는 파미르고원을 세계에서 가장 높은 곳이라고 기록한 최초의 유럽인이었다.

오늘날 파미르고원의 남쪽을 가로질러 중국에서 파키스탄으로 연결되는 길에는 카라코람하이웨이라는 고속도로가 건설되어 있다. 그 옛날의 불교비단길 위에 만들어진 카라코람하이웨이는 중국과 파키스탄을 가르는 쿤자랩고개를 넘어 중국에서 파키스탄으로 이어지는데, 세계에서 가장 높은 곳에 있는 도로이다. 이 도로는 빙하를 뚫기도 하고 공사중에 산사태가 나는 등 험난한 과정 끝에 착공 20년 만인 1978년에 완공되었다. 지금은 자동차가 다니지만 아스라한 절벽 위에 흔적이 남아 있는 옛날 비단길은 나귀 한 마리가 겨우 지나갈 정도밖에 되지 않는 좁은 길이었다.

하늘의 산맥, 톈산산맥

톈산산맥은 파미르고원과 함께 중국 서북쪽에 동서로 1,700킬로미터나 펼쳐진 산맥이다. 톈산산맥과 동북쪽의 알타이산맥 사이에는 중가리아분지가 있다. 알타이산맥은 중국과 몽골의 서쪽 경계이며, 중가리아분지는 넓은 초원이 펼쳐 있어 유목민들의 좋은 목축지가 되고 있다. 톈산산맥은 북쪽의 초원과 남쪽의 사막을 가르는 경계가 되기도 한다. 톈산산맥을 남북으로 가로지르는 고개도 몇 개 있어 여기서 오아시스비단길과 초원길이 만나기도 한다.

산맥의 높이는 해발 2,000미터에서 4,000미터 이상이고 주봉인 한텡그리산은 6,995미터나 된다. 오늘날까지 여전히 지구상에서 탐험이 가장 덜 된 지역 중 하나다. 중국 신장웨이우얼자치구의 중심도시인 우루무치 근처에 있는 톈산산맥의 중턱에는, 백두산에 있는 천지와 한자가 같은 톈치(天池)호수가 있다. 그런가 하면 톈산산맥의 구릉에 있는 초원 곳곳에는 카자흐족이 아직도 유목을 하면서 살고 있다.

온갖 괴물이 사는 곳, 사막

오아시스비단길 하면 가장 먼저 떠오르는 그림이 끝없이 펼쳐진 사막의 구릉 위로 등에 가득 짐을 실은 낙타들과 대상들이 유유히 걸어가는 모습일 것이다. 비단길에 있는 대표적인 사막은 바로 타림분지 안에 있는 타클라마칸사막이다. 타림분지는 남쪽으로는 쿤룬산맥, 서쪽으로는 파미르고원, 북쪽으로는 톈산산맥 사이에 있는 분지이며, 대부분은 타클라마칸사막이 차지하고 있다. 워낙 넓고 위험해서 한 번 들어가면 살아나오지 못한다는 뜻에서 타클라마칸이라는 이름이 붙었다.

현장이 서역으로 가는 길에 들른 투루판 주변의 사막에서는 50일을 걸어도 인적 하나 발견할 수 없었다고 했다. 현장은 닷새 동안 물 한 모금 마시지 못해 짐을 싣기 위해 샀던 말의 간을 꺼내 먹기도 했다 한다. 사정이 이렇다 보니 사막에는 온갖 귀신과 괴물이 살고 있다는 무시무시한 소문이 많았다. 사실 사막에서 더위와 모래폭풍에 시달리며 길이라도 잃을라치면 정신이 혼미해져 헛것이 보이는 것은 당연한 일일 것이다. 현장도 밤하늘에 빛나는 별빛을 도깨비불이라고 했을 정도였으니 말이다.

사막에는 유동사구라는 것이 있는데 바람이 부는 방향에 따라 모래언덕이 움직여 바람이 지나면 전혀 다른 모습으로 변하게 된다. 그래서 좀 전까지 왔던 길이 없어져버리고 앞으로 가야 할 길이 어딘지 분간할 수 없게 된다. 그래서 대상들은 사막에서 자기 전에 다음 날 아침 가야 할 방향으로 표시를 해두었다고 한다. 또 여름철 한낮의 지표면 온도가 어떤 곳은 75도까지 올라간다 하니 여행은커녕 살아남기도 힘든 곳이다.

사막에 몰아치는 카라부란도 공포의 대상이다. 카라부란이 한 번 휩쓸 때면 한낮에도 온 천지가 깜깜한 밤 같아져서 아무것도 분간할 수 없게 된다. 그래서 검은 바람이란 뜻의 카라부란이라고 부른다. 이 길을 갔던 사람들이 남긴 기록은 하나같이 사막의 악귀와 괴물이 요술을 부려 사람들을 홀린다고 했다. 또 기후가 워낙 건조해 몇백 년이 지난 사람의 미라가 발견되기도 한다.

사막이라 해서 1년 내내 타는 듯한 더위만 있는 것은 아니다. 사막에도 눈이 내리고 무서운 홍수가 나기도 한다. 톈산산맥의 눈이 녹아내리거나 폭우가 갑자기 쏟아지는 바람에 길이 없어져 여행자들의 목숨을 앗아가기도 한다.

사막에는 타마리스크라는 풀이 자라고 있다. 여행 중 타마리스크를 발견한 대상들은 한숨을 돌리곤 했다. 타마리스크가 자라고 있다는 것은 가까운 곳에 오아시스가 있다는 표지이기 때문이다. 오늘날 타클라마칸사막 곳곳에는 모래바람을 막는 방풍공사도 하고 점차 확대되는 사막화를 막기 위해 포플러를 심고 있다. 오아시스도시국가들이 성 주변에 포플러를 많이 심는데, 이는 포플러가 땅 속 깊은 곳의 수분을 찾아 뿌리가 뻗어나가기 때문이라고 한다.

2. 초원비단길, 푸른 대륙을 달리다

1 | 초원을 가르는 '길 없는 길'

동서남북 어디를 둘러보아도 넓디넓은 대평원이다. 나지막이 내려앉은 하늘은 마치 페르시아식 돔형 지붕처럼 둥글고 온전한 모습 그대로 광활한 초원을 조용히 덮고 있다. 잡풀들만 무성한 거친 벌판 너머로 아스라이 바라보이는 지평선. 그 너머에서 뽀얗게 먼지를 일으키며 폭풍처럼 달려오는 유목민들의 상기된 얼굴. 이런 풍경 속에 유라시아초원지대를 가르는 오래된 비단길이 누워 있다.

하늘은 궁려*와 같아 온 들판을 덮었네.
하늘은 푸르디푸르고 벌판은 넓디넓은데
바람이 불어 풀이 눕자
소와 양이 보이네.

초원비단길에는 '길'하면 얼른 떠오르는 도로나 어떤 정해진 길

* 궁려(穹廬)는 원래 '수레'를 뜻하는 투르크말인데 여기서는 '유목민의 둥근 천막'을 가리킨다. 유목민 출신의 한 장군이 고향이던 내몽골 초원을 그리며 불렀다는 「칙륵가(勅勒歌)」의 한 부분이다.

유라시아대륙의 초원지대.

은 없다. 망망대해 같은 드넓은 벌판을 그저 뚫고 가면 되기 때문에 뚜렷한 노선이나 이정표도 없다. 자유로운 길이지만 동시에 지워지기도 쉬운, '길 없는 길'이다. 그래서 초원비단길은 선으로 잇는 길이 아니라 지역과 지역, 즉 면과 면이 만나는 길이다.

1년 내내 비가 적어 나무가 자라지 않고 풀만 무성한 초원지대는 북위 40~50도에 위치하며 그 아래는 오아시스비단길을 품은 황량한 사막지대가, 그 위에는 빽빽한 숲과 울창한 삼림이 늘어선 침엽수림지대가 놓여 있다.

중앙아시아의 카자흐초원은 알타이산맥과 텐산산맥 북쪽 자락이 만나는 그 사이에 펼쳐진 대평원이다. 거기 발하시호 근처에서 동서를 둘러보면 그야말로 끝없이 이어진 초록의 대지를 눈이 시리도록 바라볼 수 있다. 또 유라시아에서 가장 아름다운 곳 중 하나는 율두스초원도 있다. 별이란 뜻을 가진 이름만큼이나 아름답고 맑은 초원의 정취가 물씬 풍기는 곳이다. 그러나 율두스초원은 최후의 유목국가인 중가리아가 청나라에 저항하다 끝내 사라져 간 한(恨)이 서린 무대이기도 하다.

초원비단길은 중간중간에 여러 갈래로 작은 길들이 나 있어 오아시스비단길과도 밀접하게 연결된다. 초원비단길과 오아시스비단길이 유라시아의 주요 동맥이라면 그 사이에 난 작은 길들은 실핏줄이라고 할 수 있다. 피가 혈관을 따라 몸의 구석구석을 흐르듯 유라시아의 문물과 정보는 이 크고 작은 길들을 따라 대륙 구석구석으로 전파되었다.

2 | 초원의 삶, 유목민으로 살아가기

초원은 기마유목민족만이 생활할 수 있는 독특한 곳이다. 앞에서 본 어느 몽골인의 노래처럼 황금빛 태양 아래 넘실대는 초원의 대지는 유목민들의 영원한 고향이다.

유목민은 초록의 너른 벌판을 말을 타고 다니면서 양이나 염소같은 가축을 키우고 여기저기 이동하면서 살아간다. 예컨대 중가리아분지에는 낙타·말·야크·양 들이 좋아하는 목초지와 피난처가 잘 갖춰져 있다. 가축들이 한 지역의 풀을 다 뜯어 먹고 나면 유목민들은 천막*과 살림살이를 챙겨 수레나 낙타에 싣고 다른 곳으로 이동한다. 그렇다고 아무 데나 떠돌아다니는 것은 아니다. 계절에 따라 추위와 더위를 피해 정해진 대로 옮겨 다닌다.

유목민들은 주로 목축으로 살아가지만 부분적으로 농사도 짓는다. 흉노는 한나라에서 농경기술을 배우고 농기구를 수입해 농사를 짓기도 했다. 일부 유목민들은 농경민을 강제로 이주시켜 농업과 목축을 병행하기도 했다.

*투르크족은 유르트(yurt), 몽골족은 게르(Ger)라고 부르는 유목민의 반구형(半球形) 이동식 가옥으로 나무뼈대에 가죽을 씌워 조립한다.

34

드넓고 싱그러운 초원지대는 얼핏 보면 자유와 낭만의 공간으로 비칠 수도 있다. 하지만 실제 초원의 삶은 수월하지 않다. 짧은 여름에도 가뭄이 계속되어 풀은 말라버리기 일쑤고 추위와 폭설이 몰아치는 겨울에는 굶주림으로 생존이 위태로울 때도 있다. 혹독한 자연환경에서 살아남기 위해 유목민들은 강인한 체력과 정신력으로 무장하지만 곡물이나 일상용품이 늘 부족하다. 그래서 특유의 대담무쌍함과 기동성으로 중국의 변방이나 이웃한 농경국가에 쳐들어가 곡식이나 가축을 약탈해가곤 했다. 물론 정식으로 이웃나라와 물물을 교환하거나 교역을 통해 필요한 물건을 충당하기도 했다. 유목민에게 이런 약탈과 교역은 경제생활을 지탱하는 기본 축이다.

유목민들은 한곳에 머물러 사는 정주민들을 우리에 갇힌 가축처럼 여겼고 자신들은 원하는 대로 어디든 갈 수 있는 자유민이라고 생각한다. 원나라를 세운 쿠빌라이칸도 중원대륙을 장악하기 위해 완벽한 중국식 성을 쌓아 오늘날의 베이징에 대도(大都)를 건설했지만, 정작 본인은 성 안에 거의 들어가지 않고 교외의 야영지에 세운 천막궁전에서 지냈다. 어느 한곳에 안주하지 않는 유목민의 기질을 엿볼 수 있다. 하루 종일 말을 타고 달려도 초원과 지평선밖에 보이지 않는 광활한 무대를 누비며 살아가는 유목민들은 시력이 상상을 초월할 정도로 좋다. 일설에는 시력이 5.0이 넘는다고 하니, 정말 '멀리 내다보고 사는' 사람들이다.

유목민들은 길을 보는 눈도 우리와 다르다. 몽골족은 요즘도 편지를 쓸 때 우리처럼 번지수까지 자세히 밝히지 않고 '무슨 동네 아무개'란 식으로 주소를 두루뭉술하게 쓴다. 어느 한 지점에 매인 채 살지 않으므로 '길' 관념이 희박하고 자세한 주소를 가질 필요도 없는 것이다. 또 방위개념도 다르다. 우리가 동서남북으로 표시하는 방위를 이들은 좌우전후로 표현한다. 군대를 편성할 때도 중국은 동로군·서로군으로 구분했는데, 몽골은 좌익군·우익군으로 구분했다. 몽골족은 머리를 남쪽으로 두고 지구를 바라보기 때문에 북쪽으로 머리를 두는 우리와는 방향이 반대다. 우리는 동쪽이 오른쪽이지만 몽골족에게 동쪽은 곧 왼쪽이다. 이렇듯 삶의 방식이 다르면 시선과 감각이 달라지고 나아가 세상을 보는 기준도 달라진다.

3 | 초원비단길의 기원과 역사

초원비단길은 동서로 가로놓인 세 갈래 비단길 중에서 가장 먼저 열린 길이고 그래서 가장 오래된 길이며 가장 북쪽에 놓인 길이다. 비단길을 중심활동기에 따라 대략 구분하면 초원비단길은 고대, 오아시스비단길은 중세, 바다비단길은 근대의 길이라고 할 수 있다. 물론 세 길이 고대부터 현재까지 시대에 맞게 크고 작은 활동들을 계속 해오긴 했지만 말이다.

초원비단길은 북방 유라시아의 대표적 유목기마민족인 스키타이가 개척한 이래 본격적인 동서 교통길이 되었다. 스키타이는 기원전 8~1세기경 흑해 북쪽의 초원지대에 살면서 고대문명 교류에 크게 공헌한 민족이다. 스키타이문화는 동물무늬를 애용한 청동기문화로 특히 금이나 은 같은 귀금속을 사용한 미술공예가 발달했다. 그들의 문화는 동방으로 널리 전파되어 중국과 우리나라 청동기문화에도 상당한 영향을 주었다. 청동기유물의 출토지역을 연결해보면 우리나라가 초원비단길의 동쪽 끝에 자리하고 있음을 알 수 있다. 삼국시대에 우리가 새의 깃털을 장식한 모자인 조우관을 즐겨 착용했던 것도 스키타이와 흉노에서 유래한 풍습인데 이는 원래 수렵시대의 유물이라고 한다.

초원비단길에 펼쳐진 역사의 파노라마

비너스의 길, 채도의 길, 모피의 길. 모두 초원비단길의 역할과 역사를 말해주는 이름 이다.

비너스상은 원시적인 문명 교류가 시작 되었음을 보여주는 가장 오래된 유물이다. 1만여 년 전에 만들었다는 비너스상은 풍 요와 번영을 기원하는 상징물로 그 출토지 를 연결하면 초원비단길과 거의 일치한다. 기원전 4000~3000년경 선사시대의 흙그릇 인 채도도 이 길을 따라 분포한다. 비너스 상과 채도의 분포를 통해 우리는 원시시대까

왼쪽은 이탈리아 모데나에서 발견한 비너스상. 오른쪽은 오스트리아 도나우강 근처의 빌렌도르프에서 발견한 비너 스상.

지 거슬러 올라가는 초원비단길의 오래된 교류의 역사를 실감하게 된다.

기원전 4세기에 몽골고원에서 일어난 흉노족을 필두로 돌궐족, 위구르족* 등 초원비단길 주변의 강한 유목민들이 잇달아 국가를 세웠다. 초원비단길은 유목민족국가들의 교역과 정복활동의 주요 통로로, 또 유목문화와 농경문화가 서로 교류하는 활동무대로 그 역할을 다했다. 그러나 8세기에 중앙아시아 초원비단길 일대는 이 슬람제국의 수중에 들어가 몽골제국이 등장하기 전까지 이슬람세 력의 활동무대로 바뀌었다.

10세기 전후의 초원비단길에서 이전 같은 활기를 찾아보기는 어렵다. 송나라 때 유목국가 중 새로운 강자로 떠오른 요나라나 금

*돌궐족은 6세기 중엽부터 약 200년간 몽골고원을 중 심으로 활약한 투르크계 민 족이고, 위구르족은 8세 중 엽부터 9세기 중엽까지 몽 골고원 및 중앙아시아에서 활약한 투르크계 민족이다.

나라가 중간을 가로막고 있어서 초원비단길을 통과하기가 쉽지 않았다. 게다가 아랍상인의 두드러진 활약으로 바다비단길이 교역의 중심으로 떠오르면서 초원비단길은 점차 변두리로 밀려나는 처지가 되었다.

그러나 13세기 몽골제국의 건설로 초원비단길은 고대에 이어 다시 한 번 전성기를 누린다. 일개 유목부족에 불과했던 몽골은 맹렬한 기마군단을 앞세워 사상 유례가 없는 대제국을 건설했다. 몽골의 세 차례에 걸친 서방 정벌에서 초원비단길은 큰 역할을 하였다. 몽골제국의 건설로 드디어 유라시아 전체가 하나의 거대한 교역권이 되었다. 초원비단길을 비롯해 세 갈래 비단길은 아무 장애 없이 자연스럽게 열렸다. 몽골제국 이전 어느 시절에도 이토록 많은 사람과 상품이 동서를 오간 예는 없었다. 초원비단길도 잃었던 활기를 완전히 회복했음은 물론이다.

초원비단길에서는 몽골제국의 성립과 함께 그 예하의 킵차크칸국*을 통과하는 킵차크길이 주로 이용되었다. 이 길은 몽골제국의 옛 수도 카라코룸에서 알타이산맥을 넘고 발하시호 북쪽을 돌아 카스피해 북부에 있는 킵차크칸국의 수도 사라이*에 이르는 길이다. 여기를 기착지로 삼아 다시 서쪽으로 키예프·베네치아·콘스탄티노플(이스탄불) 등 러시아와 유럽 및 서아시아의 여러 도시와 연결되었다. 몽골제국은 카스피해 북부지역에 사라이 같은 새로운 도시들을 건설하고 교통망을 정비해 사방팔방으로 통하는 교역의 중심지로 삼았다.

킵차크길은 몽골의 2차 원정 당시, 대장 바투가 유럽을 공격할 때 이용한 길이며 유럽 각국의 사절이나 여행가들이 몽골을 오갈 때 주로 통과한 길이다. 동아시아를 찾아온 최초의 유럽인 카르피니와 뤼브뤼키도 바로 이 길을 통해 유럽에서 몽골의 수도 카라코

* 몽골제국의 4대 칸국 중 하나로 오늘날의 카스피해, 흑해 및 유럽의 동북부지역을 지배했다. 1243년에 개국해 1480년에 멸망했는데, 금장한국(金帳汗國)이라고도 부른다.

* 볼가강이 카스피해로 흘러들어가는 입구인 아스트라한에 있었으나 나중에 약간 북쪽으로 옮겼다.

룸에 도착했다. 교황 인노켄티우스 4세의 사절로 몽골에 파견된 카르피니는 유럽을 공포의 도가니로 몰아넣은 몽골의 침략을 중지시키기 위해 교황의 친서를 가져왔다. 프란체스코회 선교사 뤼브뤼키도 당시 십자군 원정을 지휘하던 프랑스 국왕 루이 9세의 명령에 따라 지중해에서 몽골의 수도 카라코룸에 이르렀다. 그 역시 몽골의 대칸을 만나 국왕과 교황의 친서를 전달하고 몽골의 상황을 살핀 뒤 돌아갔다.

그러나 몽골제국이 멸망한 뒤부터 전통적인 초원비단길은 일시 쇠퇴한다. 그러나 16세기 후반, 러시아가 우랄산맥 동쪽의 광활한 초원지대인 시베리아에 진출하면서 '모피의 길' 같은 새로운 초원길로 그 면모를 바꾸어나간다.

서유럽인들이 향료를 찾아 바다비단길을 개척했듯이 러시아인들은 모피에 대한 열망으로 시베리아를 개척했다. 담비와 흑담비 같은 동물의 모피는 유럽 상류층 사이에서 엄청난 인기를 끌어 대단히 비싸게 팔렸다. 모피의 풍부한 공급지였던 시베리아를 얻기 위해 러시아는 그 동안 굽히고 살던 킵차크칸국을 무너뜨리고 마치 백인들이 아메리카를 정복하듯 시베리아를 장악하며 끝없이 동쪽으로 팽창했다. 시베리아에서 모피동물이 고갈되자 급기야 러시아인들은 태평양 연안의 캄차카반도까지 이르렀다. 여기서 다시 남쪽으로 내려와 중국과 러시아의 국경지대인 헤이룽장 일대까지 세력을 뻗쳤다. 러시아가 시베리아에서 개척한 이 초원비단길을 '모피의 길'이라고 부른다.

그러나 우리가 주목할 것은 러시아보다 약 1,000년 앞서 발해가 '담비의 길'을 열어 중앙아시아에서 발해에 이르는 '모피의 길'을 이미 개척했다는 사실이다. 이에 대해서는 제6장에서 자세히 살펴보기로 하자.

이렇게 시베리아초원비단길은 서쪽으로는 전통적인 초원비단길이지만 동쪽으로는 새로운 길이 개척된 것이다. 우랄산맥 동쪽으로 광활한 시베리아초원지대를 지나 부분적으로 북방 침엽수림대를 거치면서 헤이룽장 일대까지 이어진다. 시베리아초원비단길은 근대에 와서도 비교적 활발히 이용되었다.

4 | 초원비단길의 지배자들

중국과 북방유목민족의 힘겨루기

스키타이 이후 여러 유목민족들이 원대한 야망을 펼치며 초원비단길을 무대로 화려한 유목제국의 역사를 창조했다. 중국과 북방유목민족을 시대별로 살펴보면 진나라와 한나라 때는 흉노가, 수나라와 당나라 때는 돌궐과 위구르가, 송나라 때는 거란과 여진이, 뒤이어 몽골이 빛나는 활약을 펼쳤다. 유목민족들은 교역과 정복이라는 양날의 칼을 휘두르며 유라시아를 호령했고 동서 교류에도 막대한 공헌을 했다.

예로부터 중국과 북방유목민족은 미묘한 관계를 유지하면서 더 강한 지배력을 확보하기 위해 서로 힘을 겨루었다. 중국은 전통적인 중화사상에 따라 주변민족들을 모두 미개한 오랑캐로 얕잡아 보았다. 그러나 사실 중국은 유목민족의 기동력과 용맹성을 두려워했고 그래서 이들의 요구를 들어주며 달래야 할 처지였다. 중국 여성을 유목민족의 족장에게 시집보낸 일이나 견마무역으로 중국의 비싼 비단을 유목민의 값싼 말과 교환한 일 등은 모두 유목민족을 소홀히 대할 수 없는 중국의 아린 속내를 보여주는 것이다.

중국은 왕실이나 유명한 집안의 여성을 북방유목민의 족장에

위구르 왕자들과 공주들. 베제클릭석굴에 있는 벽화다.

게 시집보내는 관례를 오랫동안 유지했다. 한나라 때 흉노족장에게 공주를 출가시킨 이래 돌궐·위구르·티베트 등 위협을 느끼거나 화친해야 할 필요가 있는 주변나라에 중국은 정략결혼이라는 카드를 꺼냈다. 이렇게 출가한 여성들은 사실상 정치적인 희생양이며 개인적으로는 대부분 불행하게 살았다. 결혼정책은 유목국가의 강요로 어쩔 수 없이 이루어진 면도 있지만, 결혼이라는 끈끈한 관계를 맺음으로써 중국은 일시 유목민족과 원만한 관계를 유지하는 효과를 얻었다.

> 나는 아름다운 조국 중국을 떠나 유목민의 천막으로 끌려갔다. 옷은 물론 펠트*와 털가죽으로 만든 것이고 냄새 고약한 양고기를 먹어야 한다. 중국과 이 유목민의 나라는 얼마나 기후와 풍습이 다른가?
>
> 문희 「오랑캐 피리에 맞춰 부르는 18개 후렴」*

*펠트(felt)는 양털이나 다른 짐승의 털에 습기나 열, 압력을 가해 만든 천이다.

*2세기 말경, 흉노족 족장에게 시집가서 12년간 살던 공주 문희가 출가의 괴로움을 한탄한 것이다. 흉노족에게 시집간 또 다른 여성 왕소군은 가는 도중 국경 근처의 강물에 투신자살까지 시도했다. 당나라의 유명한 시인 이백은 "오늘은 한나라 궁전의 후궁이었건만 내일 아침이면 오랑캐 땅의 첩이 되나니"라면서 그녀의 슬픈 운명을 개탄하기도 했다.

결혼정책은 중국과 유목민족 사이에만 있던 일은 아니며 역사에서도 종종 볼 수 있는 일종의 외교술이다. 13세기에 몽골이 비잔틴제국을 위협했을 때 비잔틴제국은 몽골의 통치자 가문과 적극적인 혼인정책을 폈다. 비잔틴 황제의 딸들이 일칸국*이나 킵차크칸국의 지배자들에게 시집감으로써 그들의 압박에서 벗어나는 효과를 노린 것이다. 일칸국의 칸 아바카에게 시집간 마리아는 칸이 죽자 비잔틴제국으로 다시 돌아와 '몽골인의 성 마리아 교회'를 세웠다고 한다.

* 오늘날의 이란지역에 있던 몽골제국 예하의 왕국. 1256년 칭기즈칸의 손자 훌라구칸이 세웠으며 1411년 멸망했다. 일칸이란 투르크어로 '나라의 왕'이란 뜻이다.

진나라 시황제는 막강한 흉노족의 침입에 시달리며 이들을 막기 위해 지구에서 가장 긴 만리장성을 쌓기 시작했다. 진나라와 한나라 때의 만리장성은 지금보다 훨씬 북쪽의 평평한 초원지대에 담벼락처럼 뻗어 있었다. 그 후 중국은 돌궐족이나 거란족 등에 대비해 좀더 남쪽으로 내려와 장성을 쌓았다. 오늘날 산성처럼 늘어선 만리장성은 명나라 때 수많은 돈과 노동력을 쏟아부어 만든 것이다. 진나라 때부터 명나라 때까지 2,000년이라는 유장한 세월의 풍파를 담아낸 만리장성은 중국과 유목민족 사이의 쫓고 쫓기는 역사를 그대로 상징한다.

유목과 농경을 가르는 천연분계선이자 유목민의 침략을 막아내는 마지막 방어선이던 만리장성은 그 실질적인 방어효과를 따지기 전에 유목민족과 농경민족의 투쟁사를 대변하는 거대한 증거물이다.

초원에 새겨진 유목제국의 발자취

초원의 역사에 깊은 발자취를 남긴 막강한 유목민족으로는 스키타이 · 흉노족 · 돌궐족 · 위구르족 · 몽골족 등이 있다. 기원전 8세기부터 기원후 14세기까지 약 2,000년 동안 초원비단길이 가장 번성했고 그 시절에 여러 유목제국이 잇달아 세계를 주름잡았다. 초원비단길에 새겨진 유목민족의 화려한 역사는 제5장에서 자세히 살펴보겠다.

근대식 무기인 총과 대포가 발명되기 이전에 기마유목민족은 세계에서 가장 강력한 군사력을 자랑했다. 말을 타고 활을 쏘며 달려와 순식간에 전쟁터를 휩쓸어버리는 유목민들 앞에서 온 세계는 공포와 경악을 느끼지 않을 수 없었다.

그러나 2,000여 년간 초원지대를 누비며 유라시아 각지를 지배하던 기마유목국가들은 청나라 때에 최후의 막을 내린다. 율두스 초원에 살던 마지막 유목국가 중가리아가 대포와 소총을 든 청나라군에 처절하게 저항한 역사를 마지막으로 말이다.

오늘날 유목민족은 가난하고 이름 없는 존재들이다. 세상을 좌우하던 과거의 위세를 뒤로한 채 변방의 소외된 민족으로 살아가고 있다. 도도하게 흐르는 역사의 강물을 바라보며 한때나마 유라시아를 호령하던 유목민들의 오래된 영광을 떠올려본다.

20세기도 끝나갈 무렵인 1998년, 아제르바이잔의 수도 바쿠에서는 중앙아시아의 각국 대표들이 모여 '새로운 비단길'이라는 비공식 명칭의 회의를 열었다. 다가올 21세기에 대망의 비단길을 다시 한 번 열어보자는 뜻이 담긴 회의였다. 요즘에는 '철의 비단길'이라는 말도 심심찮게 들을 수 있다. 낙타나 말이 아닌 철마를 타고 시베리아횡단철도나 몽골 혹은 중국의 철도를 이용해 유라시아를 잇는 새로운 동서 교류의 시대를 열자는 것이다. 우리나라도 끊어진 철로를 이으며 21세기 꿈의 비단길사업에 한발 다가서고 있다.

아스팔트길이 초원을 가로지르는 오늘날에도 유르트를 치고

가축을 길러 근근이 생계를 잇는 가난한 유목민들의 모습이 눈에
떠곤 한다. 지금은 비록 초라하나 끝없는 초원의 꿈을 간직한 유목
민의 후예들은 전쟁과 가난이라는 현실을 뚫고 다시 일어나려고
몸부림치고 있다. 이들의 피 속에는 역사를 이끌었던 조상들의 패
기와 불굴의 의지가 흐르고 있으리라.

3. 로마에서 중국으로 이어진 바다비단길

바다비단길은 주로 유라시아대륙의 남쪽 바다인 인도양을 가로지르는 길이다. 이 길은 세 갈래 비단길 중 다른 두 길을 합한 것보다 더 많은 물품을 실어 날랐다. 바다비단길이 인도양에 집중된 것은 근대 이전의 교역과 교류가 주로 유라시아대륙 안에서 이뤄졌기 때문이다. 16세기 들어 대서양길과 태평양길이 열렸지만 인도양길은 여전히 비단길의 중요한 노선이었다. 오아시스비단길과 초원비단길이 근대에 들어오면서 비단길의 구실을 거의 하지 못했지만 바다비단길은 현대에 이르기까지 교역의 중심길로 활기를 잃지 않고 있다.

유라시아대륙의 동쪽 끝과 서쪽 끝을 이은 바다비단길은 한반도와 일본을 출발해 남중국해와 말라카해협을 지나 인도양을 거쳐 아라비아해에 이른다. 여기서 한 길은 페르시아만을 거쳐 아랍세계로 이어지고, 다른 한 길은 홍해와 수에즈운하, 지중해를 거쳐 유럽에 이른다.

인도양길의 역사는 구체적이고 정밀한 기록을 남긴 아랍의 많은 지리학자나 여행가 덕분에 비교적 세세히 알 수 있다.

1 | 바다비단길이 열리게 된 역사적 배경

전운이 감도는 국제관계, 위험해진 오아시스비단길

앞에서 보았듯이, 바다비단길이 본격적으로 열리게 된 데는 몇 가지 역사적 배경이 있다. 원래 오아시스비단길은 유라시아대륙의 한가운데를 가로지르는 길이기 때문에 여러 민족이 사는 여러 나라를 거친다. 그 사이에 긴장감이 흐를 때면, 상인이나 여행가가 오가기 어려워진다. 751년 탈라스강전투가 있을 무렵 당나라나 아바스왕조, 티베트가 서로 대립했던 시기의 상황이 바로 그랬다. 언제 전쟁이 터질지 모르는 불안한 상황에서 상인들이 마음 놓고 교역을 하기는 어려웠다. 그래서 새로운 길을 찾을 수밖에 없었고, 눈을 돌리게 된 길이 바로 바다비단길이다.

항해술의 발달, 상인들을 바다로 불러 모으다

나침반도 없고 지도도 없이 배를 타고 바다에 나섰다고 생각해보자. 어디에서 바람이 불어올지 얼마나 센 바람이 불지도 모르고, 바닷물 깊이가 얼마나 될지도 모른다고 해보자. 게다가 날씨까지 흐린 밤이라도 되면 그나마 별자리로 배의 위치를 확인하는 것도 불가능하니……

항해술이 발달하지 않았다면 고대의 바다비단길은 결코 열릴 수 없었다. 고대 페르시아상인의 배인 파사선이나 중국의 배는 먼 바다로 나가지 못하고 해안을 따라 항해하는 접안항해밖에 하지 못했다. 접안항해는 길을 잃거나 풍랑을 만날 위험은 줄일 수 있지만 복잡한 해안선을 따라 항해하기 때문에 시간이 많이 걸렸다.

그러나 때맞춰 발달한 항해술로 상인들은 먼 바다를 항해할 수 있게 되었다. 항해 경험도 쌓이고 '뱃사람들의 벗'이라는 나침반이나 항해를 도와주는 여러 기구가 함께 발달하면서 바다비단길은 많이 변했다. 무엇보다 항로가 짧아졌는데, 고대에는 베트남에서 인도 동남해안으로 가는 데 11개월이 걸렸는데, 송나라 때는 70일 정도밖에 안 걸렸으니 다섯 배 정도 차이가 난 셈이다. 항해술의 발달이 시간을 얼마나 단축할 수 있는지 실감할 수 있다.

조선술의 발전 역시 아주 큰 이바지를 했다. 중국 범선이나 인도 배의 경우 한꺼번에 승선한 선원만 수백 명이었다니 믿기지 않을 정도다. 더 많이 실을 수 있는 아랍의 배들도 있었다고 한다. 1345년, 인도 캘커타에서 중국 배를 타고 취안저우에 도착한 여행가 이븐 바투타는 한 번에 1,000명이 타는 중국 배도 있는데, 600명은 선원이고 400명은 총수·궁수 등 전투원이었다고 기록했다. 1,000명이 탔다면 그만큼 교역품도 많았다는 이야기다.

바다비단길을 원한 도자기

비단길로 교역한 물품의 양이 많이 늘어났다. 새로운 수요가 급속히 생겨 낙타가 실어 나르기에는 힘이 부칠 지경이 된 것이다. 사막의 배인 낙타에 비해 바다의 배는 훨씬 편리한 교통수단이었다. 또 바다비단길로 가야 했던 물품도 등장했는데, 도자기와 향료가 그것이었다.

송나라와 원나라 때가 되면 바다비단길은 전성기를 맞는데, 중국 도자기가 전 세계로 퍼져나갔기 때문이다. 도자기는 깨지기 쉬운 물품이기 때문에 아무래도 흔들리는 낙타의 등에는 싣기 곤란했다. 부득이 배로 실어 나를 수밖에 없었다. 중국 도자기가 배에 실려 아랍과 유럽으로 갔다면 깨지기 쉬운 유럽의 화려한 유리제품은 그 배를 타고 다시 중국으로 왔고 우리나라에도 왔을 것이다.

2 | 아랍상인의 바다가 된 인도양

바다비단길 드디어 활짝 열리다

중국에서 시작해 동남아시아 말라카해협을 빠져나와 인도나 스리랑카를 지나 아라비아해를 거쳐 다시 지중해까지 이어진 바다비단길. 거센 풍랑을 헤치고 짧게는 6개월 길게는 1년도 더 걸렸던 이 바다비단길을 누빈 상인들은 누구였을까? 페르시아·인도·중국 상인들도 있었지만 아시아의 남쪽 바다를 제 앞마당처럼 누빈 주역은 단연 아랍상인이었다. 이때는 아바스왕조가 전성기를 구가한 때였는데 아랍상인의 바다무역도 순풍에 돛을 단 듯 발달했다. 아랍상인들은 동방과 서방을 바다비단길로 이어준 주역으로 나섰다.

초기에 아랍상인은 주로 인더스강 하류 유역인 신드지방과 인도 서부의 말라바르해안 항구도시나 동남아시아의 말라카해협 주변을 오가며 중계무역을 했다. 그 후 인도인과 동남아시아인의 해상무역을 장악하고 중국까지 진출했다. 드디어 사막의 오아시스보다는 인도양이나 중국 앞바다에서 아랍상인들을 더 자주 볼 수 있게 되었다. 「신드바드의 모험」으로 유명한 신드바드도 이 시기에 바다에서 활약한 아랍상인이다. 신드바드는 '신드의 바람'이란 뜻으로 신드지방을 오가며 무역을 하던 사람을 가리킨다. 아라비아반도의 남쪽 끝에 있는 지금의 오만이나 예멘은 중국과 인도에서 온 배들이 모여드는 곳으로 아랍상인들이 부자의 꿈을 이루던 곳이다.

중세 암흑기에 접어든 유럽은 바다비단길에서 별다른 역할을 하지 못했다. 아랍상인은 항해술에 능했던 페르시아상인의 기술을 전수받아 항해에서도 고수의 기량을 맘껏 뽐낼 수 있었다.

인도와 서아시아에서 나는 침향이나 유향을 비롯한 향료, 그리고 중국에서 가져온 비단 등이 중요한 교역품이었다. 경험이 점점 쌓이고 기술이 발달하면서 이들은 마침내 '차이나드림'을 꿈꾸면서 중국의 항구 광저우까지 진출하게 되었다.

 잠깐잠깐

아랍상인과 계절풍

옛날에는 바람의 힘과 방향을 이용한 항해를 했다. 그래서 언제 어떤 방향으로 바람이 부는지를 아는 것은 항해의 성공에 결정적인 요인이었다. 인도양에는 계절마다 방향이 다른 바람이 분다. 이것을 계절풍이라 하는데 계절풍은 바다와 육지의 온도 차에서 발생한다. 계절풍을 영어로 몬순(monsoon)이라고 하는데 이는 아랍어의 '마우심'에서 유래했다. 아랍 뱃사람들에게는 인도양의 계절풍에 대한 많은 지식과 경륜이 있었다.

바다비단길의 최고 전성기

10세기 이후 송나라와 원나라 때가 되면 바다비단길에서는 이전과는 비교도 안 될 만큼 교역이 활발해진다. 중국의 징더전에서 생산되는 아름답고 품질 좋은 도자기를 구하기 위해 아랍상인을 비롯한 여러 나라 상인들을 실은 배들이 중국으로 물밀 듯이 밀려왔다. 그중에서도 아랍상인이 가장 많아서 이들이 모여 사는 지역이 생기기도 했다. 아랍상인은 중국에 거주하면서 그들의 종교사원을 세우기도 했으며 송나라도 무역과 외국의 배들을 관리하고 관세를 거두는 '시박사'라는 관청을 설치했다. 송나라는 바다비단길을 통해 들어온 여러 외국의 물품들에 세금, 즉 관세를 매겨서 국가의 이익을 남겼다. 당시 중국을 방문했던 아랍의 지리학자 이븐 쿠르다지바는 무역항 광저우에는 매년 4,000여 척의 무역선이

드나들었으며 부두마다 향료와 진귀한 물품이 산처럼 쌓여 있었다고 기록했다.

또한 이들은 동남아시아나 인도에서 나는 여러 향료를 구해 아라비아해를 지나 아라비아반도의 사막이나 이라크와 시리아를 거쳐 지중해까지 실어 날랐다. 지중해에서 기다리던 베네치아상인이나 제노바상인이 다시 배를 타고 유럽으로 실어가서 몇십 배나 높은 가격으로 팔았다고 한다. 그래서 이 길을 '도자기의 길' 혹은 '향료의 길'이라고 부르기도 한다.

이 시대 바다비단길을 통한 교역은 이전 시대에 비해 현격히 늘어났다. 조선술과 항해술이 발달해 중국에서 페르시아만까지 직항로가 생기기도 했다. 그만큼 속도가 빨라진 것이다.

그리고 중국의 범선인 정크선*이 인도양에 본격적으로 진출하면서 바다비단길 무역에서 중국의 영향력이 커졌다. 1345년 인도를 거쳐 중국으로 온 이븐 바투타도 중국 배를 이용해야 했을 정도

*중국의 범선. 화객 운송용의 나무배로 수십 톤의 작은 배에서 수백 톤에 이르는 무역선까지 있다.

50

로 중국 배가 많았다고 했다. 원래 상인들은 자기 나라 배만 이용한 게 아니라 다른 나라 배도 많이 이용했기 때문에 아랍상인도 중국 배를 많이 이용했을 것이다.

3 | 상인으로 가장한 식민주의

15세기에 접어들면 세계사에 획기적인 변화가 동방과 서방에서 일어났다. 중국은 외부의 침탈을 막기 위해 바다에서 들어오는 문을 잠근 반면, 서양은 동방으로 가는 바다비단길을 적극적으로 개척한 것이다. 서양에서는 생선이나 고기의 소비가 엄청나게 늘면서 고기나 생선이 상하는 것을 막는 향료 수요도 함께 늘었다. 그때까지 향료시장은 아랍상인이 장악했고 당연히 비싸게 팔렸다. 그래서 서양인들은 향료를 직접 구하기 위해 나선 것이다. 모험심 많은 뱃사람들이 향료가 나온다는 인도를 향해 대서양으로 배를 띄우기 시작했다.

배를 타고 동방으로

선두에는 포르투갈이 있었다. 포르투갈의 항해사 바스코 다 가마는 아프리카 남단에 있는 희망봉을 돌아 아라비아해와 인도양을 가로질러 1498년 인도 서해안의 캘리컷에 도착했다. 이어서 인도 말라바르해안의 고아를 무력으로 점령했다. 알렉산드로스의 인도 원정이 실패한 1,800여 년 후였다. 당시 말라바르해안은 인도양 바다무역의 중심지였다. 나아가 향료가 나는 섬들이 모인 인도네시아의 중심 항구 몰루카까지 점령함으로써 아랍이 지배하던 인도양의 주도권을 완전히 가로채게 되었다. 16세기의 인도양은 포르투갈의 바다가 되었다. 포르투갈은 이전에 아랍상인이 했듯이 동남아시아의 몰루카와 중국 그리고 일본 사이를 오가며 중계무역으로 재미를 톡톡히 보았다. 그 뒤를 이어 에스파냐·네덜란드·영국이 동방으로 몰려들기 시작했다. 바다비단길이 약탈과 살육의 현장이 된 것이다.

17세기가 되면 네덜란드가 인도양의 주도권을 차지한다. 네덜란드와 영국은 동인도회사를 만들어 동방의 식민지화 작업에 나섰다. 포르투갈의 상선을 약탈하는 등 해적으로 인도양에 얼굴을 내민 네덜란드와 영국은 포르투갈을 물리치고 400여 년 동안 인도네시아와 인도를 각각 식민지로 만들면서 엄청난 살육과 약탈을 일삼았다.

투르크무슬림이 인도에 세운 무굴제국

포르투갈을 비롯해 영국과 네덜란드가 몰려오던 16세기 인도는 무굴제국 시대였다. 이슬람교로 개종한 투르크족이 인도에 들어와 건설한 무굴제국은 약 300년 동안 인도를 지배한 정복왕조다. 무굴이라는 말은 인도에서 몽골족을 부른 말이다. 세계에서 가장 아름다운 건축물 중 하나로 꼽히는 영묘(靈廟) 타지마할도 무굴시대 건축물이다. 이 시대 인도는 동서 교역으로 많은 부를 쌓았는데 그 규모는 당시 유럽 전체의 부를 능가할 정도였다고 한다. 바다비단길을 통한 무역의 발달로 인도 서남해안의 항구와 동쪽 벵골지방의 항구는 무역상인으로 북적거렸다. 무굴제국의 수도 아그라나 서북부 펀자브지방에 있는 라호르는 유럽의 런던이나 파리보다 더 번창했다고 한다. 이미 서해안의 수라트에는 포르투갈·네덜란드·영국·프랑스의 상관*이 개설되어 인도의 산물을 사려고 경쟁하고 있었다. 유럽의 상인들은 자기 나라에서 금지한 금괴

* 상관(商館)은 규모가 큰 상점. 특히 외국인이 경영하는 상점이다.

를 가지고 인도의 물산을 사기 위해 인도로 몰려들었다.

유럽의 대항해시대

비슷한 시기인 1492년 콜럼버스는 대서양을 건너 아메리
카로 가는 항로를 발견했다. 흔히 '신대륙' 발견이라고 서
양사에 크게 기록된 사건이다. 콜럼버스가 '발견'했다는
대륙은 이미 원주민이 높은 문명을 이루며 살던 곳이
다. 콜럼버스의 아메리카대륙 도착은 이제 더 이상 지
각 있는 서양의 역사가들도 콜럼버스의 '발견'이라고 우
기지 않는다. 어쨌든 대서양 횡단을 계기로 바다의 비단
길은 인도양에서 대서양까지 그리고 마침내 태평양까지 연결
되기에 이른다.

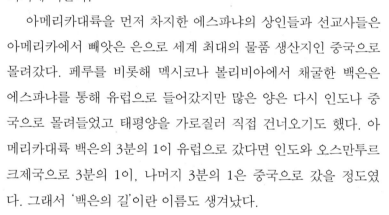

아메리카대륙 '발견' 신화의
주인공 콜럼버스.

아메리카대륙을 먼저 차지한 에스파냐의 상인들과 선교사들은
아메리카에서 빼앗은 은으로 세계 최대의 물품 생산지인 중국으로
몰려갔다. 페루를 비롯해 멕시코나 볼리비아에서 채굴한 백은은
에스파냐를 통해 유럽으로 들어갔지만 많은 양은 다시 인도나 중
국으로 몰려들었고 태평양을 가로질러 직접 건너오기도 했다. 아
메리카대륙 백은의 3분의 1이 유럽으로 갔다면 인도와 오스만투르
크제국으로 3분의 1이, 나머지 3분의 1은 중국으로 갔을 정도였
다. 그래서 '백은의 길'이란 이름도 생겨났다.

멕시코의 아름다운 항구도시 아카풀코에서 필리핀 마닐라로
이어지는 태평양길은 은을 통해 연결된 아메리카대륙과 구대륙의
본격적 만남이었다. 에스파냐는 태평양길의 교두보로 필리핀에 마
닐라를 건설했다. 필리핀이라는 이름에는 에스파냐 국왕 '펠리페
2세의 나라'라는 의미가 담겨 있다. 마닐라에는 은을 가득 싣고 태
평양을 건너온 에스파냐의 대형 갈레온선*과 중국의 비단과 도자

* 16세기 초에 등장한 3~4층
갑판의 대형범선이다. 원래
군함이었으나 상선으로도
사용하였다.

갈레온선과 정크선 모형.

기를 실은 정크선으로 북적거렸다. 아메리카대륙의 은을 싣고 온 멕시코상인들은 중국의 비단과 도자기를 부지런히 실어 날랐다. 이 길을 '태평양비단길'이라고도 한다. 마닐라는 태평양시대의 첫 태양이 떠오른 곳이다.

　서양이 아시아를 식민지로 점령하기 위해 본격적으로 몰려오는 계기 역시 여기서 시작되었다. 유럽은 아메리카에서 가져온 자원과 아시아에서 벌인 교역으로 눈부신 발전을 하게 되었고 아시아·아메리카·아프리카는 식민지라는 어둡고 슬픈 역사를 맞이하기에 이른다. 교역과 교류의 길이던 비단길이 점차 식민주의 침탈의 길로 변해간 것이다.

4 | 중앙아시아의 오늘과 비단길 뒷이야기

　16세기에 서구가 세계사의 바다로 배를 띄웠지만, 그들의 주요 관심지역은 대서양이었다. 당시 그들은 유라시아의 판도에 결정적인 영향을 미칠 정도의 힘을 갖지 못했다. 유라시아에는 여전히 강한 힘을 가진 제국과 왕조가 균형을 이루고 있었다.

　한편 14세기 후반부터 16세기 초까지 중앙아시아에는 몽골제국의 뒤를 이은 티무르제국이 등장해 불꽃을 피우고 사라졌다. 그후 중앙아시아에는 절대강자가 없는 힘의 공백시대가 왔다. 청나라는 동쪽으로 진출하는 러시아와 잦은 분쟁에 휩싸였고 텐산산맥 북쪽에서도 그들은 부닥쳤다. 러시아는 중앙아시아의 풍부한 자원을 노리고 남하해오고 있었다. 특히 19세기 들어 인도와 서아시아를 장악한 영국이 중앙아시아를 넘보자, 러시아는 중앙아시아 지배를 서두르게 된다. 영국 역시 러시아의 남하에 민감하게 반응했다.

동투르키스탄의 봉기

청나라는 북방의 몽골초원과 톈산산맥 일대에 있던 유목국가 중가리아를 멸망시키고 영토를 확장했다. 그 지역을 새로 얻은 영토라는 뜻으로 신강(新疆), 즉 신장이라고 불렀다.

청나라의 경제적 수탈과 지배, 그리고 반이슬람교 정책에 반발한 무슬림들, 주로 투르크계 민족들이 1864년 신장을 중심으로 봉기를 일으켜 1877년까지 이슬람정부를 세웠지만 다시 청나라가 진압하면서 점차 중국화되어갔다. 그리고 1944년 중국 내의 혼란을 틈타 잠시 동투르키스탄공화국을 세웠지만 그 후 중화인민공화국에 흡수되어 신장웨이우얼자치구가 되었다. 한때 인구의 75퍼센트가 위구르족이었지만 지금은 전체 인구의 절반도 되지 않으며 한족이 대거 이주해 살고 있다. 짧았지만 자치정부를 운영한 경험은 위구르족의 민족과 종교의 정체성을 지키는 힘이 되고 있다. 현재까지 위구르족의 독립을 주장하는 운동이 있지만 미미한 편이다. 신장의 천연가스와 유전은 중국이 위구르족의 독립을 허용치 않는 중요한 이유 중 하나다.

서투르키스탄의 독립

신장지역의 분리와 독립이 어려운 처지에 놓인 것과 달리 서투르키스탄지역인 중앙아시아 5개국은 어색하나마 독립을 이루었다.

19세기 중반부터 본격적으로 중앙아시아를 정복한 러시아의 폭압에 맞서 일어난 투르크족의 저항운동은 코칸드자치정부를 세우는 데까지 나아갔다. 그러나 1917년 러시아혁명으로 수립된 혁명정부는 코칸드정부를 무력으로 해산했다. 이슬람사원이 파괴되었고 많은 사람이 학살되었다. 1924년 소비에트연방은 중앙아시아를 편입시키면서 임의로 5개국으로 분할해 오늘날의 모습으로 만들었다. 투르크문자 대신 러시아문자를 쓰게 했고 독립도 인정되지 않았다. 이 지역은 민족적 정체성을 점차 잃어가다 1991년 소련 사회주의정권이 무너지면서 분리 독립했다. 오늘날 이곳에서는 석유 등의 천연자원을 노리고 미국·러시아·중국 등이 서로 영향력을 높이려고 경쟁하고 있다.

이들은 높은 지적 수준과 문화적 역량, 그리고 풍부한 자원으로 새로운 시대를 대비하면서 그 옛날 비단길의 주역으로 다시 떠오를 준비를 하고 있다.

폐허의 땅으로 변해버린 아프가니스탄

아프가니스탄과 파키스탄의 서북지방은 동서와 남북으로 이어지는 비단길의 황금요충지다. 동과 서가 인도와 만나는 관문이었으며 인도의 불교가 세계종교로 확산해간 길이기도 하다.

지금 아프가니스탄은 19세기 이후 영국·소련·미국의 침공으로 거의 폐허가 된 상태다. 한때 모든 문화가 뒤섞이던 '문명의 용광로'는 오간 데 없고 바미안석불 파괴사건처럼 제국주의의 내정 간섭에 맞선 왜곡된 저항이 문명 파괴를 낳고 있다. 탈레반정권이

바미안석불군 전경.

ⓒ 박진호

무너진 후, 아프가니스탄의 비단길유적들은 약탈과 도굴이란 반문명적 위협에 속수무책으로 방치되어 있다.

　유라시아의 중심에 위치한 아프가니스탄은 오아시스비단길의 거의 모든 길과 연결된 곳이었으나, 지금은 접근하기 가장 어려운 '문명의 오지'가 되고 말았다. 자연의 장벽보다 역사의 장벽이 더 높다고 해야 할까? 역사의 아이러니가 아닐 수 없다.

 잠깐잠깐

말라카해협과 말라카왕국

말라카해협은 말레이반도와 수마트라섬 사이에 있는 길이 900킬로미터, 폭 65~300킬로미터의 해협이다. 해류가 복잡하고 수심이 50미터 안팎이라 항해하기에 무척 까다로운 곳으로 유명하다.

이곳은 고대부터 인도와 중국을 이어주는 곳이었으며, 중세에는 이곳을 중심으로 스리위자야왕국과 말라카왕국이 번성했다. 두 왕국은 중계무역으로 부를 쌓았다. 서로 반대방향으로 부는 인도양의 계절풍은 중국 등 동아시아와 인도, 아랍에서 오는 배를 이곳에서 만나게 했다. 그에 따라 이곳에서는 여러 문물이 왕성하게 교류되었다.

말라카왕국은 말라카를 중심으로 수마트라섬 북부까지 영향권에 둔 왕국으로 힌두문명·유교·불교의 영향도 일부 받았으나 이슬람교와 이슬람문명의 영향을 강하게 받았다. 현재 말레이시아와 인도네시아는 국민 대부분이 무슬림이다.

오늘날에도 우리나라와 일본 등 동아시아국이 수입하는 원유의 약 70퍼센트가 이 해협을 통과하는 등 유럽과 아시아의 많은 교역품들이 이곳을 통해 왕래하고 있다.

아프리카 동해안

우리가 아프리카를 실제보다 더 먼 대륙으로 여기는 것은 편견이 부른 거리감 탓일 수도 있다. 실제 바닷길을 따라 가보면 아프리카 동해안은 생각만큼 멀지 않다. 인도를 떠나 아라비아해를 건너면 바로 아프리카 동해안이 아라비아반도와 이마를 맞대고 있다.

이 해역은 중세 아랍상인의 주된 활동무대였다. 지금도 탄자니아의 잔지바르와 케냐 등 인도양 연안지역에는 무슬림이 중산층을 이루고 있으며 아랍인과 아프리카인의 혼혈도 생겨났다. 바스코 다 가마가 아랍의 항해사 이븐 마지드를 잔지바르에서 만나 그의 안내를 받아 인도양 항해에 성공한 사건은 결코 우연이 아니었다.

빛나는 도시 이야기

장안: 모든 길은 장안으로 통한다

장안은 전한*과 수나라, 당나라를 거치는 약 1,000년 동안 중국의 수도로 번영한 역사적 도시다.

진나라에 이어 중국을 두번째로 통일한 한나라 때부터 장안은 본격적인 수도의 역할을 한다. 관중평야의 풍부한 물산과 방어하기에 유리한 지형적 조건으로 수도가 된 뒤, 그 땅에서 '자손들이 영원히 번창하기 바란다'는 염원을 담아 장안(長安)으로 이름을 지었다.

장안은 오아시스비단길의 황금기로 불린 당나라 때 가장 빛났다. 장안은 오아시스비단길의 동쪽 출발점으로 당시 인구 100만 명을 헤아리며 이슬람제국의 수도 바그다드에 버금가는 화려한 국제교역 도시였다. 7~10세기 무렵 '모든 길은 장안으로 통한다'고 할 만큼 세계 각국의 사람들이 장안으로 흘러들었다. 우리나라와 일본의 유학승이나 유학생을 비롯해, 돌궐과 위구르의 부족장도, 사마르칸트와 부하라의 오아시스상인도, 인도와 페르시아인까지 저마다 꿈을 안고 몰려들던 곳이다.

장안은 중국 최초의 계획도시기도 하다. 당나라 때의 규모는

* 한나라는 진나라에 이어 유방이 세운 중국의 통일왕조인데, 중간에 왕망이 신(新)나라를 세워 왕조가 중단된 적이 있다. 그 전에 장안을 수도로 했던 한나라를 전한(前漢) 또는 서한(西漢)이라고 하고, 뤄양에서 재건한 한나라를 후한(後漢) 또는 동한(東漢)이라고 부른다. 전한시대는 기원전 202년부터 기원후 9년까지다.

장안. 동시와 서시에서 물품
의 매매가 이루어졌고, 종교
시설은 도시 곳곳에 흩어져
있다.

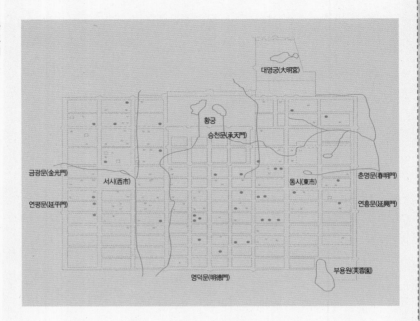

동서가 9,721미터이고, 남북이 8,651미터였으며 동서에 14가, 남
북에 11가 그리고 주위에 열 개의 성문을 두었다. 장안의 가로(街
路) 중 남북으로 뻗은 도로인 주작대로는 폭이 약 150미터나 될 정
도로 매우 넓었다고 한다. 큰 도로로 구획된 블럭을 '방' 혹은 '리'
라고 했는데 시대에 따라 방의 수에 약간의 차이는 있었지만 보통
'장안 백십방'이라고 일컬었다.

　　장안의 동쪽과 서쪽에는 시장이 있어 상업활동이 활발했다. 교
역은 동시와 서시, 두 곳에서만 이루어졌다. 권세 있는 사람들이
주로 동쪽에 살았고 서쪽은 서민의 거리 같은 분위기였다고 한다.
오아시스비단길을 따라 장안에 들어오는 사람에게 서쪽 문은 입구
였고 서쪽으로 여행을 떠나는 사람에게 서쪽 문은 출발점이었다.
서쪽거리는 항상 서역에서 온 상인이나 서역과 장사를 하는 서시
의 상인 그리고 그들과 관련을 가진 사람들이 북적거렸다고 한다.
수많은 서역인이 서쪽 거리에 살았고, 서역의 음악·무용·복식에

이르기까지 서역문물이 전파되어 이국적인 분위기가 물씬 나는 거리이기도 했다. 불교·조로아스터교·경교·마니교·이슬람교 등의 사원도 서쪽 근처에 건립되었다.

지금도 그 유적이 남아 있는데 다옌탑이 있는 쯔언사와 '대진경교유행중국비'는 대표적이다. 다옌탑은 승려 현장이 인도에서 가져온 불경을 번역하고 그것을 소장하기 위해 당나라에 건의해 세운 탑이라고 한다.

한편, 장안에서 가장 유명한 유적인 진나라 시황제의 병마용갱은 1974년 한 농부가 우물을 파다 우연히 발굴했다고 한다. 병마용이란 시황제가 죽은 후 호위하던 군사나 말을 순장*하는 대신 함께 묻은 흙을 구워 만든 병마(兵馬)를 말한다. 처음 발견된 후로 오늘날에도 계속 발굴하고 있다. 그러나 당나라가 쇠퇴하면서 찬란했던 국제도시 장안은 서서히 빛을 잃고 쇠퇴했다. 명나라 이후 장안은 시안으로 그 이름이 바뀌어 지금에 이른다.

위는 다옌탑이고 아래는 시황제의 병마용갱에 서 있는 흙으로 만든 군사와 말들.

알렉산드리아: 그리스문명에 버금간 '아프리카의 아테네'

기원전 4세기에 알렉산드로스가 동방의 대제국을 건설하면서 정복지를 통치하기 위해 주요 지역에 자신의 이름을 딴 도시를 약 30개 세웠다. 일설에는 70여 개를 세웠다고도 한다. 알렉산드리아코카서스, 알렉산드리아마르기아나, 알렉산드리아카락스 등이 그것이다. 그 가운데 13개 도시가 확인되었는데 알렉산드리아라는

*고대국가에서 왕이나 귀족이 죽었을 때 신하나 종 등을 함께 묻던 풍습이다.

이름을 오늘날까지 쓰는 곳은 이집트의 항구도시 알렉산드리아 한 곳뿐이며 알렉산드로스가 사망한 뒤 유해가 안장된 곳이다.

알렉산드리아는 기원전 332년 알렉산드로스가 이집트를 침공한 뒤 나일강 하구에 최초로 건설한 그리스식 도시로 '아프리카의 아테네'로 불릴 만큼 찬란한 문화를 꽃피웠다. 헬레니즘세계의 경제적·문화적 중심지로 오늘날 우리가 아는 그리스의 철학·과학·문학 분야의 유명한 작품들이 대부분 여기서 탄생했다.

알렉산드로스제국 이후 등장한 프톨레마이오스왕조의 수도였던 알렉산드리아는 특히 도서관과 무세이온으로 유명했다. 도서관은 40여만 권의 장서를 보유할 만큼 그 규모가 컸다. 일설에는 그 규모가 70여만 권이라고도 한다. 무세이온에서 영어의 박물관이란 단어가 유래했지만 당시에는 일종의 학술연구소였다. 알렉산드리아의 무세이온은 해외에서 수많은 학자들을 불러 수준 높은 연구를 진행한 학문의 전당으로 세계적인 명성을 얻었다. 에라토스테네스가 지구의 둘레를 처음 측정하고 유클리드가 『기하학원본』을 쓴 곳도 여기며 국왕이 기하학을 쉽게 배울 방도가 없는지 묻자, 유클리드가 "학문에는 왕도가 없다"란 유명한 말을 남긴 곳도 바로 이곳이다.

중세 알렉산드리아는 국제적인 상업도시로 동서양을 바다를 통해 연결하는 중계지였고, 세계 각국의 상품들이 모여드는 물물의 집산지였다. 특히 직물업이 발달해 인도나 이탈리아 등으로 직물을 수출했고 이곳에서 생산된 고급 자수직물은 멀리 몽골제국의 칸들에게 예물로 보내졌다고 한다. 모직물 외에 유리세공품·향료·노예시장으로도 유명했다. 12세기 중엽에는 세계 28개 나라의 통상대표들이 상주해 교역업무를 수행하기도 했다.

이후 비잔틴제국이 번영하면서 콘스탄티노플이 유럽과 아시아

파로스등대의 상상도와 파로
스등대가 새겨진 동전.

를 잇는 최고의 교역도시로 부상하면서 한동안 서로 경쟁했지만
갈수록 알렉산드리아의 지위는 약화되었다.

　　세계 7대 불가사의 중 하나로 손꼽히는 파로스등대는 알렉산드
로스가 처음 이 도시를 세울 때 파로스라는 외딴 섬에 축조한 것인
데 프톨레마이오스왕조 때 육지와 연결하는 거대한 둑을 쌓는 대
역사를 단행했다. 지금부터 2,200여 년 전에 어떻게 바다 한가운
데에 그런 어마어마한 대리석 등대를 세울 수 있었는지 아직도 미
스터리로 남아 있다. 동서의 명품들을 싣고 지중해를 오간 교역선
들을 환하게 비추었을 이 등대는 7세기경 이슬람제국에 정복된
뒤, 등대 밑에 금은보화가 묻혀 있다는 소문으로 일부 철거되었다.
이후 14세기경 지진으로 완전히 부서져 오늘날에는 형체가 전혀
남아 있지 않다. 단지 그 모습을 동전이나 성당 벽면에 새겨진 그
림을 통해 간접적으로 확인할 따름이다.

콘스탄티노플: 문명의 박물관

　　콘스탄티노플은 4세기 초 비잔틴제국의 콘스탄티누스 1세가
'새로운 로마'로 선택하고 세운 도시로 '콘스탄티누스의 도시'라는

오스만투르크제국 때 그려진
대도시 이스탄불.

뜻에서 콘스탄티노폴리스라고 불렸다. 콘스탄티누스 1세는 옛 로마의 귀족들에게 많은 혜택을 주기로 약속하고 이들을 새로 세운 동방의 도시 콘스탄티노플로 대거 이주시켰다. 330년에 도시가 완공되었고 395년 로마제국이 동로마와 서로마로 분열되자 동로마제국, 즉 비잔틴제국의 수도가 되었다. 처음에는 도시를 세운 족장 비잔스의 이름을 따 비잔티온이라 불렸고 오스만투르크제국이 점령해 술탄의 수도가 된 뒤부터 오늘날까지 이스탄불로 불린다.

이 도시는 1킬로미터 길이의 다리를 사이에 두고 아시아와 유럽을 연결한다. 아시아와 유럽 모두를 향해 항상 열려 있는 콘스탄티노플은 유라시아의 진귀한 상품들이 모여드는 총집결지요, 동서 교역의 거점이며 국제무역의 중심지였다. 콘스탄티노플에서 가장 큰 시장인 그랜드바자르는 세계 각지에서 몰려든 상인과 물품으로 늘 초만원이었다. 비단길을 거쳐 온 동방의 가지각색 물품들은 대부분 여기를 거쳐 유럽으로 전파되었다. 베네치아 상인을 비롯한 각국의 상인들은 상업구역과 거주구역을 따로 설치해 자유롭게 상업을 할 수 있도록 허가를 받았고 비잔틴제국의 화폐는 국제무역에서 표준화폐로 인정받았다.

15세기 오스만투르크제국 시절에는 유라시아와 아프리카를 아우르는 최고의 국제도시로 성장해 경제적·문화적으로 가장 번창했다. 특히 비잔틴문화는 역사상 여러 문명을 경험하며 잘 융합했기 때문에 문명의 박물관이라는 평가를 받는다. 이런 융합적 특색이 가장 잘 나타나는 하기아 소피아는 비잔틴건축의 백미로 손꼽힌다. 오늘날 박물관으로 개조된 이 사원에는 기독교 성화(聖畵)와 이슬람교 『꾸란』*의 글귀가 나란히 붙어 있다. 그것은 이 도시

*우리가 흔히 쓰는 『코란』은 『꾸란』을 영어식으로 읽은 것이다.

64

눈 덮인 하기아 소피아.

가 비잔틴제국의 수도로 그리스정교의 총본산이었다가 이슬람교
를 믿는 오스만투르크제국의 수도가 되었기 때문이다. 한 도시가
1,600년 동안 성격이 전혀 다른 두 거대제국의 수도 역할을 한 것
은 역사상 유례를 찾아볼 수 없는 일이다. 따라서 이 도시에는 기
독교문명과 이슬람문명이 나란히 공존하며, 동서양의 삶이 사이좋
게 융합된 흔적들이 곳곳에 남아 있다.

비잔틴제국의 유스티니아누스 1세는 꿈에서 거대한 돔으로 된 교회를 건축하라는 계시를 받고 5년 만에 하기아 소피아를 완공했는데 그는 완성된 교회의 웅장함에 스스로 놀라 "솔로몬이여, 나는 당신을 능가하게 됐소"라고 외쳤다고 한다. 그때가 537년이었다.

오스만투르크인은 기존의 기독교교회들을 파괴하지 않고 이슬람사원으로 개조했다. 하기아 소피아도 기독교식 성화모자이크를 석회벽으로 덮고 그 위에 『꾸란』 구절을 쓴 장식으로 바꾸고 외부에 이슬람사원의 첨탑을 세운 것이다. 이후 20세기 초 터키공화국이 수립된 후 석회벽을 깨고 기독교의 흔적을 복원해 두 종교의 역사를 그대로 보여주는 박물관이 되었다.

바그다드: 신이 선물로 준 평화의 도시

고대문명인 메소포타미아문명의 발상지인 티그리스강과 유프라테스강 사이에 건설된 바그다드는 아바스왕조의 수도다. 아바스왕조 2대 칼리프 만수르가 762년에 건설하기 시작할 때는 '평화의 도시'란 뜻의 마디나트 아스살람이었는데, 원래 수도원이 있던 자리였기 때문에 '신의 선물'이란 뜻의 바그다드로 불리게 되었다.

당나라의 수도 장안, 비잔틴제국의 수도 콘스탄티노플과 함께 세계 3대 도시로 인구가 150만~200만 명 정도였던 것으로 추정한다. 아바스왕조의 수도인 바그다드에서 동서남북으로 뻗어난 길은 세계의 모든 곳으로 연결되었다. 동방에서 들어온 물품과 지중해를 통해 들어온 유럽의 물품, 즉 당시 전 세계의 물품이 다 모여드는 곳으로 세계의 부가 집중되는 것은 자연스러운 일이었다.

전성기인 10세기에는 목욕장 1,500개, 최고급 병원들의 의사 1,000여 명이 있었고, 세계 학문의 중심이 된 대학도 있는 등 학문·예술·상업이 최고 수준에 오른 이슬람문명의 심장이었다. 또 페르시아인·그리스인·인도인 등 인종과 각종 문화, 종교가 뒤섞인 세계의 수도라 할 만했다. 특히 그리스·이집트·인도 등에서 학자들을 불러 모아 천문학·기하학·의학 서적을 번역하고 발간해 그리스나 인도의 지식을 들여와 더 높이 발전시켰다. 이렇게 발전한 학문은 유럽으로 전해졌다. 바그다드에서 꽃핀 아랍의 학문과 예술은 유럽이 오랜 중세의 잠에서 깨어나 르네상스라는 꽃을 피우게 한 밑거름이 되었다. 근대유럽의 스승은 이슬람문명인 셈이다. 1,000년이 지난 지금도 바그다드의 오래된 서점거리에는 그 옛날의 분위기를 느낄 수 있는 책들이 우리를 기다린다. 우리가 잘 아는 『천일야화』의 많은 이야기가 이곳을 배경으로 하기도 한다.

9세기 말 티그리스강 사이에 동서로 나뉜 두 바그다드를 오가는 배가 무려 3만 척이나 될 정도로 번영을 누리던 바그다드는 1258년 몽골제국의 무자비한 정벌로 거의 폐허가 되다시피 했으며 1401년 티무르제국의 침입으로 다시 짓밟히게 되었다. 오늘날은 세계의 공룡 미국의 침공으로 또다시 아픈 역사를 겪는 슬픈 도시가 되었다.

제2장

비단길에서 오간 진귀한 물품들

뜨거운 사막과 끝없는 초원을 넘고 폭풍우 몰아치는 바다를 건
너 유라시아의 사람들이 기꺼이 머나먼 길을 떠난 이유는 무엇일
까? 악마와 요괴의 짓이라고 누군가 말했던 검은 모래폭풍을 뚫고
목숨까지 걸어야 하는 그런 험난한 여행을 감행한 이유 말이다.

　　그들 중에는 미지의 세계에 대한 호기심과 모험심으로 떠난 이
들도 있었고 심오한 종교나 학문을 구하기 위해 떠난 사람들도 있
었다. 하지만 머나먼 이국땅에서 나는 신기하고 아름다운 물품들
을 구하기 위해 떠난 사람들이 가장 많았다. 가장 인기를 누린 물
품으로는 먼저 중국의 얼굴이라 할 수 있는 비단과 기마유목민의
상징인 말이 있다. 또 화려함과 사치스러움의 대명사인 옥과 유리
도 있고 바다비단길을 온통 향기로 가득 채운 향료와 비단 못지않
게 유럽을 열광시킨 중국의 도자기도 있었다. 이런 물품들이 어떻
게 세 갈래의 비단길을 오가며 세계 각국의 사람들을 더 가깝게 맺
어주고 풍요로운 삶을 선물했는지 이제부터 살펴보자.

1. 세계를 매혹시킨 실바람, 비단

1 | 처음에 비단은……

누에고치에서 실을 뽑아 옷감을 짜는 기술은 선사시대부터 중국이 발명해낸 특별한 비법이었다. 중국은 몇 세기 동안 그 비법이 다른 나라로 새나가지 못하도록 철저히 단속했다. 그래서 '비단은 곧 중국'이라고 생각할 만큼 중국과 비단은 따로 떼어서 생각할 수 없었다.

로마인들은 비단을 얻고자 열망했지만 정작 비단의 정체에 대해서는 한참 동안 몰랐다. 비단을 세리카라 하고 세리카를 만드는 곳을 세레스라 불렀지만 사실 세레스가 어딘지 세레스인은 어떤 사람들인지 거의 알지 못했다. 세레스는 바로 중국을 가리키는 말이었다. 1세기경 그리스의 어떤 학자는 미지의 나라에서 들여온 비단을 보고 나무껍질에서 얻는다고 추측했고 2세기 후반에야 세레스인들이 어떤 벌레를 길러 실을 뽑는다고 생각했다. 로마상인·페르시아상인·소그드상인 등 내로라하는 그 유명한 서역상인들이 멀고도 위험한 여행길을 견디며 중국에 닿으려고 애쓴 이유도 중국에서만 난다는 그 비단 때문이라고 해도 지나친 말이 아니다.

중국은 지금부터 약 3,000년 전부터 누에고치를 길러 비단을 짰다. 꿈틀거리며 기어가는 누에모습이 선명한 은나라 때의 청동기 유물도 발굴되었다. 주나라는 비단 생산이 늘어나자 그것을 관리하는 제도까지 만들었다. 하지만 그보다 훨씬 더 오래전인 삼황오제* 시절에 이미 비단이 시작되었다는 전설 같은 이야기가 있다.

아득한 옛날, 삼황오제 가운데 한 명인 황제의 부인 서릉씨는 어느 날 차를 마시다 실수로 누에고치를 뜨거운 찻잔에 빠뜨렸다. 그런데 고치에서 가느다란 실이 계속 풀어져나오는 게 아닌가? 누에고치 속에서 오랫동안 비밀스레 간직되어 있던 비단실이 마침내 인간 앞에 그 아름다운 자태를 드러낸 놀라운 순간이다. 이때부터 중국문명의 창시자라는 황제와 그 부인 서릉씨는 양잠업을 제창하고 이를 적극 권장했다.

비단실을 만들 때 나방이 누에고치에서 빠져나오지 않도록 하는 일이 중요하다. 번데기가 누에고치 속에 머무르지 않고 나방이 되어 고치를 깨고 나와버리면 그 속의 실타래는 거칠어지고 값어치 없게 되고 만다. 그래서 고운 비단실을 뽑아내기 위해 누에를 뜨거운 물에 넣거나 증기를 쐬어 번데기를 죽이는데 서릉씨 이야기는 바로 그 대목이다.

중국인들도 '실로 짠 바람'이라고 부를 만큼 비단을 매우 귀하게 여겼고 서릉씨를 양잠업의 시조로 삼아 대대로 제사를 올리면서 그녀를 기리고 있다. 이런 유구한 역사를 배경으로 탄생한 비단은 동서 교류의 주인공이 되어 사람들의 뜨거운 관심과 사랑을 한몸에 받게 되었다.

한나라 때는 견직기도 발명되고 염색기술도 좋아져 견직업이 한층 발전했다. 한나라 때 유행한 비단은 그 종류가 무려 28종이나 되었다. 그 후 양잠업과 견직업은 수나라와 당나라 때 전성기를 맞이해 중국을 넘어 유라시아 각지에 전파되었다.

2 | 비단자락에 휘감기는 서역국가들

비단은 원래 중국이 주변 국가들에 선물로 내리거나 상인들을 통해 거래하던 물품으로 이미 전한시대부터 서역 일대에 수출되었다. 한나라 때는 왕들이 자신의 권위와 부유함을 과시하기 위해 페르가나나 흉노 등에 정기적으로 비단을 선물하곤 했다.

비단을 서방에 알린 주인공은 월지족*과 흉노족이다. 월지족은 서방에서는 '비단족'으로, 동방에서는 '옥의 민족'으로 알려져 있다. 그 이유는 월지족이 허텐에서 나는 옥을 중국에 팔고 그 대가로 비단을 받아 서방에 수출하는 중계역할을 했기 때문이다.

흉노족은 막강한 군사력으로 한나라를 위협해 많은 비단을 공물로 받아갔다. 그 비단 중 일부를 서방에 팔아 큰 이익을 챙겼다. 흉노제국은 몽골 일대를 통일하고 승승장구하면서 주변의 서역 여러 나라와 활발한 교역을 벌였다. 그 과정에서 비단이 자연스럽게 유통되었다.

원래 중국은 북방의 기마유목국가들과 견마무역을 통해 자국의 비단과 기마유목민족의 말을 서로 바꾸곤 했다. 흉노는 해마다 한나라에서 많은 비단을 받아갔고 그것이 몇 단계를 거쳐 로마제국까지 흘러들어갔다.

비단은 인도와 페르시아제국에도 전파되었다. 인도인들은 일

*기원전 3세기 초 몽골고원에서 일어난 월지는 몽골고원 대부분과 중가리아분지, 타림분지 등 광활한 지역에 세력을 뻗은 강대한 유목민족국가였다. 그러나 흉노의 압박에 밀려 몽골고원을 버리고 몇 차례 서쪽으로 이동했다. 기원전 176년경 흉노족에 다시 밀려 월지족은 텐산산맥 북방과 일리강 유역으로 옮겼다. 이곳까지 이동한 월지를 대월지라 하며 이동하지 않고 남은 세력은 소월지라고 한다.

찍이 중국에서 비단실을 수입했다. 인도의 고대문헌에는 기원전 4세기경에 이미 중국의 비단실이 인도에 전해진 것으로 기록되어 있다.

중앙아시아와 서아시아의 지배자로 군림하던 페르시아는 지리적으로 중국과 유럽 사이에 자리했다. 그래서 비단을 비롯한 각종 물물의 동서 교류에 핵심적인 역할을 했다. 페르시아는 중국과 경제적으로 아주 밀접한 관계를 유지하면서 중국과 서역국가 사이의 교역을 중간에서 조절했다. 모든 교역은 반드시 자신들을 거치도록 했다. 비단무역도 페르시아가 한동안 거의 독차지하다시피 했고 이 때문에 로마제국은 페르시아와 앙숙관계로 치달았다.

비단의 수요가 점점 늘어나자 로마제국은 직접 중국에 가서 비단을 사 오고 싶었지만 중간에 페르시아가 교역을 철저히 가로막아서 그 소원을 쉽게 이루지 못했다. 한나라의 반초가 부하 감영을 로마제국에 보내려 했을 때도 페르시아의 뱃사공들이 협박하며 중국과 로마의 만남을 의도적으로 막는 바람에 그만 포기하고 돌아간 일도 있었다. 페르시아는 비단 중계를 통해 이익을 얻기도 했지만 스스로 비단을 많이 소비했다. 비단 소비가 늘자 페르시아는 견직술을 배워 유명한 페르시아비단을 만들어 수출까지 하게 된다.

3 | 로마인을 사로잡은 유리옷

로마제국은 한나라의 비단을 많이 수입했다. 하지만 그렇게 많은 비단을 수입하고도 페르시아의 조직적인 방해로 오래도록 비단 제조의 비밀을 알아낼 수 없었다. 로마제국과 페르시아는 비단 교역을 둘러싼 갈등이 잦았고 두 나라의 관계는 더욱더 악화되었다.

중국의 비단은 로마제국에서 너무나 비싼 귀중품이었다. 처음에 비단은 부자와 권력자만이 사용할 수 있는 특권집단의 상징이었고 금이나 화폐처럼 통용되기도 했다. 중국의 비단은 원래 질이 좋고 비싼데다 멀고 험한 길을 통과하느라 운송비용이 많이 들었다. 게다가 도중에 여러 나라를 거치기 때문에 나라마다 비단에 세금을 매겨 점점 값이 치솟았다. 이런 비용이 다 합쳐져 비단이 로마제국에 도착하면 중국에서 처음 살 때 가격의 수십 배가 넘는 고가품으로 변신했다. 그래서 부유한 사람들조차도 처음에는 자기 옷에 겨우 비단 몇 조각을 꿰매 입고 다니며 멋을 내는 수밖에 없었다고 한다.

『행복론』의 저자 세네카.

하지만 비단은 로마 일대에 급속히 번져 2세기 때는 로마제국의 가장 서쪽에 위치한 런던에서도 중국비단이 유행해 뤄양 못지않은 호황을 누렸다.

로마인들은 입은 듯 안 입은 듯 너무나 가볍고 얇고 신기해서 비단옷을 '유리 겉옷'이라 불렀다는 말도 있다. 로마제국의 철학자 세네카는 자신의 책 『행복론』에서 "비단옷은 신체를 보호할 수도 없고 부끄러움조차 가리지 못하는 옷이다. 비단옷을 입어본 여성들은 마치 자신이 벌거벗고 있는 게 아닌가 하는 느낌마저 받는다. 그런데 여성들은 자신의 몸매를 드러내기 위해 막대한 돈을 들여가며 상인들을 부추겨 이 옷감을 먼 미지의 나라에서 가져오게 한다"라고 개탄하면서 비단을 무척 경계했다.

로마공화정 말기에 카이사르는 꼭 비단옷을 입고 극장에 나났다고 한다. 그 후 로마의 남녀 귀족들 사이에 비단옷만 입는 풍조가 생겨 비단이 바닥날 지경에 이르자 황제 티베리우스는 남자들의 비단옷 착용을 금지하는 칙령까지 내렸다.

그러나 비단의 인기는 식을 줄 몰랐다. 로마에는 비단 전문시장이 생겼고 비단을 직접 제조하지는 못해도 비단실을 풀어 다시 염색하는 공장까지 생겼다. 4세기경 비잔틴제국의 수도 콘스탄티노플에서는 비단이 귀족 평민 할 것 없이 모든 계층에 퍼졌다. 410년 황제 테오도시우스 2세의 세례식에는 로마시민 전체가 비단옷을 입고 참여했다고 한다. 로마인들의 생활이 안정되고 풍요로워지자 이 희귀한 사치품을 찾는 사람들은 급격히 늘어났다. 게다가 로마상인들은 자기 나라 물품을 외국에 수출하려고 하기보다 비단을 수입해서 파는 쪽을 좋아했다. 그 편이 훨씬 더 많은 이익을 남길 수 있었기 때문이다. 결국 로마제국은 엄청난 비단 수입으로 막대한 금·은 화폐가 외국으로 빠져나가 나라 경제가 심각한 위협을 받았고 비단 수입은 로마제국을 몰락하게 한 원인 중 하나가 되었다.

4 | 마침내 새나간 비밀

중국이 그토록 비밀로 해온 양잠술과 견직술이 어떻게 서방 각지로 전파되었을까? 허톈의 우기국으로 시집간 중국 공주의 이야기에서 견직술 전파의 역사적인 드라마가 시작된다.

영국의 유명한 탐험가 스타인은 허톈강 근처의 단단오일리크 유적지에서 목각판화 한 점을 발견했다. 「견왕녀도」라고 불린 이 판화에는 중국의 한 공주가 허톈국에 시집갈 때 누에고치를 몰래 숨겨 간 전설이 형상화되어 있다. 그 자세한 내용은 현장의 『대당서역기』에도 다음과 같이 전한다.

옛날 우기국에서는 누에고치나 뽕나무를 알지 못했다. 중국에

비단이 있다는 소문을 듣고 사신을 보내 구하려 했으나 중국은 견직술이 밖으로 새나가지 못하게 철저히 막았다. 그래서 우기국 왕은 몸을 낮추어 중국의 공주와 결혼할 것을 요청했다. 결혼 승락을 얻어내자 우기국 사신은 공주에게 "우리나라에는 누에고치와 뽕나무가 없으니 왕비께서 씨앗을 몸소 가져오셔서 비단옷을 지어 입으소서"라고 말했다. 공주는 그의 말대로 모자 속에 누에고치와 뽕나무씨앗을 몰래 감추고 가서 허텐에 보급했다. 봄이되어 뽕나무씨를 심자 마침내 허텐에서도 누에를 기를 수 있게 되었다. 왕비는 누에고치를 죽이지 못하도록 규정을 만들어 돌에 새기게 했다.

이 시기를 대략 후한시대, 즉 기원후 1~3세기로 잡는다. 중국이 그토록 비밀에 부쳤던 비단 제조비법은 한 왕녀의 출가로 서역의 작은 나라 우기국에 처음으로 전해졌다. 이렇게 해서 첫 단추가 풀린 견직술은 오아시스비단길을 통해 유라시아 일대로 급속히 확산되었다.

6세기 중엽에는 로마제국도 그토록 원하던 양잠술과 견직술을 알게 된다. 비잔틴제국의 유스티니아누스 1세 시절, 인도에 오래 머물던 동방기독교, 즉 경교의 신부들이 인도에서 누에고치를 몰래 지팡이 속에 숨겨서 로마로 가져갔다. 로마인들은 적국인 페르

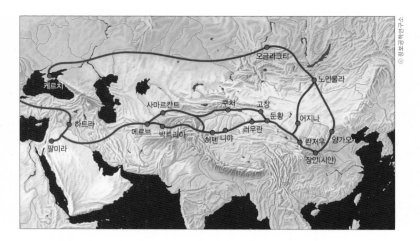

시아를 통해 비단을 수입하는 일에 많은 불만이 있었기 때문에 신
부들이 가져온 누에고치는 순식간에 비단 생산으로 이어졌다. 꿈
에 그리던 비단 생산이 마침내 현실이 된 것이다.

로마제국에 전파되기에 앞서 이미 2~3세기경에 오아시스남쪽
길을 따라 주변 여러 나라에 견직술이 전파되었다. 3세기 말에는
서북인도와 카슈미르에, 4~5세기경에는 페르시아와 시리아에도
전파되었다. 앞서 말했듯이 6세기에는 비잔틴제국에도 인도를 통
해 양잠술과 견직술이 들어왔고 거기서 유럽 각지로 급속하게 퍼
져나갔다.

견직술의 비밀이 중국에서 새나와 세계 각지로 전파되자 이제
여러 나라들이 서둘러 누에를 치고 비단을 생산하기 시작했다. 비
잔틴·페르시아·다마스쿠스·이탈리아·프랑스 등 각지에서 생산
된 비단이 갈수록 유명해져 중국의 비단을 쫓아왔다. 하지만 아직
도 중국하면 빨간 비단옷을 차려입은 화려한 이미지가 제일 먼저
떠오르곤 한다.

2. 말, 비단과 바꾸다

'활이 느슨해서도 안 되고 말의 굴레가 풀려서도 안 된다.'

이것은 대표적인 기마유목민족인 흉노족의 생활신조다. 유목민의 아기는 걸음마보다 말 타기를 먼저 배운다고 한다. 오늘날 중국 내 소수민족으로 살아가는 카자흐족도 '말 위에서 태어나서 말 위에서 죽는다'고 할 만큼 말을 강조한다. 일등 신랑감을 고르는 기준도 재산이나 지위가 아니라 말 타는 실력이라고 할 정도다. 이렇듯 말 타기는 유목민의 삶의 기본이며 말은 유목민의 발이자 무기요, 생존수단이다. 망망대해 같은 드넓은 초원지대를 살아가기 위해 말은 생존의 필수도구다.

말은 종류도 다양하고 수량도 엄청났다. 기원전 200년경 흉노의 족장 묵특이 중국을 치러 갈 때 백마·청룡마·흑색마·적황색마 등 말 색깔에 따라 군대를 편성했다고 하니 말이다. 말은 용도도 무척 다양해 격구*처럼 오락용으로도 널리 이용했다.

고대 중국에도 말은 있었으나 키가 작고 느리며 전투능력이 떨어져 서역의 말들처럼 우수하지 않았다. 기마유목민족들은 뛰어난 기동력과 용맹함으로 늘 중국을 위협했다. 이들을 막아내기 위해

*말을 탄 채 긴 막대기로 공을 쳐서 상대편 골대에 공을 넣는 경기. 오늘날의 이란인 고대 페르시아에서 시작되어 동쪽으로는 중앙아시아와 중국을 거쳐 우리나라와 일본까지 이르렀고 서쪽로는 콘스탄티노플을 거쳐 유럽에 전해졌다. 우리나라는 발해나 고구려 때 군사훈련용이나 오락용으로 유행했다. 당나라에서는 황실부터 서민에 이르기까지 격구가 퍼졌다.

우수한 말과 기마병을 확보하는 일은 중국으로선 사활이 걸린 문제였다. 한나라 때에 이르러 우수한 서역말을 알게 되자 그 말들을 대량 수입해 전투용으로 많이 이용했고 또 중국말을 우량종으로 바꾸는 데도 이용했다.

중국인들은 중앙아시아에서 말을 대량으로 공급받았고 그들에게 기마술도 배웠다. 유목민족한테서 들여온 말이 중국에 도착하면 어디서 왔으며 얼마나 민첩한지, 어떤 용도로 쓸지 등을 나타내는 도장을 찍었다. 서역말이 들어오면서 중국에는 말의 사육과 관리가 중요한 업무가 되었다. 한나라 무제 때는 중앙정부가 관리하는 군사용 말만 해도 무려 40만 필이나 되었다. 도시나 산간 어디서나 말이 가축으로 사육되어 농민은 말을 경작과 운반에 이용했고, 말 타고 다니지 않는 백성이 없을 정도로 흔해졌다.

1 | 견마무역

말은 그 자체가 매우 중요한 교역품이었다. 실제로 중국은 오랜 세월에 걸쳐 북방의 흉노족·돌궐족·위구르족 등과 견마무역을 해왔다. 견마무역이란 중국의 얼굴이라고 할 수 있는 비단〔絹〕과 유목민의 상징인 말〔馬〕을 서로 일정한 조건으로 주고받는 것을 말한다. 이는 유목민과 농경민인 중국인 모두에게 필요한 것이었다.

유목민들은 중국에서 비단을 가져와 그것을 서역에 수출함으로써 막대한 중간이익을 챙길 수 있었다. 견마무역은 유목민들이 늘 겪는 물자 부족에서 벗어날 수 있는 좋은 방도였다. 경제적으로만 보면 견마무역은 중국인들에게 불리한 교역이었다. 유목민들이 값싸고 노쇠한 말을 몰고 와 비싼 값을 요구하는 경우도 종종 있었다. 하지만 무서운 기세로 쳐들어와 가끔 중원대지를 휩쓸고 가는 북방유목민족은 중국인에게 언제나 위협적인 존재였다. 그래서 중국은 이들의 요구를 쉽게 거절할 수 없었고 일종의 안정보장책으로 값비싼 비단을 바꿔주던 셈이다. 게다가 기동력이 뛰어난 유목민들과의 싸움에서 이기려면 중국도 날쌔고 훌륭한 전투마가 절실했다.

말을 주고 비단을 가져가는 특별한 길도 생겼다. 초원비단길의 동편이자 몽골고원을 흐르는 오르혼강에서 출발해 몽골의 수도 카라코룸을 지나 장안과 베이징을 거쳐서 중국의 동남해안 항구도시인 항저우나 광저우에 도착하는 길이다. 물론 그곳에서 바닷길로 이어지기도 한다. 북방유목민족과 중국인은 동아시아의 패권을 차지하기 위해 항상 힘겨루기를 했기 때문에 이 길은 견마 교역로이자 전쟁의 통로이기도 했다. 이 길을 통해 북방의 유목문화와 중국 한민족의 농경문화가 서로 영향을 주고받았고 남북의 물물이 오가기도 했다. 비단길은 동서로 세 갈래가 열려 있었지만 이렇게 작은 남북길들이 사이사이에 나 있어 사람들은 사방팔방으로 필요할 때마다 만나 서로 교류했다.

견마무역의 실상을 당나라와 위구르의 관계를 통해 자세히 살펴보자.

당나라와 위구르는 남쪽의 티베트와 국경을 접했는데 티베트는 정기적으로 중국을 쳐들어왔다. 한때 티베트의 힘이 강성해져서 장안을 점령한 적도 있었다. 당나라는 걸핏하면 국경을 넘어오는 투르크인과 티베트인들에게 말을 종종 약탈당했다. 안사의 난*이후 티베트인들의 습격이 늘어나 말이 자꾸 줄어들자 중국인들은 빼앗긴 말을 위구르에서 보충했다. 또 티베트의 침공 때 당나라의 요청으로 위구르는 군대를 보내 중국을 도와주기도 했다. 안사의

* 당나라 현종 말기인 755년에서 763년 사이에 절도사 안녹산이 양귀비 일족의 횡포에 반발하다 음모혐의를 받자 사사명과 함께 대규모 반란을 일으켰는데, 그 사건을 이른다. 안녹산은 돌궐과 소그드인의 혼혈로 중앙아시아 출신이었다.

난이 일어났을 때도 위구르는 당나라를 도왔다.

이러저러한 계기로 군사원조를 해준 위구르는 그 대가로 당나라에 엄청난 보상을 요구했다. 위구르는 당나라와의 견마무역을 독차지했고 막대한 이익을 챙겼다. 한 번에 수만 필의 말을 끌고 와 한 마리당 비단 40필, 심지어는 50필을 요구했다. 사실 일반병사들이 타는 조랑말은 싼 값에도 얼마든지 살 수 있었지만 중국은 위구르의 위세가 두려워 울며 겨자 먹기로 불합리한 말값을 지불했다. 위구르가 정기적으로 말떼를 보내 중국의 국고가 바닥날 지경에 이르자 중국은 위구르의 부당한 요구를 달래느라 애를 먹곤했다. 중국에서 잘 통하는 위구르인들의 위세가 부러워 소그드상인은 종종 위구르인으로 위장해서 장사했다는 말도 있다.

2 | 명마 찾아 몇만 리?

기원전 2세기 장건이 파미르고원을 넘어 서역에 다녀온 뒤로 중국은 중앙아시아와 서역의 유명한 말들, 즉 오손마·한혈마·월지마 등을 수입하기 시작했다. 중국은 카슈미르·간다라 등 많은 지역에서 말을 공물로 받았지만 가장 좋은 말을 대주는 곳은 주로 파미르고원 서쪽에 있는 소그디아나와 페르가나* 골짜기였다.

오손마는 처음에 하늘에서 온 말이라는 뜻으로 '천마'라 했는데 장건이 오손에서 귀국할 때 오손 왕이 답례로 오손마 수십 필을 한나라에 보냈다. 또 한나라의 공주가 오손으로 시집갔을 때도 오손마 1,000필을 중국에 진상했다. 그런데 페르가나의 유명한 한혈마가 수입되면서 한혈마와 구별하기 위해 오손마는 천마가 아닌 서극마로 불렸다.

*소그디아나는 아무다리야강과 시르다리야강 상류의 중간을 동서로 흐르는 제라프샨강 유역의 옛 이름이고, 페르가나는 우즈베크고원에 있던 나라로 현재 키르기스스탄이다.

82

한나라 무제는 페르가나에서 난다는 명마를 얻으려고 애썼다. 그는 하늘에서 내려온 초능력을 지닌 천마들이 서북쪽에서 올 것이라는 예언을 믿고 처음에 오손마를 천마라고 불렀다. 그러나 페르가나의 한혈마가 오손마보다 더 우수함을 알고 한혈마를 천마라고 다시 생각했다. 한혈마는 하루에 500킬로미터를 달릴 수 있으며 전력질주하면 피 같은 땀을 흘린다고 해서 붙은 이름이다. 『후한서』에는 페르가나의 말이 "앞 어깨의 작은 구멍에서 피가 흘러나온다"라고 씌어 있다.*

한혈마는 아랍마보다는 못하지만 지구력이 강한 말로, 페르가나뿐 아니라 아프가니스탄·몽골·러시아·헝가리·프랑스 등에도 분포되어 있다고 한다.

한나라 무제는 처음에 페르가나에서 한혈마를 쉽게 내놓지 않자 매우 격분하여 양국의 국교를 단절했다. 그리고 부하 이광리로 하여금 두 차례나 페르가나를 공격하게 했다. 결국 한나라는 당시 세계 최고의 명마라는 한혈마를 손에 넣고 말았다. 그 후 한나라 전성기였던 무제 시절에 페르가나는 해마다 많은 한혈마를 중국에 바쳤다. 이 말들은 흉노족에 대항하는 전투마로 한나라의 방위와 강성에 중요한 역할을 했다.

후한 시절 월지마도 중국에 수입되었다. 사마천은 『사기』에서 "천하에 많은 것이 셋 있는데 중국에는 사람이, 대진(로마제국)에는 보물이, 월지에는 말이 많다"라고 했다. 이로 보아 월지마도 중국에서 많이 교역되었음을 알 수 있다. 중국은 한나라 이후 남북조시대나 당나라·송나라 시대에 이르기까지 서역의 좋은 말들을 계속 수입했다.

세계 제일의 우량마로 알려진 아랍마는 척추 양쪽에 근육띠가 붙어 있어 말안장을 얹지 않고 타도 편했다. 중국인들은 아랍마도

*말의 뒷목과 어깨 사이의 피하조직에 기생충이 사는데 그 부위가 부어올라 달릴 때면 혈관이 늘어나고 종기의 구멍이 생겨 피가 흘러나오는 데서 유래한 것이라고 한다.

배했다. 장건이 서역에서 처음 본 포도 등 여러 낯선 식물을 중국에 들여오면서 목숙도 함께 전래되었다. 목숙은 중국에서 신라에, 신라 에서 다시 일본에 전파되어 그곳에서 오늘날까지도 재배되고 있다.

*콩과에 속하는 일종의 특용 작물로 본래 코카서스산맥 동남부 일대에서 말의 사료 로 재배되다 고대 그리스인 들에게 알려졌다. 아랍에 전래된 후에는 아랍마의 주 요 사료로 사용되었다.

3 | 신기한 말 이야기

중국에는 말에 대한 전설 같은 이야기들이 많이 떠돈다. 항상 눈으로 덮인 북쪽 어딘가에 '얼룩말의 땅'이 있다는 둥, 아랍에는 사람의 말을 알아듣는 말이 있다는 둥 여러 상상과 소문을 통해 좋 은 말을 열망하는 중국인들의 마음을 고스란히 드러냈다.

당나라 현종 때는 페르가나에서 온 '춤추는 말' 여섯 마리가 있 어 황제의 생일날 춤을 추었다고 한다. 그것을 기념하는 돌조각도 새겼다니 정말 신기하지 않은가? 승려 현장의 『대당서역기』에는 당시에 가장 널리 퍼진 용마전설이 씌어 있다. 용과 암말 사이에서 태어나 반은 용이고 반은 말인 용마가 강물에서 솟아올라 사람을 태우고 하늘로 날아갔다는 믿기지 않는 이야기다. 『역사』라는 저 서를 남긴 역사학의 아버지 헤로도토스는 피처럼 붉은 땀을 흘리 는 말이 있다고 기록해 한혈마에 대한 정보가 멀리 유 럽까지 퍼졌음을 알 수 있다.

중국 란저우의 한 박물관에는 「청동분마상」이란 조 각이 전시되어 있다. 장건이 서역에서 가져왔다는 천마를 조각한 것이라고 한다. 천마가 제비보다 더 빨라 하늘을 나는 제비를 한 발로 지그시 누르고 날렵 하게 달리는 말 모양을 조각한 것인데, 미국의 대통령

「청동분마상」. 말이 하늘을 나는 제비를 밟고 달려가는 모습을 형상화했다고 해서 마답비연상(馬踏飛燕像)이라 고도 부른다.

84

닉슨에게 중국이 그 모형을 선물할 만큼 국제적인 예술품으로 평
가받았다. 통일신라시대의 천마총에서 나온 천마도 이와 어떤 관
련이 있지 않을까 궁금해진다.

 잠깐잠깐

말 타기에서 비롯한 용어

박차를 가하다 박차는 말을 빨리 달리게 하기 위해 장화 뒤축에 댄 쇠로 만든
톱니모양의 물건이다. 이 말은 어떤 일을 촉진하려고 힘을 더할 때 쓴다.

재갈을 먹이다 재갈은 말을 마음대로 다루기 위해 말의 입에 물리는 쇠막대
다. 소리를 내거나 말을 하지 못하도록 입을 틀어막는다는 의미다.

고삐를 조이다 고삐는 재갈 양끝에 길게 끈으로 연결해 말을 조종할 때 쓰는
것이다. 사태를 조금도 늦추지 않고 긴장되게 한다는 뜻이다.

굴레를 씌우다 말이나 소의 목에서 고삐까지 걸쳐 얽어매는 줄을 굴레라고 한
다. 자유롭게 활동하지 못하도록 구속한다는 의미로 쓰인다.

기미정책 '기(羈)'란 말의 굴레를, '미(縻)'는 고삐를 말한다. 기미정책은 말의
고삐를 조여 통제하듯 피지배국의 자치를 어느 정도 허용하면서도 책봉이
나 조공 등을 이용해 간접적으로 통제하는 지배정책을 일컫는다.

천고마비 당나라 시인 두보의 조상이라는 두심언은 흉노족을 막기 위해 변방
으로 떠나는 친구에게 시 한 편을 적어 위로했다. "맑은 눈발이 아름답게 별
떨어지듯 하고, 가을 하늘은 드높고(추고秋高) 변방의 말은 살이 찌네(마비
馬肥)." 광활한 초원에서 봄부터 여름까지 풀을 잘 먹은 말은 가을에는 토실
토실하게 살이 찐다. 그러나 겨울이 되면 흉노족은 식량을 찾아 살찐 말을
타고 중국 변방으로 쳐들어와 곡식이며 가축을 약탈해갔다. 그래서 가을이
되면 중국의 병사들은 활줄을 갈아매고 활촉과 칼을 벼르며 경계를 강화했
다고 한다. 시에서는 가을하늘이라 '추고마비'라고 했는데 나중에 천고마비
(天高馬肥)가 되었다. 원래는 흉노족을 경계하는 의미였지만 요즘에는 가을
의 풍요로움을 뜻하는 말로 바뀌었다.

3. 옥과 유리, 아름다운 고대의 얼굴

아름다움과 훌륭한 미덕을 오래도록 간직하고 싶은 마음은 예나 지금이나 마찬가지다. 옥과 유리는 이런 마음을 담아 선사시대부터 오늘날까지 오랫동안 사랑을 받아왔다. 보석은 희귀함과 아름다움 때문에 사랑받기도 하지만 상징성 때문에 더욱 소중히 간직되곤 한다. 예를 들어 붉은 빛깔의 루비, 곧 홍옥은 건강과 부를 가져오고, 독을 없애거나 벼락을 피하게 해주는 상징성이 있다. 보석은 인간의 이런 염원과 열망을 담아 지구촌 각지에서 교류되었는데 옥은 그중에서도 특히 오래된 교역품이자 교류의 선구자다. 또 옥과 유리에는 단단하고 변치 않는 성질이 있어 다른 유물에 비해 고고학적으로 더욱 믿음이 가는 역사의 정직한 증인이다.

1 │ 영혼을 불러오는 신성한 보석, 옥

옥의 가치와 쓰임새
옥을 귀하게 여기는 마음은 우리 생활 곳곳에서 쉽게 볼 수 있다. 요즘은 흔치 않으나 과거에는 여자아이에게 '옥'이라는 글자를 넣어 이름을 짓곤 했다. 이름뿐 아니라 임금의 도장인 옥새, 고운 손을 뜻하는 섬섬옥수, 옥황상제, 소중한 자식이란 뜻의 금지옥엽 등 귀하고 아름다운 것들에 옥의 가치를 담았다.

후한 때 쓰인 『설문해자』라는 책에는 옥이 지닌 미덕 다섯 가지를 이렇게 절묘하게 지적하였다. "광택이 있고 밝고 온화함은 인(仁), 속의 빛깔과 결을 그대로 비치는 투명함은 진(眞), 두드릴 때 나는 소리의 순수함과 낭랑함은 지(智), 깨지더라도 굽혀지지 않는 것은 의(義), 각은 예리하나 어떤 것도 다치게 하지 않는 미덕은 공정(公正)."

이런 지고한 미덕을 갖춘 옥은 고결함 · 아름다움 · 영원함을 상징하며 용기(用器)나 장식물로 혹은 부적이나 징표로 오랫동안 인간의 곁을 지켜왔다. 더욱이 옥은 불행을 막아주는 부적이나 방부제로, 심지어 영혼을 불러내는 신성한 물품으로 여겨질 만큼 특별했다.

옥은 철분 함유량에 따라 백 · 황 · 홍 · 청 · 흑 등 여러 색깔을 띠는데 청옥(사파이어)이나 홍옥은 특히 값진 보석으로 취급된다. 모양도 굽은 옥, 관모양 옥, 둥근 옥, 동물모양 옥 등 다양하다. 특히 태아모양을 한 굽은 곡옥은 신라의 금관에도 주렁주렁 달려 있는데, 생명과 다산(多産)을 상징한다. 옥은 권위를 담은 예식이나 제사에서, 혹은 옷이나 무기의 장식품으로, 장례용품으로, 그리고 생활용기로 폭넓게 사용되었다. 옥을 용기로 제일 먼저 가공하고 이용한 사람들은 중국인인데 가장 오래된 옥기유물은 지금부터 7,000년 전쯤 중국에서 만들어졌다. 옥 가공기술도 중국에서 가장 일찍 발달했으며 근래에는 옥을 연구하는 학문인 옥기학까지 생겨 중국인들의 옥에 대한

중국 라오닝성에서 발견된 옥기. 기원전 3000년 전에 쓴 것으로 추정하는데, 장식물이나 부적으로 사용한 듯하다.

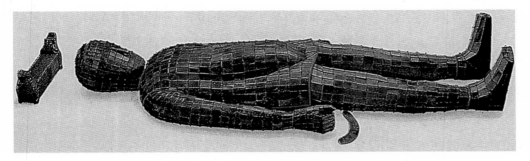
중산왕 유승(劉勝)의 무덤에서 발견한 옥으로 만든 수의.

높은 관심을 말해준다.

고대 중국인들은 시신을 잘 보존하면 영혼이 다시 돌아올 수 있다고 믿었다. 그래서 영혼을 불러오고 부패를 막아준다는 옥으로 수의를 만들어 시신에 입혔다. 수많은 옥조각을 금실이나 비단실로 꿰매 수의를 만들어 장례식에 사용했는데 극소수의 지배층만이 누릴 수 있는 사치스런 풍속이었다. 전한시대에 만들어진 중산왕의 옥수의를 보면 옥조각만 해도 자그마치 2,498개에 옥조각의 네 귀에 각각 구멍을 뚫어 얽어맨 금실의 무게만도 11킬로그램이나 된다. 한나라의 왕이나 상류귀족들이 애용한 호화로운 옥수의는 경제적인 부담이 커 점차 쇠퇴하고 그 후에는 발견되지 않는다.

옥의 교류

보석의 교류는 까마득한 선사시대 때 시작되었다. 고대에는 기술수준이 낮아 땅속 깊이 매장된 단단한 보석은 개발하지 못했다. 게다가 단단한 구슬에 작은 구멍을 뚫기란 여간 어렵지 않았다. 그래서 고대의 옥은 비교적 얕은 곳에서 캐낸 무른 연옥이 사용되었고 근대에 들어와 기술수준이 높아지면서 단단한 경옥이 개발되기 시작했다. 중국에서도 18세기 이전의 옥기는 대부분 연옥으로 만든 것이다.

옥은 광물성(수정·호박 등)과 식물성(명월주·진주·산호 등)으로 구분

88

되는데 식물성 옥은 로마제국·이슬람제국·페르시아 등에서도 나왔다. 그러나 이들은 생산량이 적고 극히 일부에서만 채취되어 옥의 발전에 그다지 이바지하지 못했다.

　고대에 사용된 연옥은 오아시스남도 타림분지 근처에 자리한 허텐이 주요 생산지였다. 중국은 지리적으로 허텐과 가까워 허텐의 연옥을 집중적으로 들여와 풍성하고 다양한 여러 옥기들을 만들었다. 당나라 덕종은 진귀한 보석인 옥과 슬슬(에메랄드) 100근을 구해오라고 신하를 허텐에 파견한 적도 있다. 중국 5대10국* 시절인 938년 고조는 국왕의 도장인 옥새를 만들기 위해 신하 고거회를 허텐에 파견해 옥을 구해오도록 했다. 고거회는 약 4년 동안 허텐에 머무른 뒤 귀국해 여행기를 썼는데 거기에 옥을 채취하는 과정이 다음과 같이 기록되어 있다.

> 　허텐 남방 1,300리 되는 곳은 옥의 땅이다. 그곳 산에는 물론 동쪽의 백옥강, 서쪽의 녹옥강, 오옥강에서도 각양각색의 옥이 많이 나온다. 이 강들은 모두 하나같이 쿤룬산에서 시작되어 흘러왔지만 땅에 따라서 옥 색깔도 서로 달라진다. 해마다 5~6월에 강물이 불어나면 옥돌이 같이 흘러오는데 강물이 많이 흘러와야 옥도 많아진다. 7~8월에 강물이 빠지는 갈수기가 되면 강바닥에서 옥을 채집하는데 국왕이 우선 강가에 와서 옥을 채취한 다음에야 백성들이 옥을 건질 수 있었다. 이 나라의 법에 따르면 관리들이 옥을 채집하는 동안에는 백성들이 강가에 서 있는 것조차 금지된다. 허텐사람들은 옥으로 도구나 옷을 만들며 중국의 옥은 대부분 허텐에서 보낸다.

허텐에서 생산된 옥은 월지족의 손을 거쳐 중국으로 들어갔다.

* 중국에서 당나라가 멸망한 907년부터, 960년에 나라를 세운 송나라가 중국을 통일하게 되는 979년까지 약 70년간 흥망한 여러 나라와 그 시대를 일컫는다.

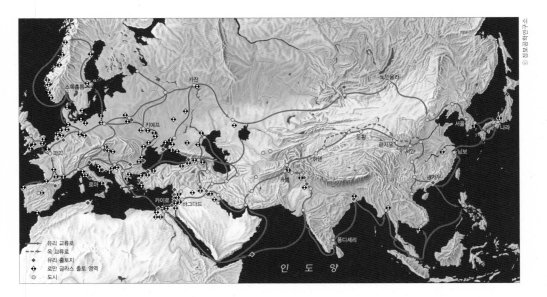

옥과 유리의 교류.

월지족은 오늘날 중국 서북쪽 간쑤지방에서 허텐 일대에 이르는 광활한 영역에 자리한 큰 세력이었다. 월지는 허텐과 중국 사이에서 옥을 중계하는 일을 맡았기 때문에 중국에서는 '옥의 민족'이라 불렸고 옥이 오가는 통로를 '옥의 길'이라 했다. 옥의 길은 장안에서 출발해 오아시스비단길의 남쪽 통로로 이어진다. 중국에서 가장 오래된 은나라와 주나라 유물에서도 여러 가지 옥유물들이 출토되는 것을 보면 비단길은 옥을 교류하면서 일찍부터 개척된 것으로 보인다. 따라서 옥의 길은 비단길의 선구자인 셈이다.

월지족은 중국에 옥을 가져온 대가로 유명한 중국의 비단을 가져갔다. 그 비단을 다시 서역 일대에 팔았기 때문에 서방에서는 월지족을 '비단의 민족'이라고 불렀다. '옥의 민족'이자 '비단의 민족', 월지족을 부르는 이 두 이름만으로도 동서 교류에서 그들이 맡던 역할과 중요성을 짐작할 수 있다. 이후 월지족은 강성해진 흉노족과 오손에 밀려 서쪽으로 넘어가 대월지국을 세웠고 일부 이동하지 못한 세력은 그대로 남아 소월지국이 되었다.

중국을 거쳐 옥은 우리나라에도 전파되었다. 신라 고분에서는 정교한 옥기들이 다양하게 출토되었다. 신라 귀족들 사이에 옥이나 보석을 두르는 호화장식이 유행하자 사치풍조를 막기 위해 흥덕왕은 옥의 사용을 일일이 규제하는 칙령을 내린 적도 있다.

 잠깐잠깐

옥을 다루는 데서 유래한 이야기

옥은 단단하기 때문에 세공하기에 무척 힘들다. 옥의 세공과정에 빗댄 격언들이 중국의 사서삼경 중 하나인 『시경』에 나온다.

타산지석(他山之石) 남의 산에서 나온 거친 돌이라도 자기의 옥을 가는 숫돌로 쓸 수 있다는 시구에서 비롯한 것이다. 즉 자기보다 못한 사람이라도 자기 수양의 거울로 삼을 수 있다는 겸허한 마음을 뜻한다.

절차탁마(切磋琢磨) 옥돌을 자르고 줄로 쓸고 끌로 쪼고 갈아서 빛을 낸다는 뜻이다. 군자는 뼈나 상아를 잘라서 줄로 간 것(切磋)처럼, 그리고 옥이나 돌을 쪼아서 모래로 닦은 것(琢磨)처럼 밝게 빛난다는 시구에서 비롯되었다. 수양을 거듭해 학문과 자신을 갈고 닦음을 뜻한다.

2 | 모래와 재에서 태어난 불사조, 유리

유리의 기원

어느 날 천연소다를 파는 페니키아의 한 무역상인이 오늘날 이스라엘로 흐르는 베루스강변에 이르렀다. 그는 식사를 준비하기 위해 솥을 받칠 돌을 찾았으나 돌을 마련할 수가 없었다. 할 수 없이 가지고 다니던 소다덩어리를 꺼내놓고 그 위에 솥을 앉혀 불을 지폈다. 그런데 한참 가열된 소다덩어리가 강변의 하얀 모래와 섞이면서 반투명의 액체로 바뀌어 줄줄 흘렀다.

이 액체가 과연 무엇일까? 인간이 유리라는 물질을 처음으로 알게 된 놀라운 순간이다. 세계 최초의 백과사전이라는『박물지』는 유리의 기원을 이렇게 쓰고 있다. 유리가 언제 어디서 어떻게 등장했는지 정확히 몰랐기 때문에 이런 전설 같은 이야기로 유리의 등장과정을 묘사한 것이리라. 왜 유리를 '모래와 재에서 태어난 불사조'라고 부르는지 이해할 만하다. 불사조는 유리의 변치 않는 성질을 비유한 것이다.

유리는 지금부터 약 5,000년 전 청동기시대에 처음 등장했다. 높은 온도가 필요한 야금기술이 발전하면서 유리도 탄생할 수 있었다. 유리는 색깔이 아름답고 가볍고 투명하며 방수가 되고 변치 않는 성질을 가진 유물로 그 모습을 오랫동안 유지한다. 이 때문에 유리는 잊힌 역사를 생생하게 증언하는 믿을 만한 유물로 손꼽힌다. 또 유리는 어디서나 귀중하게 취급되어 값진 교역품으로 거래되었고 한때 화폐 대용으로 사용하기도 했다.

제2차 세계대전 이후 고대문명의 발상지인 메소포타미아와 이집트에서 각종 유리유물들이 대량 발굴되었다. 그 후 우리나라를 비롯한 지구촌 곳곳에서 유리유물이 출토되었고 마침내 베일에 가려진 유리의 기원과 교류에 대한 연구가 본격화되었다.

유리의 기원을 두고 이집트다, 메소포타미아다, 중국이다 등 의견이 분분했지만 지금은 대체로 메소포타미아에서 시작되어 세계 각지에 전파된 것으로 본다. 그런데 한 가지 특이한 사실은 유리의 발달과정에서 중심지가 계속 변해왔다는 점이다. 메소포타미아에서 시작된 유리는 이집트와 로마제국, 중국, 그리고 사산왕조페르시아*를 거쳐 이슬람지역에 이르기까지 중심지가 시대에 따라 바뀌면서 다양하게 발전해왔다. 각 지역의 특성에 맞게 소재와 기법이 개발되면서 화려하고 영롱한 서로 다른 유리공예품들이 유라시아 곳곳에서 등장했다.

* 208년에서 224년 사이에 세워져 651년에 멸망한 중세 페르시아의 왕조다. 사산왕조란 이름은 이 왕조의 선조이며 조로아스터교의 제주(祭主)인 사산에서 유래했다고 한다.

서로 다른 시대를 풍미한 로마유리와 페르시아유리

유리는 교역품이나 증여품으로 세계 각지로 퍼져나갔다. 서로 다른 시대에 유행하긴 했으나 로마유리와 페르시아유리는 쌍벽을 이루며 세계 유리공예문화를 이끌었다.

로마제국은 기원전 1700년경부터 발달한 이집트의 전통 유리공예술을 그대로 계승했다. 알렉산드로스제국이 건설되고 헬레니즘문화가 번창하면서 이집트의 알렉산드리아는 유리 생산의 중심지로 떠올랐다. 로마제국 때에 만들어진 유리를 통틀어 로마유리라고 부르는데 로마유리가 세계 방방곡곡에 퍼진 시절이 유리의 전성기였다. 로마유리가 급속히 동서로 전파되면서 드넓은 유라시아대륙에는 화려한 유리벨트를 허리에 두른 듯 유리 교류대가 형성되었다. 로마유리가 유리의 제왕으로 등극한 것이다.

로마유리는 크게 두 시기로 나뉘는데 전기는 기원전 1세기부터 기원후 4세기경까지로 로마제국의 평화와 전성기 시절을 포함해 로마제국이 동서로 분열될 때까지다. 후기는 기원후 5~6세기경으로 서로마제국이 멸망한 뒤에도 약 1,000년간 지속된 비잔틴제국의 일부시기를 말한다. 그래서 후기 로마유리를 비잔틴유리라고도 한다. 이때는 사산왕조페르시아유리가 번영했기 때문에 로마유리도 그 영향을 받았다.

기원전 1세기경에 발명된 새로운 유리공예술은 로마유리가 세

* 긴 대롱에 유리액 덩어리를
묻혀 틀에 넣어 공기를 불
어넣거나 공중에서 입김을
불어 유리덩어리를 부풀리
면서 복잡한 형태의 유리공
예품을 만드는 방법이다.

계를 지배할 수 있게 한 중요한 요인이었다. 대롱불기*라는 이 새
로운 기법은 유리의 무늬나 모양, 제조방식을 완전히 혁신해 화려
하고 다채로운 유리제품들을 대량으로 쏟아내며 유리 제조의 혁명
을 일으켰다. 로마제국이 지중해를 호수로 삼으며 아시아·아프리
카·유럽 일대를 아우르는 대제국을 건설하던 시기에 이 기법이
발명되어 로마유리는 세계 각지로 급속히 전파되었다. 또 로마상
인들은 활발한 대외무역을 통해 로마유리와 그 제조법을 온 세계
에 보급하는 주역이 되었다. 그리하여 로마유리는 유라시아 전역
을 누비며 휘황찬란한 로마유리 교류대를 형성했는데 동서로는 이
베리아반도에서 일본까지, 남북으로는 말레이반도에서 스칸디나
비아반도까지 아우르게 되었다.

한편 페르시아에서는 기원전 3000년경 시작된 메소포타미아유
리의 전통을 그대로 계승해 독특한 유리를 생산해냈다. 사산왕조
페르시아 때는 아케메네스왕조 때의 화려했던 유리 제작기술을 이
어받고 로마유리의 영향을 받아 개성 있는 페르시아식 사산유리를
제작하는 데 성공했다. 로마제국이 동서로 분열하며 세력이 약해
지자 그 틈을 타고 사산유리가 기세를 뻗어 로마유리가 차지했던
세계적 지위를 넘보게 되었다. 마침내 4~7세기경 로마유리는 쇠퇴
하고 페르시아가 유리의 중심지로 새로 부상했다. 사산유리 역시
급속히 유라시아에 전파되어 유리공예품을 통해 우리나라도 페르
시아유리와 만났다.

그 후 페르시아는 이슬람제국에 복속되고 페르시아유리 또한
이슬람유리에 주인공의 자리를 내주었다. 7세기 이후에는 사산유
리와 로마유리를 교묘히 결합한 이슬람유리가 등장해 이슬람문명
의 전파와 함께 또 한 번 세계 각지로 퍼져나가게 된다.

비단길을 따라 동쪽으로 간 유리

한나라와 로마제국이 서로 관계를 맺기 시작한 이래 로마유리는 거침없이 동방으로 전해졌다. 전기 로마유리는 바다비단길과 오아시스비단길을 주로 통과했고 후기 로마유리는 오아시스비단길과 초원비단길을 따라 전해졌다. 중국 동남해안, 아프가니스탄의 베그람지역, 타림분지의 뤄부포호수 근처 등 바다비단길과 오아시스비단길이 지나가는 주변을 따라 로마유리 유물들이 대량 발굴되어 로마유리가 동쪽으로 건너간 길을 증언한다. 중국인들은 처음에 유리가 로마제국에서 온 줄 모르고 대부분 인도유리라고 생각했다. 왜냐하면 인도는 바다비단길에서 로마제국과 중국을 서로 연결해주는 역할을 했고 로마유리는 인도를 거쳐 들어왔기 때문이다. 로마제국은 유리나 보석류를 중국에 보냈고, 중국에서는 비단과 향료 등을 로마제국에 수출했다.

현재 발굴된 유물로 볼 때 중국은 춘추전국시대인 기원전 5~2세기에 처음으로 유리를 제작했다. 한나라 때 로마유리를 수입하고 동시에 그 제조법을 배워 다양한 유리를 제작하면서 중국도 아시아유리의 중심지로 떠올랐다. 한나라 무제는 신선을 기리는 사신당을 지었는데 그 창문이 흰 유리로 만들어져 빛이 잘 들었다고 한다. 전한시대에 성제의 후궁 조비연은 머리카락이 비치는 초록색 유리문이 달린 집에서 살았다고도 한다. 이런 기록은 한나라 때 이미 중국에서도 각종 유리가 애용되었음을 말해준다. 한나라 귀족들은 로마유리를 '옥정'이나 '수정'이라고 부르며 진귀한 사치품이나 장식품으로 애용했다.

중국의 『위서』에는 5세기경 중국에 온 로마상인들이 돌을 불려서 오색유리를 만들 수 있다고 자랑해 산에서 돌을 캐다 직접 만들게 했더니 정말 광택이 뛰어나고 영롱한 유리가 탄생했다고 적혀 있다. 오색유리는 여러 색깔이 조화롭게 뒤섞인 반투명유리로 그때까지 중국에서는 만들어진 적이 없는 진귀하고 이색적인 것이었다. 이때부터 중국도 질적으로 뛰어난 로마식 선진유리 제조법을 배웠고 황허강 유역에서 전통적으로 발달해온 단조로운 중국식 유리는 퇴색하고 말았다.

세계와 어깨를 나란히 한 신라의 유리

우리나라도 철기시대부터 유리와 인연을 맺어왔다. 여러 지역과 교류한 결과 다양한 기법으로 만들어졌거나 다채로운 성분을 가진 유리유물들이 출토되었다.

기원전후 무렵에는 장식품 위주의 유리제품을 만들거나 수입했고, 삼국시대부터는 그릇이나 불교에서 쓰는 사리용품 같은 유리용기류를 생산하거나 수입했다.

5~6세기의 신라고분에서는 정교하고 다채로운 각종 유리기구들이 발굴되었다. 후기 로마유리에 속하는 유리공예품들로 대부분 지중해 근처에서 제작되어 흑해를 지나 초원비단길을 따라 동쪽으로 건너온 것이다. 경주 98호 고분에서 나온 새머리모양, 즉 봉수형 유리병은 이집트의 카이로 일대에서 제작되어 비단길의 동쪽 끝 신라에 당도한 것이다. 우리나라에는 하나밖에 없는 1,500년 전 유물이지만 지중해 연안에서는 오늘날에도 일상에서 흔히 쓰이는 유리그릇이라고 한다. 삼국시대에 신라는 이렇게 초원비단길을 따라 동쪽으로 온 유리공예품을 통해 그리스·로마 문화와 만났다.

통일신라시대에는 서역의 문물이 주로 중국을 통해 들어왔다. 신라는 중국을 통해 불교문화를 수용했고 당나라에서 유행하던 사산왕조페르시아 계통의 유리를 받아들였다. 경북 칠곡군 송림사 5

황남대총 남분에서 출토된 봉수형 유리병.

층 전탑에서 나온 유리사리장치는 아직까지도 희귀한 유물로 높이 평가받고 있다. 사산왕조 페르시아의 유리문양인 고리모양 무늬가 또렷하게 새겨진 이 유물은 동서문명 교류의 상징으로 빛을 발하고 있다.

신라의 유리용기 가운데는 수입품이 아니라 자체 제작한 것으로 보이는 것들도 있다. 신라의 유리유물들은 그 내용이나 종류, 수량 면에서 세계 어디에 내놓아도 손색이 없다. 그래서 한 학자는 우리나라를 '동아시아유리의 보물창고'라고까지 했다.

송림사 유리사리장치.

4. 흙과 불로 빚은 예술혼, 도자기

　박물관 하면 먼저 도자기가 떠오를 정도로 도자기는 우리에게 친숙한 문화재다. 그런데 도자기란 무엇일까? 도자기는 도기와 자기를 아울러 부르는 말이다.

　일반적으로 도자기는 굽는 온도에 따라 토기·도기·식기·자기로 나눈다. 굽는 온도가 높을수록 단단해져서 잘 깨지지 않는 특성이 있다. 토기는 점토로 만들며 700~800도 정도에서 구운 것으로 유약을 입히지 않는다. 도기는 토기보다 약간 높은 800~1,000도 정도에서 구워 물이 스며들기는 하지만 몸체가 비교적 단단하다. 또 석기는 1,000도 이상에서 굽기 때문에 흙에 포함돼 있는 물질이 녹아 유리질로 변해 단단한 몸체를 갖는다. 이에 비해 1,200도 이상에서 굽는 자기는 석기보다 더 유리질화되어 강도가 매우 높다. 고령토를 사용해 그릇을 만들며 가볍고 두드리면 경쾌한 소리가 난다. 자기는 굽는 온도와 흙의 성질에 따라 경질자기와 연질자기로 나누기도 한다.

　서양에서는 도자기를 포셀린(porcelain)이라고 부른다. 이는 하얗게 빛나는 아름다운 조개에 비유한 데서 유래한 말이다. 또 도자기를 차이나(china)라고도 하는데 이는 중국에서 온 자기라는 뜻이다. 17세기 중국의 도자기가 유럽에서 높은 인기를 누리자 'china'라는 단어 하나에 '중국과 도자기'라는 의미를 동시에 담아 불렀다고 한다. 또 18세기 말 영국에서 최초로 만들어진 본차이나 (bone china)는 자기에 소뼈를 혼합한 그릇종류를 이르는 말이다.

1 | 중세 동서방 교역의 주역, 도자기

1912년 이집트의 카이로 근교 푸스타트*유적에서 약 60만 점의 도자기파편이 발굴되었다.

이 도자기유물 중에는 1만 2000점 정도의 중국 도자기파편도 섞여 있었는데 당나라 때부터 명나라 때에 이르는 다양한 종류의 도자기파편이 포함되어 있었다. 당삼채를 비롯해 웨저우요의 청자, 송나라 때의 유물인 룽취안요의 청자, 징더전의 백자 등이 그것이다. 또 원나라 때의 청화백자와 명나라 때의 오채자기 등 시대를 달리하는 중국의 주요 도자기가 모두 출토되었다.

중국의 도자기유물은 이곳뿐 아니라 동쪽 일본열도에서 서쪽 아프리카 동남해안에 이르기까지 세계 여러 지역에서 만날 수 있다. 9세기 웨저우요의 청자를 비롯해 16~17세기까지 유행하던 백자·청백자·청화백자 등 여러 유물이 필리핀의 루손섬에서 묘장품으로 출토됐으며 브루나이와 인도네시아 등에서도 발굴되었다. 또 인도, 아라비아반도와 서아시아 및 지중해 동쪽 기슭의 여러 곳에서도 예외 없이 중국도자기가 발견되고 아프리카 동쪽 기슭의 소말리아, 케냐 등에서도 송나라와 원나라의 도자기가 부장품으로 나오기도 했다.

*푸스타트는 오늘날 이집트의 수도인 카이로 남쪽에 있는 폐허가 된 도시다. 12세기 말 십자군의 공격에서 카이로를 방어하기 위해 근교에 있던 푸스타트를 불태운 후 다시 카이로를 건설하면서 나온 흙과 쓰레기를 푸스타트에 버려 수백 년간 방치해놓은 황무지였다.

푸스타트유적지에서 발굴된 중국자기 파편들.

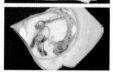

푸스타트유적처럼 중국에서 바다비단길로 1만 5000킬로미터나 떨어진 머나먼 그곳에서 어떻게 중국의 도자기가 출토되었을까? 왜 세계 곳곳에서 중국도자기 유물이 발굴될까?

그것은 도자기가 중세 동방과 서방 사이에서 거래된 대표적 교역품이기 때문이다. 세계 곳곳에서 발굴되는 도자기유물은 당나라 이후 중세 바다비단길을 통해 도자기가 활발하게 교역되었음을 보여주는 명백한 증거인 것이다.

그러면 도자기는 바다비단길을 통해 어떻게 교류되었을까? 먼저 그 역사적 배경을 짚어보자.

8세기 중엽에 이르러 동서 교류사에는 중요한 변화가 일어난다. 그 이전까지는 비단이 동서 교역품의 주인공이었지만 8세기 들어 중국도자기가 동남아시아나 서아시아 등 각지로 수출되면서 비단과 함께 동서 물물 교류의 대표적인 품목이 되었다. 당시 중국을 제외한 다른 지역에서는 토기나 도기는 구울 수 있었지만 자기를 굽는 기술은 발달하지 못했다. 자기는 유약을 입혀 1,200도 이상의 높은 온도에서 굽는 기술은 물론이고 그 이상의 높은 온도를 견딜 수 있는 가마, 질 좋은 흙 등 여러 기술과 조건이 갖춰져야 만들 수 있는 예술품이어서 다양한 종류와 우수한 품질의 중국도자기가 서방에 전해지자 금세 세계적인 명품으로 대우받게 되었다. 중국도자기의 수요가 늘어난 것은 물론이다.

그런데 도자기를 교역하던 초기에는 말이나 낙타의 등에 실어 오아시스비단길을 오갔다. 깨지기 쉬운 물품이어서 흙으로 틀을 만들어 포장하고 현지에 도착하면 물에 담가 흙을 녹인 후 자기를 꺼내는 과정으로 운반했다. 이처럼 운송과정이 까다롭고 운반되는 도자기의 양도 적다 보니 각지의 수요를 충족하기 힘들었다. 그래서 오아시스비단길 대신 배라는 새로운 운송수단을 이용하게 된 것이다. 이 밖에도 아바스왕조가 전성기를 맞아 해상무역에 적극 진출하는 등 교역환경의 변화로 중국도자기는 바다비단길을 통해 세계 곳곳에 많이 수출되어 대표적인 무역품이 되었다. 그래서 도자기무역이 왕성하게 이루어진 중세의 바다비단길을 '도자기의 길'로 부르기도 한다.

2 | 도자기는 어떻게 발달했나?

그러면 세계적인 교역품이 된 도자기는 어떤 과정을 거쳐 발달했을까?

처음으로 다양한 도기를 만든 곳은 고대문명이 꽃핀 이집트다. 이집트인들은 기원전 3000년경 아름다운 청색의 알칼리계 도기를 만들었고 비슷한 시기 메소포타미아에서도 알칼리계 도기를 만들었다고 한다.

기원전 7세기의 바빌론왕궁과 성벽, 기원전 6세기의 아케네메스왕조의 수사궁전의 무인부조벽돌 등을 통해 당시 이집트와 메소포타미아의 도기 발달상을 알 수 있다. 특히 바빌론의 공중 정원 옆에 있는 이슈타르문에는 청색·초록색·황색 등의 채색유약을 입힌 벽돌로 신령스러운 동물을 새긴 유명한 벽화가 남아 있기도 하다.

또 기원전 2세기에 동지중해 연안 일 대에서는 그릇모양이 자유롭고 초록색· 황갈색·자주색 등 여러 색깔로 선명한

이슈타르여신을 상징하는 동물을 벽돌로 형상화한 이슈타르문.

*중근동(中近東)은 중동과
근동을 아울러 이르는 말이
다. 리비아에서 아프가니스
탄까지의 북아프리카와 서
아시아를 가리킨다. 근동이
니 중동이니 극동(極東)이
니 하는 말은 모두 서유럽
중심의 시각에서 나온 말이
다. 근동은 유럽에서 가까
운 터키·이란·이라크·이스
라엘 등을 일컫고, 극동은
우리나라·중국·일본 등을
가리킨다.

무늬를 넣은 연유도기가 출현했다. 이로써 중근동지방*에서는 이집트의 알칼리계 도기와 메소포타미아의 연유도기가 큰 흐름을 형성했다.

7세기 중엽에 등장한 이슬람세력은 동서방의 도자기 전통을 주저 없이 받아들였다. 페르시아지역은 흙의 질이 좋지 않아 가마 온도를 800도 이상 올리면 항아리 등이 주저앉아 자기를 구울 수는 없었다. 하지만 페르시아에서는 도기에 머물긴 했지만 다양한 도기가 발달했다. 11~12세기에는 사마라와 네이샤부르를 중심으로 화려한 페르시아삼채가 제작되었다. 그 후 중국의 도자기를 수입하고 모방하는 과정에서 진줏빛 광택이 나는 러스터유약을 개발하고 백색 유약을 입힌 면에 그림을 그리는 등 다양한 디자인과 기법을 적용한 러스터도기나 미나이도기 등 다채로운 도기를 만들어나갔다. 이러한 성과는 비잔틴제국을 거쳐 아프리카와 유럽에 영향을 미쳤다. 페르시아도기는 중국도자기와 함께 세계도자기의 양대기둥을 이룬 것이다.

3 | 도자기의 메카, 중국

중국에서는 기원전 3000년경 도기를 제작하기 시작했다. 한나라 말기부터 고온에 견디는 가마와 화력이 센 연료를 개발해 자기를 구워내면서 기술적인 진보를 거듭했다.

3세기 무렵 중국은 청자를 만들게 되었다. 당시 귀중하게 여겼던 옥을 흙으로 만드는 방법을 찾다 가마 안에서 나무의 재가 가라앉으면서 신비한 푸른색이 나는 것을 보고 청자의 제작기법을 알았다고 한다. 이 푸른색이 바로 유약이다. 자기의 표면에 유리질

막을 입히는 유약은 자기에 물이 스며드는 것을
막고 표면을 매끄럽게 만들며 또 자기를 단단하
게 한다. 이 시기의 청자는 주로 저장성의 웨저우
요를 중심으로 제작되었는데 당나라 때 이후 실용화
되는 비색청자와 구별해 고월자라고 부르며 옥기를 대
신해서 무덤에 부장하기도 했다.

중국을 대표하는 수출품이 된 도자기

당나라 때 이르러 화려한 귀족문화가 퍼지면서 곳
곳에 많은 가마가 생겨날 만큼 도자기는 더욱 발달했다. 당나
라와 5대10국 때는 중국의 도자역사상 도자기술이 가장 발전한
때였다. 화난에서는 웨저우요의 청자가 유행했고 화베이에서는 백
자를 비롯해 당삼채가 만들어졌다.

차가 널리 보급된 8세기부터 다기 등을 사용하면서 청자가 본
격적으로 생산되었다. 오늘날 발굴되는 당나라 때의 가마터 중 70
퍼센트 이상이 청자를 생산한 곳이다. 당나라 말기와 5대10국 때
저장성의 웨저우요에서는 질 좋은 비색청자를 만들어 동남아시아
와 서남아시아로 수출하기 시작했다. 궁중에서만 사용하는 비밀스
런 색깔을 띠고 있다 하여 비색(秘色)이라고 이름이 붙은 이 청자
는 오늘날에도 중국인들이 가장 애착을 갖는 도자다. 웨저우요
의 청자완과 형요의 백자완은 두드리면 금속이나 돌을 두드릴 때
나는 소리가 날 만큼 단단해 궁정의 악사들이 악기 삼아 연주하기
도 했다.

또 당나라 때는 당삼채가 유행했다. 당삼채는 자기가 아니라
도기다. 그 색깔이 일반적으로 초록색·갈색·흰색 등 3색을 띤다
고 해 '삼채'라고 하는데 대부분 부장품으로 만든 것이다. 당삼채

송나라 때의 백자완(위)과
청자완. 완(碗)은 주둥이가
넓은 그릇이다.

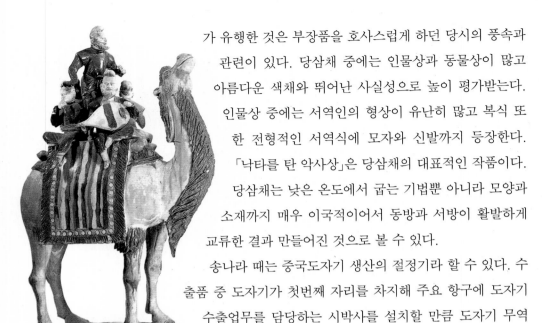

「낙타를 탄 악사상」. 옷차림과 얼굴로 미루어 악사들은 중앙아시아에서 온 듯하다.

가 유행한 것은 부장품을 호사스럽게 하던 당시의 풍속과 관련이 있다. 당삼채 중에는 인물상과 동물상이 많고 아름다운 색채와 뛰어난 사실성으로 높이 평가받는다. 인물상 중에는 서역인의 형상이 유난히 많고 복식 또한 전형적인 서역식에 모자와 신발까지 등장한다. 「낙타를 탄 악사상」은 당삼채의 대표적인 작품이다. 당삼채는 낮은 온도에서 굽는 기법뿐 아니라 모양과 소재까지 매우 이국적이어서 동방과 서방이 활발하게 교류한 결과 만들어진 것으로 볼 수 있다.

송나라 때는 중국도자기 생산의 절정기라 할 수 있다. 수출품 중 도자기가 첫번째 자리를 차지해 주요 항구에 도자기 수출업무를 담당하는 시박사를 설치할 만큼 도자기 무역을 중시했다. 웨저우요에서는 여전히 청자를 많이 생산했고 저장성 남부의 룽취안요에서도 가을 하늘처럼 새파란 룽취안청자를 만들어냈다. 그 밖에 푸젠과 광둥의 여러 가마에서도 청자와 백자, 청백자를 구워냈다. 송나라 때는 이런 질 좋은 도자기를 무역도자기 혹은 수출도자기라고 해서 각지에 수출했다.

청화백자, 세계를 사로잡다

원나라 때에 이르러 청자나 백자 외에 청화백자가 등장한다. 청화백자는 백자 위에 코발트계의 안료로 무늬를 그린 후 유약을 씌워 구운 백자를 말한다. 주로 화초 혹은 덩굴풀무늬 같은 것을 그려 넣었다.

원래 청화백자의 안료로 쓰이는 코발트는 이슬람지역에서 수입되었다. 이 안료를 이용해 만든 청화백자는 다시 이슬람지역으로 수출되었다. 이 시기는 몽골제국의 건설로 오아시스비단길은

지도 레이블: 리스본, 아메리카, 푸스타트, 바스라, 시안, 징더전, 취안저우, 광저우, 켈커타, 고아, 아메리카, 태평양, 대서양, 모가디슈, 인도양, 말라카, 희망봉

바다를 통한 도자기의 전파.

물론 바다비단길도 크게 번영해 도자기의 수출량이 급격히 늘어났
던 때다. 바다비단길에서 맹활약하던 아랍상인은 그때까지 수입하
던 문양 없는 청자 대신 옛날부터 자기들에게 익숙한 아라베스크
문양*의 화려한 청화백자를 주문·생산해 아랍 전역과 유럽에 유
행시키게 된다.

　　도자기 생산의 메카로 불리며 오늘날까지도 그 명성을 자랑하
는 장시성의 징더전요는 원나라 때 관청에서 사용할 도자기를 굽
기 시작하면서 자기 제조업의 중심으로 떠올랐다. 중국의 취안저
우와 광저우를 떠난 징더전의 도자기는 동남아시아의 팔렘방, 브
루나이, 인도남단의 여러 항구를 거쳐 서쪽 페르시아만에 도착한
다음 북쪽 흑해를 거쳐 지중해의 베네치아와 제노바 등 항구도시
로 운반되었다. 징더전의 도자기는 여러 길로 운반되어 세계 곳곳
에서 거래되었다. 중국도자기의 인기는 이집트 푸스타트유적지에
서 출토된 약 60만 점의 도자기파편 중 대부분을 차지한 이집트도
자기나 서아시아도자기가 중국도자기를 모방한 모조품으로 밝혀

*장식무늬의 일종이다. 좁은
의미로는 이슬람공예나 이
슬람건축의 평면장식에 사
용하는 아름다운 곡선과 직
선, 혹은 직각으로 된 좌우
대칭 무늬이며 넓은 의미로
는 유동적인 선에 꽃·과
일·짐승·인물을 섞은 공상
적인 무늬를 말한다.

진 데서도 짐작할 수 있다.

명나라와 청나라 시대에 청자는 내리막길로 접어들고 청화백자와 함께 화려한 오채자기를 만들어냈다. 오채자기는 채회자기라고도 했다. 특히 이 시기에는 징더전요가 궁정에서 사용할 자기를 생산하는 관요가 되면서 제품이나 생산량이 엄격히 규제되었다. 이를 계기로 오히려 새로운 기법의 질 좋은 자기가 생산되어 징더전의 자기는 세계적인 명성을 누리며 각지에 수출되었다. 또 이슬람이나 유럽으로 도자기를 수출하기 위해 그 지역의 특성과 기호에 맞는 전통문양을 새긴 자기나 그릇을 생산하기도 했다.

이 시기의 도자기 교역은 포르투갈이 인도항로를 열면서 시작된 대항해시대와 맞물려 획기적인 전환점을 맞았다. 유럽의 귀족들은 차문화를 받아들이면서 중국의 도자기를 앞 다퉈 샀기 때문이다.

쉬누아즈리 열풍을 일으킨 징더전의 도자기

17~18세기 유럽에서는 '쉬누아즈리'라는 말이 생겨날 정도로 중국풍이 유행했다. 쉬누아즈리란 중국도자기나 중국풍의 옻칠 가구, 의상 등을 모방하는 유행풍조를 말하는데, 그 유행의 밑바탕이 된 것이 바로 징더전에서 생산된 청화백자다. 청화백자는 장식용으로 혹은 권력과 부의 상징으로 여겨져 소중하게 다루어졌다고 한다. 또 금과 동일한 가치로 인정받았고 중국자기 한 점의 가치가 노예 일곱 명에 해당할 정도였다고도 한다.

중국도자기의 수요는 급증했지만 멀리 동아시아에서 운반되는 공급량에는 한계가 있었다. 오래전부터 중국자기를 수입하면서 자기 제작의 꿈을 키워온 유럽 각국은 자기 제조소를 세워 중국도자기 모방품을 생산하기 시작했다. 이런 유럽의 노력은 결국 1709년 독일의 마이센가마에서 그 열매를 맺어 처음으로 자기를 구워냈다.

징더전에서 생산된 세련된 자기들.

　한편 우리나라의 고려청자와 조선백자도 중국도자기의 영향을 받았다.

　우리의 자기문화는 10세기 무렵 시작되었다. 통일신라시대에 알던 토기 제작기술을 바탕으로 웨저우요에서 전해진 자기 제작기술의 영향을 받아 청자를 만들기 시작했다. 11세기 접어들면서 청자를 비롯해 무늬 없는 순청자, 간단한 음양각의 청자, 철화청자 등 다양한 기법의 청자를 선보였다.

　하지만 12세기 접어들어 고려청자는 중국도자기의 영향에서 벗어나 독창적인 예술세계를 완성했다. 다양한 청자의 제작기법을 보여줌은 물론 비취색 광택을 내는 유약과 상감기법의 개발이라는 새로운 경지에 이르게 된 것이다. 고려인들은 스스로 중국의 비색(秘色)청자와 구별해 고려청자의 색을 비색(翡色)이라고 불렀고 그릇표면에 무늬를 새기고 그 부분에 흰 흙이나 붉은 흙을 채운 후

국보 178호인 분청사기조화
어문편병.

유약을 입혀 구운 상감기법에 대해 상당한 자부심을 가졌
다.

화려한 청자를 거쳐 조선시대에 오면 분청사기와 백자
가 제작된다. 분청사기는 회색의 바탕흙인 태토에 백토를
바르고 그 위에 투명한 유약을 입힌 사기다. 분청사기가
조선 전기의 짧은 기간에 제작된 것과 달리 백자는 조선시
대 도자기의 대부분을 차지했다. 다양한 종류의 백자가 제
작되어 순백자·청화백자·철화백자·동화백자 등을 선보
였다. 특히 청화백자의 경우 중국과 마찬가지로 회청이라
는 아랍의 코발트안료를 수입해 푸른색 문양을 새겨 넣어 만들었
다. 임진왜란과 병자호란을 거친 후 청화안료가 부족해 잠시 생산
이 줄었지만 조선후기 들어 다시 제작되었다. 우리나라 역시 오아
시스비단길을 따라 전해진 회청을 사용한 것이다.

도자기는 흙과 불로 빚은 그릇이지만 단지 그릇에 머물지 않는
다. 한 시대의 삶과 문화, 예술혼과 아름다움을 담은 세계로 우리
에게 깊은 감동을 준다.

5. 향료 찾아 비단길에 돛을 올리다

향료는 향내를 내는 물질을 통틀어 이르는 말이다. 인류가 향료를 처음 사용한 것은 약 5,000년 전부터다. 향료라는 뜻을 가진 영어 'perfume'의 어원은 라틴어 'per'(통하다)와 'fumum'(연기)이 합해진 말로 연기가 널리 퍼진다는 뜻에서 유래했다.

향료는 그 용도가 다양해 신전에서 제사를 지낼 때 향을 피우는 재료로 쓰기도 했고, 시신을 오랫동안 보존하는 데 쓰는 향유로 사용하기도 했다. 또 상처에 바르는 연고이자 몸을 치장하는 화장품이었고 향수로도 사용했다.

한편 향수는 음식을 맛깔스럽게 하는 양념인 동시에 사랑하는 이의 마음을 사로잡는 신비의 약으로 쓰기도 했다. 이처럼 향료는 출처나 용도 등에 따라 다양하게 분류할 수 있다.

그럼, 분향료와 향료를 중심으로 살펴보자.

1 | 분향료, 아기예수에게 바친 신성한 예물

분향, 즉 피우는 향을 처음 사용한 곳은 아랍 남부지방이다. 피우는 향의 재료로는 주로 유향과 몰약, 인도산 침향과 단향이 있다. 서방에서는 주로 유향과 몰약을, 동방에서는 침향과 단향을 피웠다.

먼저 유향은 고대 그리스시대부터 신에게 기도할 때나 제사를 지낼 때 피웠다고 한다. 또 화장품 재료로 널리 사용했고 모든 질병을 고칠 수 있는 영약으로 생각하기도 했다. 당시에는 아라비아반도 서남쪽 끝에 있는 오만의 도파르유향이 최상품으로 알려져 도파르유향은 예멘을 거치고 홍해 연안을 따라 아라비아사막을 지난 후 육로교통의 집산지인 요르단의 페트라에서 로마시장으로 흘러갔다고 한다.

유향과 함께 서방에서 주요한 분향료로 쓰는 몰약은 향고(香固)와 향유(香油)의 형태로 만들어졌다. 주로 방향제나 방부제로 사용했고, 의약품으로도 유용했다. 고대 이집트에서 미라를 오랫동안 보존하기 위해 몰약을 사용했다는 사실은 널리 알려져 있다. 또 몰약은 현대 유럽 화장품의 원조가 되기도 했다.

『성서』에는 아기예수가 태어날 때 동방박사 세 명이 유향·몰약·황금 등 세 가지 예물을 가져와 바쳤다고 씌어 있기도 하다. 원래 서아시아지역에서 유행하던 유향과 몰약은 비단길을 따라 서쪽으로는 그리스와 로마제국, 동쪽으로는 페르시아와 인도로 전파되었다.

유향과 몰약 등의 향료가 공식적으로 중국에 들어온 것은 중국이 서역에 진출하기 시작한 한나라 무제 때다. 서역의 향료들은 그

위는 유향나무와 그 나무의 상처에서 나오는 진이 응고된 유향. 반투명의 우윳빛을 띤다고 해서 붙은 이름이다. 아래는 밑둥이 굵고 가시가 나 있는 코미포라속 나무와 그 나무에서 분비되는 수지가 응고된 몰약. 담황색 또는 암갈색이다.

이후 중국의 황실과 귀족 사이에서 널리 사용되었다. 중국의 사서 『위략』에는 후한 말 로마제국에서 전해진 보석·직물·유리 등 물품 65가지 중 무려 12가지의 향료가 포함되어 있다고 적혀 있다. 안식향·유향·몰약 등 대표적인 분향료가 포함된 것은 물론이다.

또 아랍유향은 8세기 무렵부터 바다비단길을 통해 직접 동남아시아나 중국에 전해졌다. 아랍상인이 인도네시아의 수마트라섬까지 운반해 그곳에서 교역되기도 했다. 유향은 당나라 때에 이어 송나라와 원나라 때에도 계속 들어왔다. 우리나라의 경우 통일신라시대 때 당나라를 통해 혹은 승려들의 인도 여행을 통해 향료가 유입되었을 것으로 추정하며 고려 때는 이슬람과의 직접교역으로 향료가 들어왔을 것으로 본다.

동방에서 주로 사용된 분향료 가운데 침향은 진귀한 향료일 뿐 아니라 신비한 효능을 가진 약초로 널리 알려져 있다. 침향은 인도에서 가장 먼저 사용되었다고 한다. 불교의 전래와 함께 중국에 유입되어 동남아산 침향의 수요가 늘어났다. 침향은 중국뿐 아니라 한반도까지 전해져 신라가 아랍과 일본에 수출한 품목 중에 침향도 포함되었다는 기록이 있다.

또 태우면 향내를 풍기는 향나무인 단향은 인도에서 분향뿐 아니라 해독제 등 의약품으로 사용되다 불교와 함께 중국·한반도·일본까지 전파되었다.

2 | 향료와 향료전쟁

동방과 서방의 향료 교류 중 대부분을 차지하는 것은 후추·계피·정향·육두구 등의 교류였다.

향료가 서방에 처음 알려진 것은 기원전 330년경 알렉산드로스가 동방 원정을 할 때다. 원정 당시 그는 식물학자에게 점령지의 향료를 수집하도록 명령해 동방의 향료가 유럽에 전해지게 되었다.

향료 하면 먼저 떠오르는 후추는 양념 또는 약재로 널리 쓰였다. 금은과 맞먹는 가치가 있을 만큼 일찍부터 유럽에서 귀중하게 여겼던 향료로 화폐처럼 지불수단으로 이용되기도 했다.

서구가 본격적으로 향료를 사용하기 시작한 것은 로마제국이 이집트를 정복한 이후로 이때부터 쓴 향료가 후추와 계피였다고 한다. 로마제국에서 사용되던 후추는 모두 인도에서 수입한 것이었다. 인도에서 페르시아를 거쳐 시리아에 이르는 육로로 운반되기도 하고 인도에서 페르시아만까지 바다비단길로 와 아라비아반도를 지나 시리아까지 육로로 운반되기도 했다. 하지만 이 두 노선은 서아시아 패권을 놓고 로마제국과 다투던 파르티아를 거쳐야 하는 길이어서 공급이 순탄치 않았다. 그래서 인도에서 홍해까지 직항해 알렉산드리아에 이르는 바닷길을 주로 활용해 로마제국에 후추를 들여왔다. 일찍이 히팔루스가 계절풍을 이용해 아라비아해에서 인도 서해안까지 직항하는 항로를 개척한 탓에 이 길을 통해 로마제국은 자력으로 인도산 향료를 들여올 수 있던 것이다.

오늘날 인도양 각지와 말레이반도, 인도차이나반도 특히 인도 남부의 말라바르지방에서 많이 출토되는 로마화폐는 후추 같은 값비싼 향료를 구입하기 위해 로마제국이 지불한 것으로 보여 당시 활발했던 후추무역을 짐작할 수 있다.

후추는 서방으로만 전해진 것이 아니다. 중국을 비롯한 동방에도 전해졌다. 중국에서는 후추를 호초(胡椒)라고 부르는데 서역의 고추란 뜻이다. 중국에 알려진 최초의 후추는 페르시아를 거쳐 진나라 때 들어온 인도산 후추다. 당나라 때 기록에서 산지와 용도를 비교적 정확히 적은 것으로 볼 때 그때 이미 후추를 사용했음을 알 수 있다. 송나라 때에 이르러서는 수입원도 다양해져 인도뿐 아니라 자바섬에서도 후추를 수입했고 이때는 수입품의 대부분을 향료가 차지할 정도였다고 한다. 향료가 의약품으로 쓰인다고 해서 수입향료를 향약(香藥)이라고 부르기도 했다. 원나라 때 와서는 후추 소비가 크게 늘어나 마르코 폴로의 『동방견문록』에서는 중국 항저우시의 하루 후추 소비량이 4,740킬로그램이나 된다고 그 놀라움을 적었다. 당시 항저우의 인구를 160만 호로 잡으면 가구당 매일 3그램쯤 소비했다는 계산이 나올 정도다.

위는 상록수인 정향나무와 정향. 꽃이 피기 전 꽃봉오리를 수집해 말린 것을 정향이라고 한다. 못처럼 생기고 향기가 있어 정향(丁香)이라고 한다. 아래는 상록활엽수 육두구나무와 그 종자인 육두구.

후추와 함께 향료무역에서 중요한 비중을 차지하는 향료는 계피다. 계피는 가장 오래되고 귀중한 향료로 후추, 고추와 함께 3대 향료 중 하나로 꼽힌다.

계피가 언제 처음 사용되었는지는 아직 제대로 밝혀지지 않았다. 기원전 4000년쯤 이집트인들이 유해를 미라로 만들 때 사용했다고도 하고 몰약과 함께 계피로 성스러운 향유를 만든다고 『구약성서』에 나오기도 한다. 15세기 초 지금의 말레이시아에 있던 말라카왕국은 중국과 인도를 연결하는 삼각무역으로 크게 번성했다. 당시 말라카를 통해 아시아 각지의 특산물이 중국에 전해졌고 계피도 그중 하나였다. 우리나라에도 중국을 통해 들어왔다.

또 향료 교류에서 중요한 역할을 한 정향과 육두구라는 향료가 있다. 약간 매운 듯하면서 향기를 내는 정향은 햄·소스·수프 등 여러 서양요리에 필수적인 조미료다. 정향은 기원전후에 인도에 알려졌으며 기원후 2세기에는 동쪽으로 중국, 서쪽으로는 로마 제국까지 전해졌다. 육두구 역시 10세기를 전후해 아랍인이 유럽에 소개해 인기가 있던 향료다. 근대 초 유럽인들은 이 정향과 육두구를 찾아 유일한 산지인 동남아시아 몰루카제도의 작은 섬으로 몰려들었다.

13~14세기에 이르러 향료에 대한 유럽인들의 수요는 폭발적으로 늘어났다. 정향과 육두구는 강력한 방부제일 뿐 아니라 염장한 어물과 육류요리에 필요한 최상의 조미료였기 때문이다.

16세기 초부터 포르투갈을 시작으로 유럽 각국이 아시아에 극성스레 진출한 목적도 후추·계피·정향·육두구 같은 향료를 손쉽게 구하고 교역해 막대한 이윤을 남기려는 것이었다.

3 | 유럽, 황금알을 낳는 동방의 향료를 찾아 나서다

14세기 이후 유럽은 냉장시설이 부족한 탓에 소금에 절인 저장육을 주식으로 삼거나 북해에서 잡은 생선을 소금에 절여 먹었다. 짜고 맛없는 음식에 정향이나 육두구 같은 향료를 넣으면 맛깔스럽게 먹을 수 있었다. 동방에서 나는 향료는 그래서 유럽인에게 큰 인기를 끌었다.

하지만 향료의 가치는 단지 음식의 맛과 풍미를 더하는 데 머물지 않았다. 향료는 성욕을 돋우는 강장제와 의약품으로 맹신되어 유럽 소비자의 수요를 더욱 부채질했다. 당시 서양의학은 모든 병이 악취에서 발생한다고 믿어 향료를 의약품으로 생각했다. 그들에게 향료는 재산으로 취급될 정도로 귀중품이었다.

이처럼 향료에 대한 유럽의 수요는 많아지는 반면 공급량은 한정되어 있었다. 게다가 중개하는 상인들이 과중하게 중간이윤을 매겨 수입향료의 값은 원가의 수십 배에 달할 정도로 비쌌다.

당시 향료는 아랍상인과 인도상인들이 인도와 동남아시아에서 바다비단길을 통해 홍해의 항구들로 운송했다. 그곳에서 이집트와 시리아까지 육로로 운반했고, 베네치아상인과 제노바상인들이 유럽시장에 판매했다. 그런데 14세기 이후에 이르러 오스만투르크제국이 동방무역로를 차단하자 향료를 비롯한 동방산 상품의 가격은 폭등할 수밖에 없었다.

그에 유럽의 각국들은 동방산 향료를 구하기 위해 향료전쟁이라 불릴 정도의 쟁탈에 나섰다. 16세기 초 이슬람을 거치지 않고 향료를 구하기 위해 포르투갈과 에스파냐가 먼저 항로 개척에 나서게 된다.

포르투갈인들이 선두에 서서 인도항로를 개척했다. 그들은 그 후 인도의 고아에 식민기지를 마련하고 말라카왕국을 무력으로 점령한 뒤 향료의 주산지인 몰루카제도에 원정대를 파견해 단번에 향료무역을 독점했다. 그들이 구한 향료는 인도 말라바르해안의 후추와 스리랑카의 계피를 비롯해 몰루카제도의 정향, 반다섬의 육두구 등이었다. 포르투갈이 가져간 이 향료는 유럽에서 큰 인기를 끌었고 그 교역으로 엄청난 이윤을 내자 네덜란드, 영국 등도 앞을 다투어 동인도회사를 속속 설립해 향료무역에 뛰어들었다.

그 결과 17세기를 전후해 유럽 국가들이 바다비단길을 통한 향료무역에 경쟁적으로 뛰어들어 향료는 교역품의 주종을 이루었다. 이때의 바다비단길을 '향료의 길' 혹은 향료무역로라고 부르기도 한다. 후추·계피·정향·육두구 등 동방의 향료를 구하기 위해 유럽은 인도항로를 개척했으며 그것이 마침내 식민지 쟁탈전으로 이어지기까지 한 것이다.

비단길을 오간 여러 식물

　우리가 흔히 먹는 고구마·감자·옥수수·고추·토마토를 비롯해 포도·오이·호두·참깨 같은 작물은 바다비단길이나 오아시스비단길을 통해 들어온 것이다. 포도·석류·오이·마늘·참깨·호두 등은 장건이 서역에서 들여왔거나 서역과 교류하면서 중국에 전해진 것들이다. 오아시스비단길을 통해서 들어온 이 식물들은 대체로 페르시아 등 서역에서 들여왔다고 하여 호(胡)라는 글자가 붙어 있다. 호산(마늘)·호마(참깨)·호과(오이)·호도(호두)·호초(후추)·호두(누에콩) 등으로 말이다.

　그 밖에 고구마·감자·옥수수 등은 콜럼버스가 아메리카대륙에 도착한 후 유럽을 거쳐 우리에게 전해졌다. 또 대항해시대 이후 전해진 커피·차·초콜릿·담배 등도 오랫동안 기호품으로 자리하고 있다.

　서역의 여러 식물들이 어떻게 우리의 식탁까지 오르게 되었을까? 비단길을 통해 동서방으로 오간 식물과 기호품의 역사를 짧게나마 살펴보자.

포도

우리가 즐겨먹는 포도는 카스피해 남부에서 터키에 이르는 지역이 원산지로 알려져 있다. 카스피해에서 서쪽으로 시리아와 소아시아를 거쳐 유럽으로 전해졌고, 동쪽으로는 페르가나를 거쳐 한나라로 전래되었다고 한다. 고대 이집트왕조의 무덤에서 포도를 재배하는 모습을 그린 벽화가 발견되었는데, 기원전 16~15세기경 이집트를 포함한 오리엔트 일대에서 지금 같은 재배법으로 포도를 재배했음을 알 수 있다. 벽화나 신화, 전설 그리고 『성서』 등에서 알 수 있듯이 포도는 단지 먹기만 한 것이 아니라 때로는 포도문양과 함께 동서로 널리 전해졌다. 중국에는 전한 때 장건이 서역에서 묘목을 들여온 것이 그 시초로 알려져 있고 타림분지의 오아시스 도시국가였던 투루판에서 나는 포도는 당도가 높아 맛있기로 유명하다.

석류

석류도 전한 때 대월지에 사신으로 파견된 장건이 중국에 들여

포도를 수확하는 고대 이집트인들이 그려진 무덤의 벽화.

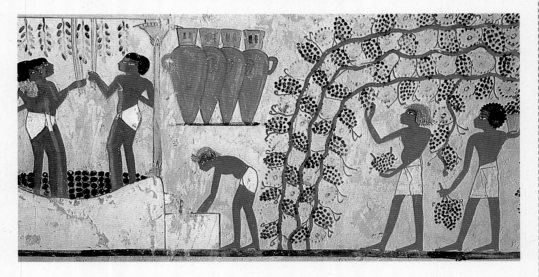

왔다. 본래 석류의 원산지는 페르시아인데 그것이 이웃나라인 박트리아에 전해진 것을 장건이 가져왔다는 중국의 기록이 남아 있다.

오이

오이는 인도 서북부 히말리아산록이 그 원산지로 3,000년 전부터 재배되었다. 오이도 장건이 박트리아에서 종자를 가져왔다. 중앙아시아 비단길을 따라 중국 북부에 전파되어 개량되었다. 명나라 때 이시진이 쓴 『본초강목』에는 서역에서 온 오이라고 해서 호과(胡瓜)라고 씌어 있다.

설탕

설탕을 만드는 주원료는 사탕수수로 제당술이 가장 일찍 발달한 곳은 인도였다. 기원전 327년 알렉산드로스가 인도에 원정군을 파견했을 당시 사령관이던 장군 네아르코스가 "인도에서는 벌의 도움을 받지 않고도 갈대의 줄기에서 단단한 꿀을 만든다"라며 놀랐다는 기록이 있기도 하다. 설탕은 기원전 8000년경 남태평양의 뉴기니섬에서 재배하기 시작해 기원전 6000년경 인도와 필리핀으로 전해진 것으로 알려져 있다.

설탕은 5~6세기경에 인도에서 중국·태국·인도네시아에 보급되었고 페르시아에 전해졌다. 설탕은 이슬람교도, 즉 무슬림들이 유럽이나 그 밖의 지역으로 널리 전했다. 무슬림들은 중근동지방이나 인도, 동남아에 『꾸란』을 넘겨주고 대신 설탕을 서쪽으로 가져갔다. 이슬람세력이 팽창하는 지역마다 사탕수수가 재배되었고 설탕의 제조기술도 전해졌다.

특히 유럽이 설탕을 제조한 것은 11세기 말 십자군전쟁 때부터다. 초기에 설탕은 향료와 마찬가지로 귀중품이었으나 15세기에 이르러 생산량이 점점 늘어 널리 보급되기에 이르렀다. 콜럼버스가 아메리카대륙에 도착한 이후 에스파냐와 포르투갈이 그곳에 진출하면서 쿠바·푸에르토리코·멕시코·브라질 등 중남미에도 사탕수수의 재배를 전해 이곳들은 16세기경에 세계적인 설탕 생산지로 발전했다.

한편 중국에서는 5~6세기 무렵 광둥 일대에서 사탕수수가 재배되고 그 즙으로 사당(사탕)을 제조했다. 북방에서는 제당법을 모르다 647년 인도 마가다국의 사신이 장안에 와서 당나라 태종에게 인도의 제당법을 소개했다고 한다. 이에 태종은 즉시 인도로 사람을 보내 제당법을 배우게 해 양저우 일대에서 재배되는 사탕수수를 원료로 사당을 만들어 색과 맛에서 인도당을 능가했다는 기록도 있다.

카카오

1502년 콜럼버스는 우연히 신기한 열매를 발견했다. 마야말로는 '카카와'라고 했는데 아스테크족은 '카카오'로 그 이름을 바꿨고, 에스파냐에서는 '초콜라테'라고 불렀다.

메소아메리카문명에서는 열대 저지대에서 자라는 카카오열매를 기원전부터 귀중하게 여겨 고원지대와 저지대 사이에서 교역하기도 했다. 카카오열매는 흥분제·마취제·환각제 등으로 사용되었는데, 전쟁터로 나가는 전사들도 먹었고, 환각을 경험하기 위해 발효해 먹거나 효과가 좋은 덜 익은 카카오열매를 따 먹기도 했다. 또 화폐로 사용하기도 했다.

다양한 용도의 카카오열매를 에스파냐와 유럽에 대중화시킨 이는 가톨릭 사제들이었다. 카카오는 금욕을 상징하는 종교적 음료로 에스파냐에 소개되었으나 금세 귀족들을 위한 음료가 되었다. 후에 카카오는 뜨겁게 데운 우유에 가루로 타서 마시는 핫초콜릿으로 그 모습을 바꾸었다. 오늘날 초콜릿은 기호품일 뿐이지만 한때는 왕의 음료이자 강인한 전사의 음료였다.

커피

아라비카커피의 원산지는 에티오피아다. 전하는 바에 따르면 커피의 기원은 어떤 나무열매를 먹고 갑자기 기운이 뻗친 양들이 한바탕 난리를 피우는 바람에 혼쭐이 난 양치기의 일화에서 비롯한다. 양치기도 호기심에 쓴맛이 나는 열매를 먹었고 그도 양들처럼 흥분하여 껑충거리며 뛰어다녔다는 것이다. 이렇게 해서 커피의 효능이 밝혀지고 15세기 무렵 커피는 예멘 남서안의 항구도시 모카에 이르러 음료로 자리한다. 이 음료는 깬 상태에서 명상을 하려는 무슬림들에게 큰 환영을 받았다.

16세기가 되면 아라비아반도 어디서나 커피를 마실 수 있게 되었고 메카로 온 순례자들이 커피열매를 가져간 덕분에 이슬람세계 각지로 퍼졌다. 커피가 이슬람세계의 음료가 되면서 커피하우스도 함께 유행했다.

하지만 이슬람세계에서 커피의 운명은 굴곡을 겪기도 했다. 커피의 중독성이 영적인 탐구를 방해한다는 이유로 커피자루가 불태워지는가 하면 보수적인 이슬람신학자들의 반대에도 부닥쳤다. 술탄이 커피하우스를 운영하면 곤봉형에 처하겠다는 칙령을 내린 적도 있다.

커피는 오스만투르크제국의 사절단이 프랑스와 오스트리아를 방문한 1665년경 유럽에 소개되었다. 사절단은 연회에서 유럽 귀족들에게 커피를 선보였고, 그후 오스만투르크제국이 오스트리아의 빈(비엔나)을 공격했다가 물러날 때 커피자루를 두고 간 것이 계기가 되어 본격적으로 전해졌다. 이게 오늘날 유행하는 비엔나커피의 유래다. 이후 커피는 유럽에서 대중화되었고 커피하우스도 카페라는 이름으로 곳곳에 생겨났다. 카페는 상업과 문화의 중심지 역할을 했고 정치토론의 마당이 되기도 했다.

담배

콜럼버스가 아메리카에 도착했을 무렵 그는 원주민들이 담배 피우는 모습을 봤다고 한다. 그 후 다른 탐험가들도 아메리카대륙의 동쪽 해안을 따라, 그리고 연안에 흩어진 여러 섬에서 원주민들이 담배를 피우는 모습을 보게 되었다. 그들은 담배를 말아서 피우거나 그냥 씹어 먹는 등 다양한 방식으로 담배를 즐겼다. 또 신에게 담배를 제물로 바쳤고 마음에 드는 이성에게 사랑의 증표로 안겨주기도 했다.

마약과 같은 담배의 마력은 유럽인들도 비켜가지 않았다. 한번 담배를 피워본 사람들은 금방 담배에 빠져들어 들불처럼 '악마의 풀'이 유행했다고 한다. 물론 유럽이 아무런 저항도 없이 담배를 수용한 것은 아니다. 흡연자가 늘자 각 나라 정부와 종교계는 흡연을 금지하는 법률을 잇달아 만들었다. 또 오스만투르크제국의 술탄도 담배 피우는 사람을 하루에 열여덟 명까지 죽이면서 흡연을 막아보려고 했지만 성과는 거의 없었다.

에스파냐가 담배 생산과 교역을 독점하면서 담배가 세계적으로 대중화되자 유럽의 여러 나라들도 아메리카대륙 곳곳에 씨앗을 심어 열매를 거두는 담배플랜테이션*을 만들었다. 유럽의 무역상들은 아프리카 노예를 수입하여 아메리카대륙의 버지니아를 담배 생산지로 탈바꿈시켜 유럽 담배시장에 담배를 공급하기에 이른다.

*열대지방이나 아열대지방에서 자본과 기술을 가진 서구인이 현지인의 값싼 노동력을 이용하여, 쌀·고무·솜·담배 따위의 특정 농산물을 대량으로 생산하는 경영형태를 말한다.

감자

밀 중심의 유럽 식탁을 바꾼 감자는 안데스산맥이 원산지다. "감자는 안데스 원주민이 유라시아에 준 귀중한 선물로 유럽의 산업혁명도 농업혁명도 안데스 감자의 도움을 빼고 이야기할 수 없다"는 주장이 있을 정도로 감자가 유럽에 미친 영향은 크다.

감자가 1570년 잉카제국에서 대서양을 건너왔을 때는 큰 주목을 받지 못했다. 사람들은 땅속에서 나는 이 뿌리식물을 이상하게 여겨 먹으면 병에 걸린다고 생각했고, 또 『성서』에 나오지 않는다는 이유로 악마의 식물로 여겨 경작하거나 먹는 것을 피했다.

하지만 감자는 척박한 토지나 추위에서도 잘 자랄 뿐 아니라 단위면적당 생산량이 다른 작물에 비해 월등히 높고 영양가도 뛰어나 흉작과 굶주림을 해결하는 구황작물로 주목을 받기 시작했다.

유럽에서 감자를 주식으로 처음 먹은 곳은 아일랜드다. 17세기 중반 이후 런던의 인구가 크게 늘자 아일랜드 농민들은 가축과 곡물의 대부분을 가까운 영국시장에 내다 팔았다. 귀리밭을 방목지로 바꾸어 가축을 키워 팔면서 아일랜드인들은 우유와 귀리죽도 못 먹을 지경에 빠졌다. 그래서 감자 경작을 시작하고 곧 감자는 그들의 주식으로 자리했다. 그 뒤 유럽의 각 나라는 감자를 군인들의 식량으로 활용하기 시작했고, 드디어 감자는 대중화되기에 이르렀다. 에스파냐가 감자를 들여온 지 300년이 지나서야 감자는 가난한 사람들의 주식으로 자리한 것이다.

이 밖에 고구마와 옥수수 등도 콜럼버스가 아메리카대륙에 도착한 이후 유럽이나 아시아에 알려진 작물이다. 페루와 멕시코 등 남미가 원산지인 고구마는 16세기 에스파냐에 들어온 뒤 필리핀과 몰루카제도를 거쳐 아시아 각지로 전파되었다. 메소아메리카문명

주민들의 주식인 옥수수는 에스파냐와 포르투갈 등 유럽에 유입되었고 16세기 중엽 중국에 들어왔다.

제3장

비단길 교류의 주역들

1. 세계사에 우뚝 선 유목민족

　세계사는 줄곧 서양사 아니면 중국사가 대부분인 동양사로 나
뉘어왔다. 우리가 역사시간에 배우는 역사도 이런 식이다. 그러나
세계사에 자기 몫을 담당한 어엿한 주역들도 많이 있다. 바다비단
길에서 이슬람세력이 등장하기 전부터 인도나 동남아와 교류한 아
프리카 동해안의 여러 왕국들과 민족들이 그렇고, 바다비단길 교
류의 한 주역으로 높은 부와 문화를 창출한 동남아의 민족들도 그
렇다. 뿐 아니다. 우리는 유라시아대륙에서 문명 교류의 큰 역할을
했고, 여러 문명을 통합해 자신만의 문화를 만들었음에도 동과 서
에서 조연 정도로 취급받는 중앙아시아의 초원민족과 오아시스도
시국가를 역사의 무대로 불러내려 한다.

　중앙아시아는 동쪽으로는 몽골고원과 중국의 동북지방을 가르
는 다싱안링산맥에서 서쪽으로는 카스피해까지, 남쪽으로는 히말
라야산맥과 힌두쿠시산맥에서 북쪽으로는 바이칼호 아래의 몽골
초원과 카자흐초원까지 아우르는 유라시아대륙의 넓은 중앙부다.
이 지역은 대체로 민족이나 언어, 종교적 동질성의 관점에서 '투르
크사람의 땅'이란 뜻의 투르키스탄과 많은 부분에서 합치된다. 투

르키스탄은 파미르고원을 중심으로 동서로 나뉘는데, 동투르키스탄은 중국의 신장웨이우얼자치구고, 서투르키스탄은 구 소련에서 독립한 중앙아시아 다섯 나라인 카자흐스탄·우즈베키스탄·투르크메니스탄·타지키스탄·키르기스스탄이다.

강수량이 적은 중앙아시아는 북쪽의 초원, 남쪽의 사막 그리고 파미르고원을 중심으로 한 산악지역으로 구분된다. 이런 자연조건은 초원의 유목과 오아시스의 상업이란 특유의 생활방식을 만들어냈다. 자급자족이 어려운 유목민족은 오아시스도시국가를 통해 교역을 했고, 오아시스도시국가는 군사력이 강한 유목민의 우산 아래에서 안전하게 교역활동을 할 수 있었다.

이제 문명권을 위협한 야만족 정도로 취급받던 유목민과 동서 문명의 단순한 중계자로만 여겨지던 오아시스도시국가는 합당한 평가를 받아야 할 것이다.

1 | 세계를 나눠 가졌던 유목민족의 역사

초원유목민족은 유라시아대륙의 동과 서를 오가며 정주문명*과 교역을 하다가도 가뭄이나 추위로 생존을 위협받으면 정주문명권을 넘나들며 약탈하곤 했다. 정주문명권에서는 북쪽의 유목민족들을 야만족으로 여겨 이들이 문명권의 경계를 넘지 못하도록 끊임없이 빗장을 채웠다.

간간이 이어지는 약탈이 거의 국가적인 차원으로 이루어지면서 유라시아의 판도를 뒤집는 대변혁을 가져오기도 했다. 유목민 집단이 나라를 세워 정주문명을 능가하는 군사력으로 큰 파도처럼 밀고 내려오면서 문명의 경계를 허물고 종교와 민족의 경계도 허

*주로 농사를 지으며 정착해 살면서 도시문명을 꽃피웠고 제도와 문물이 발달했다. 농경문명이라고도 한다.

*유라시아초원에서 일어나
활약한 유목민족은 몽골계
와 투르크계로 나뉜다. 유
목민족들은 이합집산을 거
듭하며 혼혈을 이루었지만
대체로 몽골계에는 유연·
선비·몽골이 있고, 투르크
계에는 흉노·돌궐·위구르
가 있다고 본다.

문 모습을 상상해보자. 스키타이·흉노·돌궐·몽골의 경우가 그렇
다.* 이들이 세계사의 흐름에 얼마나 주도적으로 개입하고 또 변화
시켰는지를 제대로 알아야 유라시아의 역사는 온전히 설명될 수
있을 것이다.

스키타이

기원전 6세기 늪과 초원이 펼쳐진 흑해 북쪽 연안, 눅눅한 습기
를 머금은 안개 저쪽에서 말발굽소리와 고함소리가 천지를 흔들었
다. 문명권에 처음으로 도전장을 던지며 얼굴을 내민 이들은 이 지
역에서 500년간 문명권을 쥐락펴락한 유목민들이었다. 이들을 페
르시아에서는 '스키트'라 불렀고 그리스인들은 '스키타이'라 불렀
다. 중국에서 '새(塞)'라고 부른 유목민족이 있었는데 이들을 부른
말인 듯하다.

당시 문명권의 대표주자는 단연 최대의 제국을 이룬 페르시아
의 아케메네스왕조였다. 이 문명제국이 위협을 느낄 만큼 강했던
유목집단이 바로 스키타이였다. 당시 페르시아의 적수로 후에 페
르시아전쟁*을 벌였던 고대 그리스를 꼽지만 북쪽의 스키타이가
오히려 페르시아를 위협하는 세력이었다. 기원전 513년 페르시아
의 다리우스 1세는 70만 명이라는 대군을 몸소 이끌고 흑해 북쪽
초원으로 원정길에 올랐다. 모든 준비를 완벽하게 했지만 유목기
마병들의 치고 빠지는 전술에 보병으로 이루어진 페르시아대군은
허우적거리기만 했다. 바람처럼 나타나 화살을 쏟아붓고 안개 속
으로 사라져버리는 기마부대를 따라잡을 재간이 없었다. 유목민들
의 전투력이라고 하면 금세 떠오르는 기동성과 활쏘기 실력은 스
키타이가 원조인 셈이다. 이 전투성은 그대로 몽골제국에 계승되
었다.

128

ⓒ동아지도

스키타이문화의 유물들. 왼쪽은 기원전 7~6세기에 만들어진 사슴모양 방패 장식 판이고, 오른쪽은 기원전 4세기경에 만들어진 황금단지다. 황금단지에 스키타이인의 모습이 잘 나타나 있다.

스키타이는 어떤 국가나 민족의 이름이 아니라 당시 남러시아 초원에 살던 다양한 페르시아계 유목민들의 집합체로 여기고 있다. 이들은 페르시아와 남북으로 대치했을 뿐 아니라 초원비단길을 처음으로 열었다. 또 흑해 북쪽 연안의 남러시아초원에서 동쪽으로 알타이산맥까지 오가면서 무역을 했다. 이 길에서 발굴된 많은 스키타이의 유물은 이미 중국과 서방이 스키타이를 통해 교류했음을 보여준다. 스키타이의 유산은 2,000년 동안 유라시아초원을 담당할 유목민족의 당당한 자산이 된 것이다.

세계문명의 집합체 흉노

흉노는 기원전 4세기 말에 몽골고원에서 일어난 민족으로 유목민족 중 최초로 국가를 건설했다. 중앙아시아 아랄해에서 티베트고원, 그리고 한반도 북부까지 광대한 영역을 차지하며 주변의 여러 민족을 복속시켰다. 자신의 고유문화와 스키타이의 유목문화, 그리고 한나라문화를 융합해 만든 호한문화를 서쪽으로 전파하면서 동시에 고대 그리스문화·로마문화·페르시아문화 등을 받아들였다. 초원비단길을 통해 당대에 접할 수 있는 모든 문화를 받아였다고 해도 과언이 아니다.

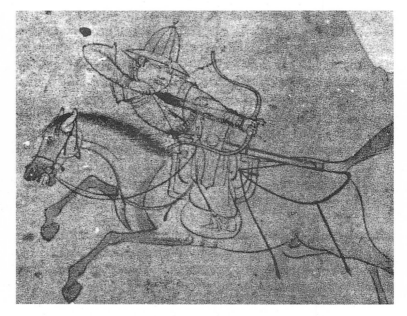

흉노가 전성기였을 때 한나라는 이들을 정복하려 안간힘을 기울였다. 그러나 한나라의 건국자 유방은 직접 흉노의 본거지로 대군을 이끌고 쳐들어갔다 포로로 잡혀 뇌물을 주고 풀려나는 수모를 겪기도 했다. 한나라 초기 약 60년 동안은 흉노의 힘이 워낙 막강해 중국은 이들과 형제관계를 맺고 흉노의 요구를 들어주었다.

한나라는 자신들만 문명인이고 북방의 유목민 정도는 야만적인 오랑캐라고 자만했지만 결국 흉노의 강한 기마부대의 문화를 받아들이지 않으면 안 되었다. 기원전 3세기 조나라 무령왕은 오랑캐옷 입기를 장려하기까지 했다. 유목민족의 짧은 윗옷과 바지는 말 타기에 편리했고 기동성을 높여준 데 반해, 넓은 소매와 땅에 끌릴 듯이 긴 한족의 옷으로는 폭풍처럼 질주하며 활을 쏘는 흉노를 감당할 수 없던 것이다. 이들이 후퇴하면서 뒤로 돌아 활을 쏘는 이른바 파르티아식 활쏘기술을 보였던 것을 보면 중앙아시아의 파르티아*와 교류했다는 증거가 된다. 이 파르티아식 활쏘기의

*파르티아는 고대 페르시아의 왕국이다. 왕조의 창시자 아르사케스의 이름을 따서 아르사크왕조라고도 하며 중국에서는 안식(安息)이라고 불렀다.

원조는 바로 앞에서 본 스키타이다. 스키타이나 파르티아는 모두 페르시아계 민족이다. 「뮬란」이라는 만화영화를 본 적이 있을 것이다. 거기서 흉측하게 묘사된 오랑캐가 바로 흉노다. 흉노는 유목민으로는 처음으로 중원의 일부에 이르는 제국을 세웠고 중국은 결국 장성을 쌓아 방어하려 했다. 이게 만리장성의 기원이다. 그러나 한나라 무제 때는 흉노에 강경하게 맞서 몇 차례 전쟁을 치렀고, 흉노족은 점점 쇠퇴했다.

흉노족의 침략을 막기 위해 쌓은 만리장성. 지금의 장성은 명나라 때 보강한 것이다.

돌궐과 투르크 그리고 위구르

흉노의 뒤를 이은 세력은 돌궐이다. 돌궐은 투르크족을 한자로 부르는 말이다. 흉노가 중국 고대의 대제국 한나라와 패권을 다투었다면 돌궐과 그 뒤를 이은 위구르는 중국문명의 전성기를 구가했던 당나라 시대를 배경으로 활약했다.

돌궐은 동쪽으로는 만주의 랴오허강에서 서쪽으로는 볼가강까지 지배하는 넓은 나라를 만들었지만 금세 동돌궐과 서돌궐로 분열된다. 이 때문에 유목제국과 중국의 힘겨루기에서 당나라가 결정적으로 유리한 입장이 되었다. 서돌궐은 멀리 비잔틴제국과 여러 차례 사절을 주고받으며 활발히 교류했으며 한때 페르시아와 비잔틴제국을 두려움에 떨게 했고 중국의 수도를 위협할 만큼 강력했지만 657년 당나라에 멸망했다.

그 후 8세기 중엽 위구르라는 투르크세력은 위구르제국을 건설해 투르크족의 맥을 이어갔다. 위구르제국은 동쪽의 당나라와 서쪽의 이슬람제국 사이에서 세력 균형을 이루며 비단길 교역에 매우 중요한 역할을 했다. 특히 당나라에는 절대적인 도움을 주며 보호해주는 역할도 했다. 당나라를 위협하는 티베트와 맞서 함께 싸웠고 756년 일어난 안사의 난으로 수도가 함락될 위험에 처했을 때에도 군대를 파견해 도와주었다. 안사의 난을 진압하기 위해 도움을 준 외국군대는 많았지만 안녹산은 5,000명의 위구르기병을 가장 무서워했다고 한다. 그 대가로 위구르는 중국의 비단을 엄청나게 가져가며 이익을 챙겼고 결국 당나라의 재정을 위협할 정도였다. 그래서 유목민족사 연구에 정통한 한 학자는 당나라에 위구르는 "부담스러운 보호자요, 위험한 동반자"였다고 표현했다.

돌궐과 위구르는 오늘날 투르크족이란 이름으로 중앙아시아와 서아시아, 터키까지 광범위하게 뿌리를 내렸다.

돌궐이 넓은 영토를 지배했지만 순간적이었던 데 반해 위구르는 744년부터 840년까지 약 100년 동안 중앙아시아에 발자취를 남겼다. 위구르제국이 멸망하면서 여러 곳으로 흩어졌는데 그 일부는 파미르고원의 동쪽 투루판 일대에 자리를 잡고 톈산위구르제국을 세웠다. 이곳의 위구르인들은 훗날 몽골이 대제국을 건설할 때 문명의 교사역할을 하게 된다.

몽골

앞에서 본 민족들이 유라시아의 동과 서를 잇고 유목문명과 정주문명이 만나는 역할을 했다면 몽골은 그 경험을 이어받아 유라시아세계를 하나의 문명권으로 만들어 20세기가 되기 전에 이미 세계화를 실현했다. 자세한 내용은 제5장의 '몽골제국'에서 자세히 살펴보자.

누가 더 야만적인가

정주문명권의 사람들은 유목기마민족을 항상 잔혹한 야만인이라고 기록했다. 흉노와 몽골을 표기한 한자만 보더라도 이런 생각이 짙게 배어 있다.* 그러나 인류문명의 주류라고 자처하는 정주문명권이 저지른 학살은 유목민에 비할 바가 못 된다. 중세 서유럽에서 종교의 이름으로 저지른 살육, 그리고 근대에 인종차별과 식민지 개척으로 노예와 원주민들에 가해진 고문과 잔혹한 대량학살은 입에 담기 힘들 만큼 끔찍했다. 오늘날 세계를 둘러보자. 누가 끔찍한 만행을 저지르는지.

그러므로 북방의 기마유목민족이 저지른 학살만을 야만적이라고 하는 것은 옳지 않다. 악명을 떨친 몽골의 학살도 몽골만의 문제는 아니었던 것이다. 당시 전쟁에서는 '정복한 후 사흘 동안의 약탈을 허용'하는 것은 거의 일반적인 관례였다. 앞에서 만난 학자는 "문명세계는 유목세계가 잔인하고 야만적이라고 몰아세울 자격과 근거가 없다"라고 단호하게 말한다.

* 흉노인들은 자신들을 '훙' 또는 '훈'이라고 불렀으나, 중국인들이 이 말과 음이 비슷한 오랑캐흉(匈)자와 노예를 뜻하는 '노(奴)'를 붙여 흉노라고 불렀다. 또 몽골을 우매하고 답답하다는 뜻의 몽고(蒙古)라고도 불렀다.

유명한 삽화가 프랑크 프라제타가 그린 훈족의 모습.
서구인들에게 훈족은 두려움의 대상이었을 것이다.

2 | 유라시아의 세계사를 바꾼 유목민의 이동

우리는 앞에서 유목민의 역할을 간단히 살펴보았다. 이제 유목민이 정주문명을 완전히 뒤집으며 세계의 판을 다시 짠 사건을 만나보자.

세계사를 살피다 보면 민족의 이동이라는 말을 만나게 된다. '게르만족의 대이동'이 떠오른다면, 게르만족의 대이동이 유럽의 영원한 제국 로마를 무너뜨렸다는 것도, 로마제국의 멸망으로 서양의 고대가 막을 내리고 중세가 시작되었다는 것도 떠오를 것이다. 그런데 이 게르만족의 이동을 부추긴 민족의 이동이 있었다는 사실을 알고 있나?

로마제국을 무너뜨린 흉노와 '신의 채찍' 훈

유라시아의 여러 유목민족은 이동의 역사를 가졌다. 그리고 그 이동은 다른 민족의 이동을 부추겼다. 민족 이동의 도미노랄까?

한나라에 멸망하고 모습을 감춘 흉노의 일부가 서쪽에서 강력한 폭풍으로 등장했다. 서양사에 훈이라는 이름으로 얼굴을 내민 것이다. 이들은 먼저 흑해 서북쪽에 동서로 나뉘어 살던 고트족의 땅을 점령해 그들을 서쪽으로 몰아냈다. 고트족은 훈족에 쫓겨 서로마제국의 영내로 들어가 결국 제국을 멸망시켰다. 훈족은 여기에 그치지 않고 중부유럽에 훈제국을 건설했다. 영토는 동쪽 아랄해에서 서쪽 라인강과 도나우강에 이르렀다. 훈제국이 유럽에 대규모로 민족의 이동을 부추기고 절대 강자 로마제국을 퇴장케 한 결과, 유럽문명은 지중해 연안에서 서유럽까지 넓어지게 되었다. 이제 중세가 된 것이다. 결과적으로 서유럽이라는 문명권이 등장

훈족의 이동과 훈제국.

한 것은 유럽의 내부적인 발전으로 이루어진 게 아니라 동쪽의 흉노가 서유럽에 일으킨 파도 때문에 일어난 사건으로 볼 수 있다. 드라마틱한 흉노의 이동은 유목민족 역사를 공부하는 데 많은 시사점을 준다.

그리스에 투르크족의 제국을 세우다

투르크족의 제국인 돌궐제국과 위구르제국이 멸망하고 난 뒤 투르크족은 초원으로 돌아가지 않고 중앙아시아의 넓은 지역으로 퍼져나갔다. 앞에서 보았듯이 위구르족의 일부가 타림분지에 둥지를 튼 반면 중앙아시아 서쪽으로 간 투르크족은 페르시아와 아바스왕조의 영역 안에서 눈부신 성장을 했다. 주로 노예로 수입된 이들은 용맹성과 충성심이 높아 주로 군인으로 활약했다. 노예군인이라고 해서 영화 「벤허」에서처럼 쇠사슬에 묶여 채찍을 맞으며 노를 젓던 로마제국의 노예를 떠올린다면 곤란하다. 이 노예 출신의 군인들은 민족적 차별보다는 능력 위주로 인재를 등용한 아바스왕조의 정책에 따라 군사령관처럼 높은 직위에 오르기도 했다. 이슬람제국의 군사력은 투르크족이 담당했다고 할 정도였다. 이렇

136

게 두각을 나타낸 투르크족들이 어떻게 변신하는지를 보면 놀랄 것이다. 11세기 이슬람교로 개종한 투르크족이 파미르고원 서쪽과 페르시아에 걸쳐 셀주크왕조를 열었는데, 셀주크투르크라고도 부른다.

그러나 이건 서막에 불과했다. 중앙아시아 동쪽과 서쪽을 완전히 장악하기에 이른 것이다. 중앙아시아의 파미르고원 동쪽과 서쪽을 투르키스탄*이라 부르게 된 역사적 배경이 바로 여기에 있다. 투르크말을 쓰는 투르크족의 땅이라는 뜻이다. 중앙아시아의 오아시스지역은 완전히 이슬람화한 투르크인의 땅이 되었다. 중앙아시아의 이슬람역사는 이렇게 1,000년의 역사를 투르크인과 함께 해온 역사다.

투르크인은 서아시아, 북인도 등으로도 광범위하게 진출해 지배적인 역할을 했다. 나중에 인도를 약 500년 동안 지배했고 서쪽으로 이동해 기독교제국인 비잔틴제국 땅을 그대로 접수해 오스만투르크제국을 열었다. 유라시아 서쪽의 문명을 담당했던 사산왕조 페르시아나 최절정의 이슬람제국도 이루지 못했던 비잔틴제국 정복을 투르크인이 이루어낸 것이다. 고대 그리스를 계승한 기독교의 천년제국 비잔틴제국을 무너뜨리고 발칸반도*를 장악해 서유럽의 문턱 도나우강까지 바라보게 됐으니 말이다. 동방기독교제국의 수도 콘스탄티노플은 무슬림의 터번으로 덮인 이스탄불로서의 역사를 시작하게 되었다.

광대한 초원을 정복하고 지배하며 때로는 정주문명에 동화되고 때로는 정주문명을 지배한 유목민족들. 그들은 민족·종교·국가라는 모든 경계를 허물고 자유로운 인간이 가지는 존엄성을 몸으로 체현하며 유라시아를 달렸다. 해가 뜨는 곳에서 해가 지는 곳까지 자신들의 땅으로 만들면서.

*파미르고원을 중심으로 한 좁은 뜻의 중앙아시아지역을 말한다. 투르키스탄은 파미르고원을 중심으로 동투르키스탄과 서투르키스탄으로 나뉜다. 동투르키스탄은 중국의 신장웨이우얼자치구를 구성하고, 서투르키스탄에는 카자흐스탄·키르기스스탄·타지키스탄·우즈베키스탄·투르크메니스탄 등이 포함된다.

*오늘날 '유럽의 화약고'로 불리는 발칸반도에서 분쟁이 일어나게 된 역사적 뿌리는 오스만투르크제국의 점령으로 이슬람화된 지역과 슬라브민족 간의 종교와 민족 갈등이 겹쳐 일어난 것이니 북방 초원민족의 이동이 얼마나 큰 파고를 남겼는지 알게 한다.

2. 오아시스도시국가 순례기

1 | 오아시스도시국가 제대로 보기

비단길의 오아시스는 중국이 서역이라고 부르는 지역에 위치한 오아시스도시국가들을 말한다. 서역은 중국의 서쪽지역을 이르는 말로 오늘날 중앙아시아지역이다. 이 지역의 오아시스들은 사막의 오아시스와는 달리 텐산산맥이나 쿤룬산맥 등에서 흘러내린 눈 녹은 물을 수원(水源)으로 형성된 비교적 규모가 큰 산록오아시스이자 도시국가다.

비단길이 열리면서 산록오아시스를 기반으로 오아시스도시국가가 생겨났다. 이들 오아시스도시국가는 높은 성곽을 쌓고 그 안에 시장과 대상의 숙소, 대상들이 기도를 드리는 사원까지 세워 교역도시로서 면모를 갖추었다. 이곳은 생산과 교역은 물론 정보와 문화까지 한데 모아 도시문명을 꽃피운 여러 문물과 사람의 교차점인 것이다.

타클라마칸사막의 남북쪽을 점점이 이은 투루판·쿠처·카라샤르·카스·러우란·야르칸드·허텐 등 오아시스도시들이 비단길에서 번영한 대표적인 오아시스도시국가다. 또 파미르고원 너머 소 그드상인이 활약한 사마르칸트나 부하라 등도 중계무역으로 이름난 오아시스도시기도 하다. 이 도시국가들은 오늘날로 치면 싱가포르나 홍콩 같은 무역과 물류의 중심지였다.

서역의 오아시스도시국가들은 장건의 서역 착공 이후 활발한 대상무역으로 경제적 풍요를 누렸다. 『한서』서역전에 따르면 전한시대 36개 국이던 오아시스도시국가가 후한시대에 이르면 약 50개 국으로 늘어났다. 오아시스비단길이 활발해지면서 교역량과 유동인구가 늘어났고, 그에 따라 새로운 도시가 계속 생겨났기 때문이다. 이들 오아시스도시국가는 중국이나 북방유목민족 등의 정치적 지배를 받을 때도 있었지만 실질적으로는 독립국가나 마찬가지였다.

또 서역의 오아시스도시국가들은 대상무역을 통해 축적된 경제력을 기반으로 찬란한 문화를 꽃피웠다. 1~7세기에 오아시스도시국가 곳곳에는 많은 석굴사원과 벽화, 조각 등 다양한 불교문화가 융성해 비단길을 따라 동아시아에 전해지기도 했다.

하지만 당시 오아시스도시국가의 규모를 오늘날 도시와 단순 비교할 수는 없다. 장안이나 바그다드처럼 세계적인 대제국의 수도 인구가 100만 명 정도였다고 한다. 이에 비해 비단길의 오아시스도시들은 국가라고는 불렸지만 대부분의 인구가 1~2만 명 정도였으며 쿠처처럼 약 10만 명인 도시국가도 있었다고 한다. 물론 3,000명 정도의 작은 오아시스도시들도 있었다.

이런 규모와는 달리 오아시스도시국가들이 가졌던 국제성은 오늘날의 어느 도시와 비교해도 손색이 없었다. 도시의 거리에는 언제나 이국적인 옷과 장신구를 걸친 다른 나라의 상인이나 여행자들이 바쁘게 오갔을 것이다. 오아시스도시국가들이 있었기 때문에 예로부터 동서 교류가 가능했던 것이다. 이 도시들이 없었다면 오랫동안 동서방은 서로 만나지 못했을지도 모른다.

또 오아시스도시국가들은 동방과 서방의 문물이 오간 경유지 역할만 한 것이 아니다. 중앙아시아라는 완충지대에서 문물 교류의 중개자인 동시에 문화를 재창조한 산실이기도 했던 것이다.

2 | 무지갯빛 꿈을 찾아 떠난 오아시스도시국가 여행

지금은 비단길이 영화를 누리던 당나라 시절. 비단과 옥, 도자기 등을 가득 싣고 장안에서 출발을 서두르는 한 무리의 대상이 있다. 시간을 거슬러 올라가 그들과 함께 오아시스비단길 여행을 떠나보자. 태양이 이글거리고 갖가지 신비스러운 이야기가 넘실거리는 서역으로 여행하다 보면 초록의 보석 같은 여러 오아시스도시국가를 만날 수 있을 것이다.

물론 이 대상이 장안에서 출발해 멀고 먼 콘스탄티노플까지 가는 것은 아니다. 그들의 임무는 사마르칸트까지 짐을 가지고 가서

장안에서 서역으로 가기 위해 채비하는 상인들의 상상도.

140

텐산북로

오아시스북도
쿠처   투루판
사마르칸트   카스   타클라마칸사막   러우란   둔황
                            오아시스남도
허텐

고비사막

장안(시안)

오아시스도시.

소그드상인에게 넘겨주고 그곳에서 유리와 양탄자 그리고 인기 있
는 향료 등 서방의 진귀한 상품을 구해 돌아오는 것이다.

    드디어 출발. 장안을 떠나는 대상 일행은 황허강의 지류인 웨
이수이강에서 눈물 어린 작별을 한다. 누런 황토물이 유유히 흐르
는 그곳에서 대상의 가족이나 벗이 강가에 늘어진 버들가지를 꺾
어주며 머나먼 서역으로 떠나가는, 어쩌면 영영 돌아오지 못할 수
도 있는 그들에게 작별을 고한다. 상인뿐 아니라 천축으로 불경을
구하러 가는 승려도 또 서역으로 수자리를 떠나는 군인들도 모두
이곳에서 헤어진다. 당나라 시인 왕유도 쿠처로 떠나는 친구에게
「위성곡」*이라는 유명한 이별가를 불러주었다.
    장안을 출발한 대상의 무리는 황허강을 건너 허시후이랑지대
로 나아간다. 허시후이랑은 치롄산맥과 고비사막 사이에 낀 좁고
긴 길이다. 무려 1,000킬로미터나 되는 이곳을 지나야 서역이라고
부르는 타림분지로 가고 또 파미르고원을 넘어야 중앙아시아에 이
르게 된다.
    낙타를 몰고 끝도 없는 길을 쉴 새 없이 걸어 겨우 둔황에 도착

*「위성곡」의 내용은 이렇다.
"위성(渭城)땅에 아침비가
흙먼지를 적시니 / 여관집
둘레의 푸른 버들빛 더욱
산뜻해라. / 그대에 권하노
니 다시 한잔의 술을 들
라. / 서쪽 양관(陽關)땅에
나가면 벗이 없을지니."

했다. 어느새 장안에서 출발한 지 한 달이나 지났다.

비단길의 모험은 제대로 시작되지도 않았지만 대상들은 벌써 지쳐 있다. 하지만 중국에서 서역으로 나가는 관문인 둔황에서 잠깐 쉬면서 기나긴 여정을 위해 기력을 회복할 작정이다.

비단길의 진주, 둔황

고비사막 한가운데 자리한 둔황은 서역과 중국을 오가는 관문이다. 비단길을 오가던 대상들이 타클라마칸사막으로 들어가기 전에 필요한 물건들을 구하던 마지막 오아시스였다. 이곳은 찬란한 불교문화를 꽃피운 도시기도 하다.

둔황이 역사에 등장하는 것은 한나라 무제 때 흉노를 물리치고 둔황에 하서사군을 설치하면서다. 이곳에 서역도호부*가 생기자 둔황은 자연스럽게 동서 교류의 전진기지가 되었다. 동서로 향하는 많은 여행자, 상인, 그리고 외국의 사절이 드나들고 또 불교가 들어오면서 둔황은 교류의 산실이 되었다. 대상들과 수도승들에게 오아시스도시 둔황은 비단길의 진주 같은 존재였다.

둔황에는 고비사막의 뜨거운 바람을 맞으며 모래가 윙윙 운다는 밍사산과 비 한 방울 내리지 않는 사막 한가운데서 한 번도 마르지 않고 샘솟는 초승달 모양의 웨야천이 유명했다. 특히 밍사산 동쪽 끝 절벽에는 모가오굴이라는 석굴사원이 있다. 366년 전진의 승려 낙준이 사암 암벽에 동굴사원을 뚫기 시작한 이후 천장화와 벽화 등이 그려진 다른 작은 석굴들도 생겨났다. 석굴사원은 그 규모가 확장되어 얼마 되지 않아 1,000여 명의 부처가 있는 동굴, 즉 첸포동(千佛洞)으로 불렸다.

그 후 약 1,000년 동안 많은 상인이나 여행자는 비단길의 안전한 여행과 탈 없는 귀향을 기원하며 이곳에 돈과 미술품을 제물로

*서역제국을 감찰하고 흉노의 남하를 막으며 대상의 교통 안정과 식량 및 말먹이를 확보하는 정치기구다.

바쳤다. 둔황은 당나라 때까지 동서방의 문화 교류와 무역의 중개
지로 계속 번성했다. 하지만 티베트가 그 세력을 넓혀나가고 바다
비단길이 개척되면서 둔황은 차츰 그 빛을 잃어갔다.

　대상 일행은 오아시스북도를 따라 계속 앞으로 나아간다. 그
이름만큼 악명 높은 타클라마칸사막의 모래바람에 몸도 마음도 지
쳤다. 아늑한 집과 사랑하는 가족들이 벌써 그리워진다. 눈부신 태
양은 사정없이 내리쬐고 모래폭풍은 더욱 심해진다. 드디어 저 멀
리 포도넝쿨이 우거진 투루판이 보인다.

달콤한 포도가 익어가는 투루판

　타클라마칸사막의 북쪽에 위치한 오아시스도시국가 투루판은
중국에서 제일 더운 도시로 유명했다. 그래서 별명도 '불의 땅'이
다. 이렇게 더운 이유는 연간 일조시간이 3,200시간에 이르고 주
변의 산들이 바람을 막아 기온을 최고 47.8도까지 끌어올리기 때

사막의 지하관계수로 카레즈.

문이다. 또 이곳은 해발 −154미터로 지구상에
서 사해 다음으로 낮은 땅이어서 더욱 덥다고
한다. 옛날에는 차사국, 고창국 등으로 불렸
다. 투루판은 예전부터 다른 오아시스도시들
에 비해 물산이 풍부했다. 땅 밑으로 굴을 파
서 그 땅굴로 톈산산맥의 눈 녹은 물을 흘려보
내는 카레즈를 잘 활용했기 때문이다. 지하 관
개수로인 카레즈는 톈산산맥 기슭에서 시작해
약 30미터 간격으로 판 수직우물을 가로로 연
결한 수로다. 카레즈의 길이는 일반적으로 3킬
로미터에서 긴 것은 20~30킬로미터 정도라고

투루판에 있는 고성들. 왼쪽은 고창고성이고 오른쪽이 교하고성이다.

한다. 톈산산맥의 만년설이 녹은 물을 이용한 이 카레즈야말로 사막의 도시 투루판의 번영을 가능하게 하고 이곳을 살린 것이다. 카레즈를 이용해 재배되는 이곳 포도는 달고 맛있기로 유명했다.

투루판분지의 불타는 산이라는 휘옌산은 중국의 고대소설『서유기』의 주인공인 손오공·사오정·저팔계·삼장법사가 활약한 무대이기도 하다. 또 이곳에는 교하고성과 고창고성이 있다. 각각 차사국과 고창국 때의 성이다. 투루판은 전략적인 요충지여서 흉노·돌궐·위구르 등 북방의 유목민족과 한나라·당나라가 쟁탈을 벌인 곳이기도 하다. 당나라는 고창국을 물리치고 이곳에 안서도호부를 설치하기도 했다. 고창국은 현장의『대당서역기』에도 나오는데 승려 현장은 이곳에서 설법을 하기도 했다. 또 이곳에는 베제클릭석굴 등 많은 유적이 있기도 하다.

이제 쿠처를 향해 간다. 타클라마칸사막은 그 위용을 한껏 드러낸다. 바람은 엄청나게 높은 모래언덕을 쉼 없이 만들어낸다. 한 모래언덕을 넘으면 또 산더미만 한 모래언덕이 줄지어 있다. 게다가 한 번씩 불어오는 검은 모래폭풍 카라부란은 대상 일행을 거의 죽음 직전까지 몰고 간다. 갑자기 하늘이 어두워지면서 모래폭풍

이 불기 시작하자 한치 앞도 내다보기 힘들 정도로 누런 모래먼지
에 뒤덮이고 앞서가는 낙타들도 형체만 가까스로 보일 정도다. 이
런 카라부란 속에서 살아남는 방법은 낙타 옆에 엎드려 모래폭풍
이 빨리 지나가길 바라는 것뿐이다.

흐트러진 낙타 대열도 가다듬고 여장을 다시 꾸려 다음 목적지
까지 힘을 내어 출발한다. 뜨거운 훠옌산을 지나 모래폭풍을 헤치
고 한 달 넘게 여행한 끝에 드디어 쿠처에 도착했다. 성벽에 둘러
싸인 쿠처에 들어가기 전에 포플러가 먼저 눈에 띈다.

불교문화의 꽃, 쿠처

오아시스북도의 도시 쿠처는 당나라 때 안서도호부가 있었고
한때 중앙아시아를 호령하던 고구려유민 고선지 장군이 활약하던
곳이다. 쿠처는 대상무역으로 번영을 구가한 오아시스북도 최대의
도시국가로 구자국이라고도 불렸다. 쿠처는 기원전 1세기 무렵부
터 흉노와 전한이 서로 차지하기 위해 각축을 벌인 곳이다. 후한의
반초는 이곳을 점령하고 서역도호부를 설치해 한때는 한나라의 속
국이 되기도 했다. 3~4세기경부터 불교가 발전해 8세기 말까지 번
성했다고 한다. 7세기 초 이곳을 방문한 현장은 『대당서역기』에
"큰 성의 서문 밖 길 좌우에는 각각 높이 90여 척의 입불상이 있
다. 절은 100여 곳, 승려는 5000여 명, 사람들은 공덕 쌓기를 다투
어 한다"라고 적었다. 그러나 790년 티베트가
쿠처를 점령하고, 위구르가 들어오면서 쿠처
불교는 쇠퇴의 길을 걷기 시작했다. 쿠처 부근
에는 키질석굴과 쿰투라석굴 등이 있다. 이 석
굴들은 쿠처불교가 가장 찬란하게 빛난 5~7세
기에 조성되기 시작했다. 간다라미술 등의 영

안서도호부의 전진기지 쿠처
성 상상도. 쿠처에는 약 10
만 명이 살았던 것으로 추정
되는데, 오아시스도시국가
중에는 큰 규모였다.

향을 받은 화려한 벽화나 조각상 등은 당시 쿠처불교가 얼마나 번성했는지를 보여준다. 인도에서 오아시스비단길을 따라 전해진 불교는 쿠처를 거쳐 중국을 비롯해 우리나라에도 전해졌다.

드디어 카스다. 카슈가르라고도 부르는 이곳에서 대상 일행은 잠시 쉬다 눈 덮인 파미르고원을 넘을 예정이다. 카스에서는 대상과 함께 타클라마칸사막을 건너온 낙타, 낙타몰이꾼과 헤어져야 한다. 험준한 파미르고원을 넘기 위해 야크나 말로 갈아타야 하기 때문이다.

이제 대상들이 해야 할 일은 지금까지 낙타가 싣고 온 비단꾸러미 등의 짐을 내리고 파미르고원을 넘어갈 야크와 말을 세내는 일이다.

오아시스남북도의 교차로, 카스

타클라마칸사막의 서쪽 끝에 위치한 오아시스도시 카스는 오아시스남도를 지나온 대상·승려·여행객과 오아시스북도를 넘은 많은 사람이 만나는 합류점이자 교차로다. 예전부터 물이 많다는 뜻으로 소륵국이라고 불렀다. 이곳은 세계의 지붕인 파미르고원을 넘어 소그디아나나 비잔틴제국으로 가거나 야르칸드로 내려가서 인도 서북부로 가는 길목이다. 파미르고원을 넘는 사람들은 이곳에서 양가죽이나 털이 많은 따뜻한 겉옷 등을 준비하기도 한다. 카스에는 후한 때 이곳을 지배했던 반초를 기리는 거대한 능묘가 있다. 인도에서 당나라로 돌아가던 현장은 불교국가이던 이곳에 잠시 머물면서 카스에 대해 "농사는 번성하고 꽃과 과일이 풍성하다. 가는 털로 짠 옷이 나며 양탄자를 짜는 기술이 훌륭하다"라고 『대당서역기』에 기록했다.

지금까지 타클라마칸사막의 북쪽에 있는 오아시스도시국가를 살펴보았다. 이제는 또 다른 대상을 따라 타클라마칸사막 남쪽 오아시스를 지나가자. 또다시 타는 듯한 목마름으로 고통받고 낙타와 외로움을 나누는 망망대해 사막을 여행해야 한다.

둔황을 출발한 대상 일행은 타클라마칸사막의 남쪽길에 접어들었다. 사막을 지나오는 동안 낙타가 말썽을 피우기도 했다. 짐도 싣지 못하게 고집을 피우며 버티고 서 있는 날이 있는가 하면 어떤 날은 짐을 던져버리고 대열에서 달아나는 경우도 있어 힘든 여행길을 더욱 고달프게 만들었다. 나무 한 그루, 풀 한 포기 없는 황무지이거나 겹겹의 모래뿐인 사막길을 낙타만 벗 삼아 여행하는 것은 고행임에 틀림없다. 이제야 쉴 수 있는 오아시스에 왔다. 만나게 될 오아시스도시국가는 러우란이다.

모래 속에 묻힌 도시, 러우란

러우란은 오아시스남도에서 중계무역으로 번영한 오아시스도
시다. 둔황에서 출발한 대상이나 승려, 여행객이 오아시스남도를
이용해 서역으로 갈 때 가장 먼저 도착하는 도시이자 서역에서 한
나라로 들어가는 관문이다. 러우란 사람들은 대상을 위해 오아시
스비단길의 길잡이 노릇도 하고 식량·음료수·낙타 따위를 제공
하기도 했다. 러우란은 교통의 요지에 있었기 때문에 주변 강대국
의 공략대상이 되었다. 기원전 2세기 무렵 흉노의 지배를 받다 기
원전 77년 한나라에 복속된 러우란은 선선국으로 이름이 바뀌고
수도도 미란으로 옮겨졌다. 하지만 중국의 정치적 분열기인 3세기
이후 선선국은 서역과 활발한 교역으로 번영해 독자적인 문화를
꽃피웠다. 동쪽으로는 뤄부포사막 주변에서 서쪽으로 니야까지 그
세력을 넓혀나갔다. 승려 법현이 399년 선선국을 지날 때는 불교
를 신봉해 불승이 4,000여 명이나 되는 불교문화가 꽃핀 곳이라고
소개했다. 하지만 이 시기에 이미 뤄부포사막의 건조화가 심해져
옛 러우란은 모래 속에 묻히고 미란도 차츰 물이 말라 다른 곳으로
수도를 옮겼다.

니야를 거쳐 허톈으로 가는 길이다. 『불국기』를 쓴 법현은 이
황량한 사막길을 걸으면서 "아무리 둘러보아도 망망해 갈 길을 찾
지 못한다. 어디로 가야 할지 알 수 없고 오직 이 길을 가다 언제
죽었는지 모를 사람의 해골만이 길을 가리키는 표시가 되어준다"
라고 기록했다. 이처럼 사막은 잠시 스쳐가는 손님으로만 사람의
발길을 허용할 뿐 결코 정복할 수 있는 대상이 아닌 모양이다. 저
멀리 아스라이 허톈강 옆에 자리한 낙원 같은 오아시스도시가 보
인다.

옥의 고향, 허텐

연옥의 고향이라는 허텐은 오아시스남도를 대표하는 도시다. 옛날에는 우기국이라고 불렸다. 이곳은 동쪽으로는 중국, 남쪽으로는 인도, 서쪽으로는 이란으로 통하는 타림분지의 요충지였다. 비단길이 번성할 때 타림분지에서 가장 이른 시기에 헬레니즘문화와 불교를 받아들여 찬란한 문화를 꽃피웠던 곳이다. 인도에서 당나라로 돌아가던 현장이 7~8개월 정도 머문 곳으로 대단히 풍요로웠다고 한다. 쿤룬산에서 발원한 백옥강과 흑옥강 사이에서 나는 연옥이 풍부했기 때문이다. 옥은 중국인들이 가장 귀하게 여기던 보석이다. 2세기 무렵에는 니야, 카스 등 주변의 오아시스도시를 지배하며 러우란과 함께 오아시스남도의 대표적인 오아시스도시 국가가 되었다. 중국의 영향력이 약해진 3세기 무렵 동서 교역으로 번영을 누려 독자적인 문화를 자랑했다. 주변에는 융성한 불교문화를 보여주는 라와크사원이 있으며 중국 공주가 목화씨를 모자 속에 숨겨 출가했음을 알려주는 판화 「견왕녀도」가 발굴된 단단오일리크유적이 남아 있기도 하다.

대상이 가야 할 목적지는 야르칸드를 지나 카스다. 앞에서도 보았듯이 카스는 타클라마칸사막의 남쪽과 북쪽 오아시스를 건너온 대상들이 파미르고원을 넘기 위해 합류하는 도시다.

대상 일행은 이곳에서 곧장 서쪽 테렉고개를 넘고 페르가나를 지나 소그디아나로 가기로 길을 정했다. 하지만 파미르고원을 넘어 트란속사니아지역*으로 가는 길은 험하기 짝이 없다. 테렉고개를 오르는 길은 겨우 야크나 노새 한 마리가 지나갈 정도로 좁은 길이다. 발 아래는 바로 낭떠러지여서 한 걸음만 잘못 내디뎌도 까마득한 절벽 아래로 굴러 떨어질 지경이다. 대상 일행은 조심 또

*아무다리야강 동쪽과 시르다리야강 서쪽의 지역으로 '강 너머에 있는 곳'이라는 뜻이다. 오늘날의 우즈베키스탄과 투르크메니스탄 및 카자흐스탄 일부에 해당한다.

모가오굴 제61굴에 그려져
있는 「허텐공주상」.

150

조심하면서 한 걸음씩 나간다. 겨우 고갯마루에 올라서니 저 멀리 일행이 지나온 꼬불꼬불한 고갯길과 타림분지가 아스라이 보인다. 고개를 지나 마침내 파미르고원에 도착한다. 고원의 골짜기 바닥에는 빙하와 바윗돌이 널려 있고 주변의 만년설 산봉우리는 하늘을 찌를 듯이 우뚝 솟아 있다. 다행히 지금은 눈사태와 얼음폭포를 만나는 해빙기는 아니라고 경험 많은 상인이 일러준다. 하지만 옆에 있는 동료는 고산병 때문에 죽을 고생을 했다.

파미르고원을 넘고 페르가나를 지나 드디어 소그디아나에 도착했다. 대상 일행은 동서의 문명이 교차하는 중앙아시아의 한가운데서 활약해온 소그디아나의 빛나는 오아시스도시국가 사마르칸트, 부하라 등을 차례로 거칠 예정이다. 그들은 장안에서 가져온 물건을 좋은 값에 팔고 또 이곳에서 장안으로 가져갈 서방의 여러 귀중품들을 살 것이다. 물론 그리운 가족들을 위해 선물도 챙길 것이다.

황금의 교통 요충지, 소그디아나

소그디아나는 아무다리야강과 시르다리야강 사이의 비옥한 오아시스지대에 위치해 있다. 이곳은 오아시스비단길의 동서를 연결하는 중앙에 자리하고 초원비단길로도 연결되는 교통의 요지이기도 하다. 이런 지정학적 위치 때문에 소그디아나는 기원전 500년 무렵 페르시아의 한 속주로 있다 알렉산드로스의 동방 원정 때 정복되기도 하는 등 역사적으로 주변 강대국들의 숱한 정복에 시달렸다.

하지만 소그디아나는 사마르칸트·부하라·타슈켄트 등 오아시스도시를 근거지로 해 교역활동을 계속 했다. 일찍부터 동서 교역에 종사해 상술에 능한 것으로 알려진 이곳의 소그드상인은 『후한서』 서역전에 '상호'로 소개되었고, 이곳은 속익·속특·강국·안국 등 여러 명칭으로 중국의 역사서에 기록되었다.

소그드상인은 이후 비잔틴제국과 이슬람제국, 타림분지의 여러 오아시스도시국가는 물론 중앙아시아, 중국까지 연결해 오아시스비단길의 동서방으로 쉼 없이 상업활동을 해나갔다. 유럽과 아시아의 중간지점에 위치한 지리적 이점을 최대한 활용해 유라시아 곳곳마다 그들의 발길이 닿지 않는 곳이 없을 정도로 왕성하고 탁월한 장사수완을 보여주었다.

특히 소그드상인이 보인 특이한 교역방식은 중국이나 중앙아시아 여러 곳에 이주해 교역과 교통을 위한 활동거점을 만들었다는 것이다. 당나라 때는 파미르고원 서쪽 출신으로 중국에 사는 사람들을 모두 강·조·석·미·안 등의 소무 9성 호인이라고 불렀다. 이 9성의 대부분은 사마르칸트(강국)·부하라(안국)·타슈켄트(석국) 등 출신지 이름을 딴 소그드인이었다. 오아시스의 관문 둔황의 동편에는 안성이라는 소그드인의 집성촌이 있을 정도로 중국에 많이 이주해 살았다. 이런 소그드상인의 활발한 교역활동은 당시 장안에 호풍(胡風)이라는 서역문화를 유행시켜 문명 교류에도 많은 영향을 미쳤다.

소그디아나는 북방유목민족과도 긴밀한 협조관계를 유지했다. 소그드상인의 활동무대는 중국뿐 아니라 타림분지를 비롯한 중앙아시아 일대였다. 이곳은 항상 북방유목민족과 중국이 주도권 싸움을 벌인 지역이었기 때문에 소그드상인은 때때로 힘센 북방유목민족의 보호와 양해가 있어야 교역활동을 할 수 있었다. 북방유목민족에게도 소그드상인이 필요한 것은 마찬가지여서 상업활동은 물론 그 능력을 최대한 발휘해, 외교사절의 역할을 하기도 했다.

소그드상인은 서돌궐이 비잔틴제국 황제에게 보낸 외교사절로 활약하기도 했다. 또 소그드상인은 초원민족에 문명을 전파하는 역할을 했다. 그들은 몽골고원과 돌궐, 위구르 등에도 상업활동의 근거지를 마련해 문자 사용법을 가르쳐주고 곡식을 심고 거두는 방법 등을 가르쳐주었다고 한다. 오늘날 초원지역에 남아 있는 돌궐족의 비문을 보면 소그드어로도 기록되어 있어 소그드인과 돌궐인 사이의 긴밀한 관계를 짐작할 수 있다.

중앙아시아의 로마제국, 사마르칸트

사마르칸트는 현재 중앙아시아 우즈베키스탄에 있는 도시다. 기원전 500년경 제라프샨강 근처의 오아시스도시로 시작해 소그디아나의 중심지였고 티무르제국의 수도이기도 했다.

사마르칸트는 비단길의 교차로에 놓여 있어 동서 중계무역의

티무르시대의 수도 사마르칸트의 레지스탄광장에 있는 메데르사사원.

비비코눔대사원.

중심지로 급속히 성장할 수 있었고 오아시스비단길에서 가장 번영한 국제도시가 되었다. '사마르'는 '사람들이 만나는 곳'이라는 뜻이다. 상인들이 모이는 곳, 사람들이 밀집한 길의 교차점이라는 의미로 이름 속에도 이미 도시의 성격이 담겨 있다.

몽골 침략기에 거의 황폐화되다시피 했지만 1370년 티무르제국의 수도가 되면서 과거의 영광을 회복했다. 이곳에는 티무르가 직접 감독했다는 유명한 비비코눔대사원, 울루그베그천문대 등이 있다. 특히 아프라시압언덕의 궁전 터에서 발견된 「사행도」라는 벽화에는 조우관을 쓴 고구려인으로 보이는 사절 두 명이 포함되어 있어 한반도가 중앙아시아와 교류했음을 알려준다.

사마르칸트는 학문과 예술 분야에서 화려한 문화를 꽃피워 '중앙아시아의 로마'로 불리기도 했다.

3. 비단길의 주연배우, 상인이야기

    타는 듯한 더위의 사막과 집어 삼킬 듯한 파도를 물리치고 비단길을 오가며 동서 물물을 교류했던 사람들은 참으로 다양했다. 살 곳을 찾아 이동한 민족들, 가족과 헤어져 머나먼 변방으로 수자리를 떠난 병사들, 종교적 일념으로 구법여행을 떠난 승려들, 모험에 가까운 여행을 떠난 여행가들…… 실로 다양한 사람들이 이 길을 따라 오갔다. 때로는 역사에 이름을 남긴 사람들도 있지만 대부분의 사람들은 시간에 묻혀 사라져갔다. 그중에서도 동서 물물의 교류에 가장 지대한 공헌을 한 사람들은 상인들이었다. 한 번 집을 나서면 길게는 10년도 넘는 긴 시간을 그들은 길 위에서 보냈다. 비록 이익을 얻기 위한 상업활동이었지만 그 어떤 영웅의 활약보다도 더 빛나는 비단길의 주인공이었다. 그들은 그저 물품만 교역했던 것이 아니다. 그들이 가지고 오간 물품에는 물품 그 이상의 의미가 담겨 있다. 그 물품들은 그냥 물품이 아니라 한 민족의 생활양식과 사고방식 등 모든 문화와 문명의 집합체였고 하나의 물품이 교류됨으로써 다른 사회의 생활과 생각들도 변화시키게 된 것이다.

이제부터 서역상인들이 모래폭풍과 인도양의 높은 파도를 헤치고 어떻게 중국과 서방으로 오갔는지 그 모습을 살펴보자.

1 | 페르시아상인, 실력 갖춘 비단길 교역의 선구자

페르시아라는 나라는 많이 들어보았을 것이다. 서아시아에 있는 오늘날의 이란이 고대 페르시아다. 페르시아상인을 만나기 위해 잠깐 그들의 역사부터 살펴보자.

페르시아는 기원전 559년에 아케메네스왕조로 건국했다. 기원전 522년 다리우스 1세가 등극해 고대문명지인 메소포타미아를 통일하고 기원전 518년 간다라, 기원전 514년 소그디아나를 정복했다. 이집트와 아나톨리아, 서북인도까지 오리엔트문명권 전역을 정복한 페르시아는 역사시대 처음으로 대제국을 건설했다. 이후 등장하는 제국들의 원조가 페르시아제국이다. 페르시아제국은 조로아스터교를 중심으로 고대 메소포타미아문명과 오리엔트문명을 계승해 수준 높은 페르시아문명을 꽃피웠다. 페르시아제국은 기원전 330년 알렉산드로스의 동방 원정으로 멸망했다. 이후 파르티아왕조와 사산왕조페르시아가 다시 유라시아의 서쪽과 중앙아시아의 실력자로 등장해 옛 페르시아문명을 계승했다. 사산왕조페르시아가 새로 일어난 이슬람세력에 패망하면서 이슬람을 받아들이지만 이슬람이 약해진 틈을 타 페르시아왕조들이 등장하기도 했다. 파르티아는 비단길 주요 도로를 손아귀에 넣어 통제하면서 비단길 교역을 쥐락펴락한 것으로 이름이 나 있었다.

페르시아는 셈족언어를 쓰는 아랍민족들과 언어와 혈통을 달리한다. 오늘날의 이란은 이슬람교를 믿지만, 자신들은 아랍민족과 다르며 페르시아문명의 후예임을 자랑스럽게 여긴다. 한편 페르시아민족에게는 높은 학문과 예술, 행정체계를 발전시킨 유산이 있었다. 아랍·투르크·몽골의 지배를 받는 동안 그들은 옛 페르시아제국의 후예답게 그 실력을 인정받아 중요한 행정관료로 기용되어 제국의 발전에 큰 도움을 주었다. 1,500년이 지난 오늘날에도 페르시아라는 이름은 사라지지 않고 곳곳에 살아남아 과거의 찬란했던 문명을 말해준다.

페르시아는 서아시아에서 가장 일찍 중국과 교류한 나라다. 지도를 보면 잘 알 수 있듯이 유럽과 중앙아시아 사이, 즉 비단길의 중요한 통로에 위치한 지리적인 이점을 이용해 한나라와 로마제국 사이의 교역을 거의 독점적으로 중계했다. 페르시아는 또한 중국 비단을 직접 수용해 소비한 소비자이기도 했다. 페르시아의 왕들과 귀족들은 다른 서역국가처럼 사치스런 비단옷을 입고 호사를 누렸다. 나중에는 중국의 비단 제조기술을 배워서 한층 질 좋은 비단을 생산해 수출까지 할 정도였다.

중세가 되면 서유럽에서는 오히려 페르시아비단에 대한 수요가 높아질 정도가 되었다. 특히 사산왕조페르시아 시대에는 비단교역을 비롯하여 중국과 로마제국 간의 중계교역이 활성화되면서 페르시아 대상들이 더 빈번히 중국을 오갔다.

페르시아상인 중에는 엄청난 부를 쌓은 거상이 많아서 장안의 주보나 향약시장을 많이 차지했다고 한다. 특히 6세기 이후에는 강해진 돌궐 때문에 오아시스비단길이 위협을 받아서 인도양으로 이동해 바다비단길 무역에 집중했다. 사산왕조페르시아가 이슬람제국에 멸망한 후에도 페르시아상인의 맹활약은 그칠 줄 몰라 그 명성을 이어갔다. 이때 바다비단길을 따라 인도양에서 중국 동남해안까지 진출했다. 당시 중국에 드나들던 외국선박 중에는 페르시아의 배가 가장 많았다고 하니 나라는 없어도 상인들의 위세는 꺾일 줄 몰랐던 것 같다. 특히 인도양을 오가는 중국 범선들은 항해에 유능한 페르시아 선장들을 많이 썼다. 페르시아만의 시라프 같은 항구도시에는 해양무역을 독점한 페르시아상인이 많았다. 어떤 상인은 무역에 너무 열중한 나머지 40년 동안 육지에는 거의 나오지 않고 배 속에서만 살았다는 이야기도 전하고 있다.

2 | 소그드상인, 비단길의 전설로 남은 상인정신

소그드상인의 이름은 오아시스비단길에 전설처럼 남아 있다. 오아시스비단길의 교통요충지인 트란속사니아지방을 근거지로 삼아 유라시아 동쪽에서 서쪽의 비잔틴제국까지 부지런한 발자국을 새겨놓았던 소그드상인. 페르시아상인이나 아랍상인과 달리 작은 오아시스도시국가의 상인이었지만 이들의 상업활동은 눈부셨다. 이들의 근거지인 소그디아나는 북쪽의 초원비단길로도 연결되었기 때문에 예전부터 교역이 발달했고 사람과 물품, 문화와 정보가 넘쳐나는 곳이었다.

소그드인의 활발한 통상활동은 동서문명 교류에 많은 영향을 끼쳤기에 그들과 그들의 도시 사마르칸트는 비단길에서 가장 아름다운 이름으로 남았다. 그들은 '한 푼의 이익을 가지고도 서로 다투며 이익이 나는 장사라면 가지 않는 곳이 없다'는 말을 들을 정도로 상인정신이 투철했다. 우리나라의 유명한 개성상인과 비교하면 어떨까?

'소그드인은 아이들이 태어나면 달콤한 언어를 구사하도록 입에 꿀을 발라줬으며 한 번 쥔 돈은 절대 새나가지 않게 손에 아교를 발라주었다'는 재미있는 이야기가 중국의 기록에 전한다. 소그드 남자들은 스물이 되면 반드시 외국에 나가 장사를 했다고 한다. 장사만이 이들의 생존을 가능하게 해주었다는 점은 뒤에서 만날 베네치아상인과 비슷하다.

소그드인은 작은 도시국가 출신이지만 중국으로 가는 주요 도시들뿐 아니라 중국 안에도 자신들이 교역하기에 중요한 식민거점을 건설해 활용했다. 중국의 장안에는 1,000여 명이 머물면서 활약했을 정도로 그 세가 대단했다. 또 당시 위구르가 지배하던 몽골고원 등 초원에도 거점을 확보했다. 유라시아에 그물망처럼 펼쳐진 그들의 유통망을 통해 유목민족의 물품을 판매해 많은 이익을 남겨주었다. 유목민족의 군사력이 소그드상인의 안전한 무역활동을 보장해주는 조건으로 말이다. 소그드상인은 국제상인인 만큼 비단길 여러 나라의 정세에 밝았고 각국의 언어도 구사했다.

소그드상인은 페르시아 등 여러 나라에서 수입한 유리·모직품·보석세공품·향료·악기 등을 중국에 가져가 팔았으며 중국의 비단 등을 서역에 팔면서 이익을 챙겼다. 중앙아시아 비단길에서 소그드어는 국제상업어로 통용되기까지 했다고 한다.

10세기의 아랍 지리학자 무카다시는 "신이 창조한 세계 가운데 가장 아름다운 곳"이라는 찬사를 보내기도 했다. 그들의 탁월하고 지혜로운 상인정신은 페르시아와 아랍의 무슬림상인에게 그대로 계승되었고 그들이 사라진 지 1,000년이 더 지난 지금까지 비단길 곳곳에서 보석처럼 빛난다.

3 | 아랍상인, '꿈'은 이루어진다

'알 사파르, 알 자파르.' 여행하는 자는 승리한다는 아랍상인의 격언이다. 사막과 바다를 마다하지 않고 장사를 다닌 아랍상인다운 말인 것 같다.

소그드상인이 오아시스비단길을 누빈 상인이라면 아랍상인은 오아시스비단길과 바다비단길 모두에서 활약했다. 이들은 바다비단길을 이용해 인도를 지나 중국까지 진출해 적극적인 교역에 나섰다. 아랍상인은 동쪽으로는 인도와 중국 남부에서 서쪽으로는 북아프리카와 이베리아반도의 에스파냐까지 광범한 이슬람제국의 영토를 오가며 장사를 했다. 인도로 진출한 바다상인을 페르시아말로 '신드바드'라 불렀는데 우리가 잘 아는 바로 그 신드바드다.

아랍상인들이 중국에서 주로 실어온 비단·도자기·동·철·사향·종이 등 물품은 인도양을 지나 페르시아만의 바스라, 시라프 등과 아라비아해에 있는 오만의 수하르, 예멘의 아덴을 거쳐 이슬람제국 내부로 들어갔다. 또한 홍해를 통해 알렉산드리아나 다른 지중해 연안 항구도시에서 기다리던 베네치아상인이나 제노바상인에게 건네져 지중해에서 북유럽까지 전해졌다. 이들이 중국으로 가져간 물품은 아랍이나 페르시아, 인도양 연안에서 많이 나는 각종 향료와 진주·산호·면포 등이었다. 특히 향료는 유럽으로 더 많이 전해진 물품이었다. 유럽에서 향료의 수요가 폭발적이었기 때문이다. 중세 때 유럽이 원한 향료는 아랍상인을 거치지 않고서는 구할 수 없었으니 아랍상인의 위세를 짐작할 만하다.

중국 남해안 도시들에는 많은 아랍상인들이 거주했으며 엄청난 거상도 많이 생겨났다고 한다. 당나라 말기에 일어난 황소의 난*

* 당나라 말기에 일어난 대농민반란이다. 산둥에서 활약한 황소(黃巢)가 유랑민과 농민 등을 모아 난을 일으켰고, 장안에 스스로 정권까지 세웠으나 토벌군에게 패해 실패로 돌아갔다. 이 난은 당나라를 붕괴시키는 계기가 되었다.

때 12만 명의 아랍상인이 살해되었다는 기록이 있을 정도다. 물론 과장된 기록이라 볼 수도 있지만 그들이 당나라에 얼마나 많이 거주했는지 짐작하고도 남을 만한 방증이다.

아랍상인들은 자신들 소유의 선박이나 자기 나라 귀족 소유의 선박을 이용해 무역을 하기도 했지만 동남아시아로 본격적으로 진출한 중국 배를 이용해 장사를 하기도 했다. 오늘날 말레이시아나 인도네시아 같은 동남아시아국가가 세계 최대의 이슬람국가가 된 것은 이때 진출한 아랍상인의 영향력 때문이다.

장사꾼이자 뱃사람이기도 했던 아랍상인은 대부분 인도양의 계절풍을 이용한 항해에 능숙했다. 아랍 뱃사람들은 사각돛이 일반적이던 시대에 삼각돛을 이용했다. 삼각돛이 역풍을 이용하는 데 뛰어난 효과가 있었기 때문이다. 오늘날 많은 항해용어가 아랍어에 그 연원을 두는 것은 아랍상인의 역할 때문이다.

아랍 항해사가 도와준 바스코 다 가마의 인도항로

아랍의 뛰어난 항해사 중에 이븐 마지드라는 이가 있다. 그의 가문은 뛰어난 항해사를 배출했던 것으로 유명하다. 스스로 '분노한 바다의 사자'라고 여겼던 그는 인도양과 홍해의 바다비단길을 항해하는 데 가장 많은 것을 아는 사람으로 인정받았다. 그가 1490년에 펴낸 책『항해지침서』는 인도양과 홍해의 항해정보와 그 시대의 해상과학을 해설한 책이어서 아랍 항해사들에게 훌륭한 지침서가 되었다. 어떤 부분은 오늘날에도 유용한 정보로 인정받을 정도다.

바스코 다 가마.

포르투갈의 항해사 바스코 다 가마가 아프리카를 돌아 인도항로를 발견하는 데 결정적인 도움을 준 이는 이븐 마지드로 그는 아프리카 동해안의 잔지바르에서 인도양을 건널 수 있게 직접 안내했다. 포르투갈을 비롯한 서구세력들은 이븐 마지드 덕에 인도항로를 발견했고 아랍은 바다 상권을 잃게 되었으니 이븐 마지드와 바스코 다 가마의 만남은 '운명의 장난' 같은 일이 되고 말았다. 훗날 아랍의 역사가들은 술에 취한 마지드가 범한 오류라며 억울해했다는 이야기가 전하기도 한다.

4 │ 베네치아상인, 아드리아해의 진주

베네치아상인은 중세의 아랍상인만큼 큰 명성을 얻던 지중해 무역상의 대명사다. 우리에겐 '베니스의 상인'으로 많이 알려져 있는데 베니스는 베네치아를 영어식으로 부르는 이름이다. 아랍상인이 비단길을 통해 중국이나 인도에서 물건을 실어와 장사를 했다면 베네치아상인은 이들이 가져온 물품을 지중해의 여러 교역지에서 산 후 서유럽에 다시 팔아 이익을 남겼다. 베네치아는 다른 도시국가와 달리 오직 상업 그것도 국제교역인 무역으로만 나라살림을 꾸린 나라 중 하나다. 지중해의 소그드상인이라 할까?

베네치아는 이탈리아반도의 동북쪽에 있는 바다의 도시로 아드리아해*를 바라보고 서 있다. 이들이 할 수 있는 일이란 오로지 배를 타고 바다로 나가는 것뿐이었다. 귀족이든 평민이든 마흔 살까지는 무조건 배를 타고 나가 장사를 배웠다. 베네치아는 인구 10만 남짓의 작은 도시국가이었지만 지중해에서 가장 강한 해군력과 부를 가졌고 그 부를 가장 오랫동안 유지한 국가였다. 베네치아상인의 뛰어난 활약 때문이다.

476년 서로마제국이 멸망하고 난 뒤 중세 이탈리아에는 작은

*지중해 북부 이탈리아반도와 발칸반도 사이에 있는 좁고 긴 해역이다. 십자군 원정의 통로로 이용되었으며 베네치아가 이 지역의 중심지로 번영했다.

도시국가들이 난립했다. 르네상스의 횃불을 들던 피렌체와 제노바도 유명한 도시국가였다. 지중해무역의 패권을 두고 베네치아·제노바·피사·아말피 등은 한 치의 양보도 없이 치열한 경쟁을 벌였는데, 베네치아가 영원한 라이벌 제노바를 누르고 마지막 승자가 될 수 있었던 데는 공화정이라는 정치체제가 크게 작용했다. 거대한 기업 같은 국가조직은 상인들이 자유롭고 안전하게 교역에 힘쓰도록 지원을 아끼지 않았다. 나라의 배가 지중해의 중요한 도시들마다 정기적으로 운항해서 베네치아인이라면 누구든지 배에 물건을 실어 장사할 수 있었다. 군함들도 함께 따라다니며 해적들의 습격을 막아주었다. 바다무역의 큰 골칫거리는 해적들의 잦은 노략질이었다고 한다. 이런 유리한 조건과 베네치아상인의 눈부신 상술로 베네치아는 지중해 동방무역을 독점해간다. 지중해의 여왕이 된 것이다.

지중해교역은 오아시스비단길이나 바다비단길을 통해 아랍상인들이 실어온 물품들이 모이는 알렉산드리아 같은 지중해 연안도시들에서 이루어졌다. 베네치아상인이나 제노바상인들이 이곳으로 와 유럽으로 실어가 파는 식이었다. 특히 인기물품 중 하나인 향료는 이들이 유럽에 팔 때 산지가격의 30~80배까지 값이 치솟았다고 한다.

지중해교역의 중심지는 콘스탄티노플이었다. 지중해의 내로라하는 상인들이 이곳에서 안정적으로 장사하기를 원했다. 베네치아는 뛰어난, 때로는 교묘한 외교술로 비잔틴제국에서 대체로 유리한 조건을 많이 얻었다. 한때 콘스탄티노플에 거주한 베네치아상인은 1만여 명이나 되었다고 한다. 베네치아 본국의 인구가 10만명을 조금 넘을까 말까 했으니, 장사를 하는 성인남자 셋 중 하나는 콘스탄티노플을 근거지로 삼은 채 장사를 한 셈이다. 이런 점을 미루어볼 때 이들의 활약이 얼마나 놀라웠는지도 알 수 있는 한편 국제교역도시로 콘스탄티노플의 규모가 얼마나 컸을지도 짐작할 수 있다. 그 옛날, 길이 좁을 정도로 쌓인 진귀한 동방의 물품에 눈이 휘둥그레졌을 그들의 표정을 상상하는 것도 재미있는 일이다.

신의 아들이기를 포기한 베네치아상인

베네치아는 교황권이 지배하던 이탈리아의 다른 도시국가와는 달리 교황권이 제일 힘을 못 쓴 곳이었다. 상인들의 나라였던 만큼 세속적이었다고 할 수 있다. 이들은 기독교나라로는 씻을 수 없는 '악명'을 역사에 남기기도 했다.

기독교가 맹위를 떨치던 중세에 십자군 원정이라는 특이한 프로젝트가 전 유럽을 들썩이게 한 때가 있었다. 당시 기독교 성지인 예루살렘은 이슬람세력이 점령하고 있었다. 기독교도들이 볼 때 그들은 이교도였고, 예루살렘을 이교도의 손에서 되찾아야 한다며 동방으로 몰려들었다.

베네치아와 제노바 같은 해양국가는 십자군 원정을 떠나는 병사들을 실어 나르는 십자군 특수로 큰 이익을 얻었다. 그러던 중 4차 십자군 원정군의 수송을 맡은 베네치아가 1204년에 돌연 뱃머리를 돌려 콘스탄티노플을 침공한 사건이 벌어졌다. 콘스탄티노플은 교파는 달랐지만 같은 기독교국인 비잔틴제국의 수도였다. 교역의 중심지 콘스탄티노플을 장악하려는 속셈이었다. 결국 베네치아는 비잔틴제국의 황제를 내쫓고 라틴왕국을 건설하여 기독교제국의 쇠락을 앞당기고 말았다. 베네치아는 콘스탄티노플의 하기아 소피아까지 약탈하는 만행을 저질렀다. 이들의 살육과 약탈에 치를 떤 사람들은 콘스탄티노플의 거리가 차라리 이슬람의 터번으로 덮이기를 바랐을 정도였다.

4. 비단길 상인들은 어떻게 교역했을까?

　그 옛날 비단길을 오가던 상인들은 어떤 모습으로 장사를 했을까 상상해보자.

　하루 종일 이글거리던 태양의 기세가 한풀 꺾이면 바람도 제법 선선해진다. 흙벽돌로 지은 성벽 저쪽에 이제 막 파미르고원을 넘어 오아시스도시국가로 들어오는 상인 무리가 보인다. 요즘 같으면 작은 소도시에 불과한 오아시스도시인데도 많은 상인들이 끝없이 몰려온다. 시장 안에는 피부색과 얼굴모습이 다르고 쓰는 말도 다른 여러 나라 여러 민족 출신의 상인들이 가지가지 이국적인 물품들을 늘어놓고 흥정을 하며 장사를 한다. 여러 나라의 언어들이 뒤섞여 좁은 시장 골목은 시끌벅적하다. 혹시 이 골목 어딘가에 우리가 만나본 소그드상인이나 아랍상인도 섞여 있을 것이다. 비단길 어디서나 그들의 모습은 보였으니까 말이다. 여러 나라의 상점들은 멀리서 실어온 물품을 내놓아 지나는 사람들의 시선을 끈다. 상인들이 보기에도 신기한 새로운 유행품들이 눈길을 끈다. 시장 어디쯤엔 이들이 물품을 가득 쌓아놓은 창고도 있다. 소그드상인의 창고가 중국 안에만 수천 개 있었다니 말이다. 제각기 다른 모자와 옷을 입고 활보해도 아무도 이상하다고 쳐다보지 않는다. 일상적인 국제도시의 모습이었으니까. 대상들이 묵는 캐러밴사라이도 보인다. 이제 막 창고에 물건을 푼 상인들은 사라이 한쪽에 낙타나 말들을 묶는다. 혹시 아는 상인들이 있나 두리번거리기도 한다. 내일 지나야 할 길을 막 지나온 상인이라도 만나면 그 길 사정도 물어보곤 한다. 서로 정보를 나누는 건 꼭 필요한 준비니까 말이다.

이런 모습들은 오아시스비단길의 도시든, 바다비단길의 항구도시든 요충지마다 들어서 있던 국제도시들에서는 비슷한 풍경이었다. 장안에는 '서시'라고 부른 외국상인들의 전용시장이 있었는데 그 규모나 물품의 다양함은 이루 말할 수 없었다. 전성기 때의 바그다드는 장안을 능가하는 도시체제를 갖추기도 했다.

1 | 상인들이 썼던 국제언어와 교환수단

상인들은 서로 다른 언어를 썼지만 대체로 통용되는 상업언어가 있었다. 앞에서도 본 소그드어는 중국이나 중앙아시아에 널리 통용되는 국제어였다. 중세에는 페르시아어가 국제어로 통용되었고 아랍어는 바다비단길 어디서든 통하는 언어였다. 아랍어를 익혀두면 바다비단길 상인으로 활동하기에 아주 유리했다. 아랍상인이 주도한 바다비단길 무역항들, 예를 들어 중국의 취안저우나 광저우 같은 큰 도시들에서는 아랍상인뿐 아니라 중국인들도 아랍어를 배워 썼을 정도였다.

초기의 거래는 대체로 물품의 무게를 따져 물물교환을 했다.

그러나 판매대가로 물품을 받는다는 것은 이동하기에 여간 불편한 일이 아니었다. 그래서 금이나 은으로 된 통화가 쓰였고 중국에서는 동전이 널리 쓰였다. 요즘 국제적으로 많이 통용되는 미국 달러화처럼 당시에도 그런 국제화폐가 있었고, 은행 같은 금융업도 발달했다고 한다. 베트남이나 인도 같은 나라에서 발굴된 약 2,000년 전 로마제국 화폐 같은 것을 보면 이를 짐작할 수 있다. 동서물품의 집합지였던 비잔틴제국의 화폐도 국제화폐로 인정되었고, 사산왕조페르시아의 동전이나 중국 동전 등 가치가 높은 화폐들은 널리 통용되기도 했다. 그래서 로마제국이나 중국은 외국물건을 사느라고 자국의 화폐가 너무 많이 나라 밖으로 빠져나가 심각한 상황에 이른 적도 있었다고 한다. 송나라 때는 중국 동전이 다른 나라로 빠져나가는 것을 금지하는 법까지 만들었을 정도였다. 동전으로 거래하지 말고 물물 교환할 것을 권장했지만 다른 나라 상인들은 중국 동전을 받아야 물건을 팔았다고 한다. 먼 아랍에서도 송나라 동전이 발굴되는 것을 보면 중국의 화폐가 국제적인 화폐로 널리 쓰였음을 알 수 있다.

원나라를 여행했던 마르코 폴로는 원나라에서 통용되던 지폐를 보고 깜짝 놀랐다. 쿠빌라이칸 시대에는 송나라 때의 지폐를 발전시켜 중통원보교초라는 지폐를 만들어 통화수단으로 전국적으로 사용했다. 마르코 폴로는 당시 유럽의 경제선진국 베네치아에서도 보지 못한 지폐를 보고 매우 놀랐다. 이븐 바투타도 중국인들이 지폐로 물건을 사는 모습을 기록으로 남겼다.

당시 이슬람제국의 수도 바그다드에서는 사산왕조페르시아에서 만들었던 환어음이나 수표제도를 발전시켜 이슬람경제권 전체에서 통용될 수 있도록 했다. 이 수표로 물건을 살 수도 있고 다른 지역의 환전소에서 환전할 수도 있어서 거래가 안전하게 이루어질 수 있었다. 당시 현금은 요즘처럼 종이돈도 아니었으니 무거운 은화를 들고 다니면서 거래한다면 여간 큰 문제가 아닐 수 없었을 것이다.

유라시아를 하나의 교역권으로 만들던 몽골제국이 등장하면서 서아시아의 주된 통화수단인 은이 중국에까지 일반화되었다. 물건의 가격을 은의 가치로 정하는 은 본위제 경제로 통일된 시대였다고 해도 될 것이다. 오랫동안 동전을 써왔던 중국에도 은화의 시대가 온 것이다. 이슬람제국의 은화는 북유럽의 끝에서 활약한 바이킹까지 얻고 싶어 했을 정도였다. 16세기가 되어 아메리카에서 캐온 은들은 유럽으로도 들어갔지만 많은 양은 중국의 물품을 사기 위해 중국으로 들어갔다.

바다비단길이 발달하고 광저우나 취안저우처럼 큰 항구도시에 아랍상인이 몰려올 때는 아주 높은 세금을 물렸다. 물론 상품마다 물리는 세금이 달랐지만 많게는 상품가격의 30퍼센트를 세금으로 받았다. 관세는 화폐로 받은 것이 아니라 물품으로 받았다. 또 국제상인들은 오아시스비단길을 통할 때마다 각 나라에 통행세를 꼬박꼬박 내야 했다. 많은 통행세와 관세를 지불하고도 국제무역은 이익이 많은 장사였다.

2 | 발달한 이슬람상업권의 경제시스템

중세 이슬람권이 교역으로 큰 부를 쌓았던 데는 상업을 장려한 이슬람교의 교리가 중요한 역할을 했다. 당시 이슬람제국의 수도 바그다드를 보자. 아바스왕조는 이전 우마이야왕조와 달리 종교는 물론 민족에 대한 차별을 하지 않았기 때문에 모든 민족들이 어려

15세기 후반 베네치아의 대사가 다마스쿠스에서 영접받는 장면. 이 지역에서는 향료와 비단 무역이 중요했다.

움 없이 상업활동에 종사할 수 있었다. 당시 바그다드를 중심으로 한 이슬람경제권에서는 유대인과 아르메니아 상인의 활약도 돋보였다. 제국은 새로 건설한 수도 바그다드가 세계의 교차로로 자리하게끔 바그다드를 중심으로 동서남북으로 뻗어나간 교역망을 정비하고 관리했다. 특히 이 시기에 전해진 중국의 종이 만드는 기술은 제국의 상업을 정밀한 체계로 발전시키는 데 큰 역할을 했다. 양피지에 적은 글은 잘 지워져 쉽게 위조가 가능했지만 종이에 쓴 것은 변조가 불가능해서 제국의 정책이 널리 퍼져나갈 수 있게 된 셈이었다.

특히 이슬람 경전 『꾸란』에서도 강조하듯이 그들은 상거래의 공정성을 매우 엄격히 관리했다. 거래할 때 수량과 무게를 속이는 것을 아주 나쁜 행위로 여겼고 공정한 거래를 위해 시장에 감독관까지 두었다. 이슬람경제의 공정한 거래문화는 제국을 넘어 이슬람상인들의 영향으로 널리 퍼져나갔다.

　　이슬람경제권에서 특히 눈을 끄는 제도 중에 '와크프'라는 기부
제도가 있다. 무슬림상인들은 장사를 해서 남은 이익 중 일부를 자
발적으로 기부해 기금을 만들었다. 이 기금은 대부분 공익시설인
대상들의 숙소와 병원·점포·학교·사원 등을 짓고 운영하는 데
썼다. 바그다드가 이슬람제국의 수도로 전 세계 교역의 중심이던
시절 바그다드에 3만 개가 넘는 이슬람사원이 건설된 것도 이런
자발적인 기부가 있었기 때문이다. 지금도 이슬람경제권에서는 상
인들의 일상적인 기부로 운영되는 병원이나 복지시설을 쉽게 찾아
볼 수 있다.

5. 비단길의 교통수단

비단길을 통한 물물 교류가 가능했던 것은 낙타·말·배 같은 교통수단이 있었기 때문이다. 종교와 예술에서 비단·도자기·유리 같은 물품에 이르기까지 교통수단이 없었다면 그 교류는 불가능한 일이었다. 현장이 낙타나 말 없이도 그 먼 천축까지 다녀올 수 있었을까? 대상들이 낙타나 야크 없이 험준한 파미르고원과 막막한 사막을 건널 수 있었을까? 향료와 도자기를 실어 나르던 배가 없었으면 바다비단길을 통한 교류가 가능했을까?

1 | 대상은 어떻게 생겨났을까?

사막 곳곳에는 농경과 목축을 위주로 생활하는 오아시스가 군데군데 흩어져 도시국가를 이루고 있었다. 그런데 오아시스는 면적이 좁고 농작물 등 생산물이 적어 근처에 있는 다른 오아시스와 물물교환을 해야 했다. 그래서 낙타와 말 등에 상품을 싣고 무리를 지어 사막을 여행하는 상인들인 대상이 생겨난 것이다. 원래 대상은

서역으로 향하는
대상의 상상도.

페르시아어에서 기원한 말로 예전에는 군대를 의미했다고 한다.

애초 대상은 이웃한 오아시스도시끼리 물물을 교환하는 작은 규모의 상인에서 비롯되었다. 차츰 사막이나 험한 산악지대를 지나 먼 거리에 있는 오아시스도시와 거래할 만큼 교역량이 많아지자 큰 무리를 지어 물자를 운반하고 교역하는 대상으로 발전한 것이다.

물자를 거래하던 상인들은 사막의 추운 밤과 타는 듯한 낮의 열기를 견뎌야 했고, 갑자기 몰아치는 모래폭풍에 맞서야 했다. 또 어김없이 행렬을 가로막는 강도떼에게도 시달리면서 사막의 험한 환경에 적합한 대상이라는 조직이 생겨난 것이다.

장안과 로마 사이의 비단길을 왕래한 대상들이 그 먼 길을 한꺼번에 오간 것은 아니다. 이어달리기를 하듯 대상들의 손을 통해 동서방의 물품이 전해진 것이다. 대체로 중국의 장안에서 비단을 산 소그드상인은 타림분지와 파미르고원을 지나 사마르칸트까지 비단을 운반해 아랍상인에게 넘겼을 것이다. 사마르칸트에서 비단을 산 아랍상인은 바그다드를 거쳐 콘스탄티노플에 도착했고, 바

여행가 아부 자이드 일행을 그린 삽화. 이를 통해 대상의 모습을 짐작할 수 있다.

통을 이어받은 베네치아상인이 바다비단길로 유럽에 실어 나르거나 알렉산드리아로 가져갔을 것이다. 혹은 중앙아시아의 오아시스 도시국가를 거쳐 카스피해와 흑해 연안까지 가면 그곳의 상인이 지중해의 도시들로 가져가기도 했을 것이다.

대상 중에는 출발에서 귀향까지 8~9년 정도 걸리는 먼 길을 떠나는 대상도 있었다. 중앙아시아의 아무다리야강*을 건너 아랄해 북부나 이란고원, 시리아를 거쳐 지중해 연안의 안티오크까지 엄청난 거리를 다녀오기도 했다.

또 중국조정이 공식적으로 파견하는 사절이란 이름의 대상도 있었다. 중국은 책봉과 조공 등 여러 수단으로 서역의 여러 오아시스도시를 정치적으로 지배했다. 서역의 여러 나라들이 정기적으로 중국에 사절을 보내 예물을 바치면 중국은 그 답례로 다시 사절을 보냈다. 이때 사절대상은 보통 수백에서 수천에 이르는 엄청난 인원으로 구성되어 많은 비단·생사·칠기 등 특산물을 낙타에 싣고 갔다.

이처럼 온갖 어려움에도 굴하지 않고 청춘을 사르며 장사의 열의를 불태운 대상이 있었기에 인류 역사상 가장 먼 거리 교역로인 비단길이 그 빛을 발했던 것이다.

*'다리야'는 터키어로 강이라는 뜻이다. 연간 강수량이 80~200밀리미터에 불과하다. 파미르고원에서 아랄해로 들어가는 강으로 사막을 흐를 만큼의 유량을 갖고 있다.

2 | 대상은 어떻게 운영되었을까?

대상은 지역이나 목적에 따라 그 규모가 일정하지 않았지만 편성할 때에는 일정한 규칙이 있었다. 낙타 20마리가 최소단위로 이를 1연이라고 불렀다. 1연은 몰이꾼 한 명이 책임져야 할 낙타의 수다. 2연을 1파라고 하며 5파를 1정방이라고 했으니, 200마리가

1정방이 되는 셈이다. 일반적으로 200~300마리의 낙타로 한 대상이 편성되는데 그중 4분의 3 정도는 교역품을 싣고 나머지에는 식량과 물 등을 실었다.

낙타들은 꼬리에 꼬리를 물고 한 줄로 길게 늘어서서 행진하는 것이 일반적인 모습이다. 숙영지에 도착하면 낙타는 행진하던 순서로 앉히고 짐을 풀어 한 줄로 정돈해 다음날 출발할 때 혼돈이 없도록 했다. 낙타를 모는 몰이꾼은 짐을 싣고 가는 길에서는 반드시 걸어가야 했다. 돌아오는 길에는 모두가 낙타를 타지만 전 노선에 걸쳐 낙타를 탈 수 있는 사람은 대상의 우두머리*와 요리장뿐이었다고 한다.

편하게 쉬다 정오를 지나 숙영지에서 출발해 보통 하루에 7~8시간 정도 날이 저물 때까지 행진했는데, 하루에 걷는 거리는 30~40킬로미터 정도였다. 다음 숙영지에 도착하면 낙타는 그대로 쉬게 하고 다음날 이슬이 맺혀 있을 때 방목해서 풀을 뜯어 먹도록 하는 것이 일반적인 원칙이었다.

많은 낙타를 데리고 비단길을 오가는 것은 쉬운 일이 아니었다. 아무리 숙련된 몰이꾼이라 하더라도 낙타 때문에 애를 먹곤 했다. 잘 길들인 낙타라도 고집을 피우며 짐을 싣지 못하게 버티고 서 있는 날이 있는가 하면 한 마리가 제풀에 놀라 대열에서 벗어나면 다른 낙타들조차 짐을 던져버리고 멀리 달아나는 경우도 있어 망망대해 같은 사막에서 잃어버린 낙타를 찾아 헤매기도 했다. 그래도 대상에게 우직한 낙타가 교역의 동업자이자 길의 동반자인 건 변함없는 사실이다.

대상로 곳곳에는 여행자에게 편의를 제공하는 숙박시설이 있었는데 대상들이 도중에 머무르는 쉼터를 대상관이라고 했다. 캐러밴사라이라고도 한다.

*지나간 흔적을 찾기 힘든 사막에서 대상의 우두머리는 별을 보고 길을 찾을 수 있고 주변의 미세한 부분에서도 지나온 발자취를 찾을 수 있어야 했다. 또 여러 언어를 할 수 있어야 했고, 휴식을 취하는 우물과 오아시스의 위치를 잘 아는 능력이 있어야 했다.

대개는 주위에 방벽을 둘러싼 2~3층 건물로 그 안에는 대상들이 쉬는 작은 방들이 마련되었다. 침실과 주방, 욕실은 물론이고 무슬림을 위한 기도장소도 따로 있었으며 낙타 축사가 있는 곳도 있었다. 대상들은 이곳에서 피로를 풀며 각지에서 보고 들은 정보를 나누기도 하고 상품도 거래했다. 지금도 중앙아시아나 서아시아 곳곳에 대상관들이 남아 있어 그 흔적을 살펴볼 수 있다.

특히 몽골제국시대에는 역참제가 활성화되면서 역참에 대상관을 지어 대상들이 이용하기 쉬웠다고 한다. 이븐 바투타는 자신의 여행기에서 대상관을 설명하면서 중국이 여행하기에 가장 안전하고 좋은 고장이라고 소개했다. 그 기록에 따르면 전국의 모든 역참에는 식량 등 여행자에게 필요한 것을 갖춘 숙소가 있는데 관리자가 기병, 보병과 함께 상주하면서 대상관에 든 상인들의 신분을 일일이 확인하고 기록까지 했다고 한다. 또 다음 역참까지 안내하기도 해 상인들이 다니는 데 어려움이 없도록 도왔다고 적고 있다.

3 | 사막의 배, 낙타

낙타는 사막의 배라는 별칭에 딱 어울리는 몸을 지니고 있다. 낙타의 네 다리는 굵고 발바닥은 표면이 각질화되어 있어 사막을 건너기에 적당하다. 또 눈꺼풀이 이중이고 콧구멍을 열고 닫을 수 있을 뿐 아니라 귀 주위의 털도 길어 모래를 막을 수 있다. 혀와 치아도 튼튼해 사막이나 초원에서 자라는 가시 많은 풀을 먹을 수 있다. 낙타는 물을 한 번에 많이 마시고 또 오래 안 마셔도 견딜 수 있는데 단번에 100리터 정도 마실 수 있고 물이 없어도 3일에서 20일 정도까지 견딜 수 있다. 낙타 등에 있는 혹은 지방분을 저장

한 곳으로 비상시에는 에너지원이자 지방을 산화해 물을 만드는 작용을 하기도 한다.

낙타는 등에 혹이 하나 있는 단봉낙타와 혹이 둘 달린 쌍봉낙타로 나눌 수 있다. 쌍봉낙타는 박트리아낙타로 불리며 단봉낙타보다 약간 몸집이 작고 뚱뚱하다. 단봉낙타는 타기에 적당하고 쌍봉낙타는 짐을 실어 나르기에 적합하다. 쌍봉낙타는 보통 200~300킬로그램의 짐을 지고 시속 5킬로미터의 느린 걸음걸이로 매일 30~40킬로미터를 6~8일 동안 쉬지 않고 걸을 수 있다고 한다. 짐이 적으면 걷는 거리가 늘어나지만 7~8일마다 하루는 쉬는 것이 낙타를 부리는 원칙이었다.

또 박트리아산 쌍봉낙타는 지하수가 있는 지점에 멈춰 서서 땅

사막을 횡단하는 고비낙타.

바닥을 앞발로 파헤쳐 무릎을 꿇고 코를 모래 속에 들이박는다. 수맥을 찾아내는 것인데, 인명을 구조하기도 한다. 이따금씩 한데 모여 큰 소리로 울부짖고 모래 속으로 코를 박으면 격렬한 모래폭풍이 다가오는 경고라고 한다. 그런 위험한 순간에 대상들은 낙타 옆에 죽은 듯이 납작 엎드려 가만히 있는 것이 최선의 방책이었다. 박트리아낙타는 혹독한 추위와 극심한 더위가 교차하는 기후에 잘 적응해 대상들은 아랍산 단봉낙타보다 선호했다.

낙타는 겁이 매우 많은 짐승이다. 때때로 작은 새가 날아오르는 것을 본 낙타 한 마리가 놀라 달려나가면 그 낙타에 놀란 다른 낙타들까지 달려나가 대혼란에 빠지는 경우도 있었다고 한다.

낙타는 교통수단으로만 쓴 게 아니다. 털로는 유목민의 천막이나 양탄자를 만들었고 가죽으로는 가방과 밧줄을 만들었다. 또 오줌으로는 머리를 감았는데 낙타의 오줌은 머릿결을 윤나게 할 뿐아니라 머릿니까지 깨끗이 없애주었다고 한다. 이쯤 되면 사막길에서 낙타가 차지하는 비중을 짐작할 수 있을 것이다.

이처럼 낙타는 가장 적은 물을 마시고 가장 멀고 거친 길을 헤치며 가장 많은 짐을 지고 가장 오랫동안 가는 묵묵한 인내의 동물이다. 비단길의 또 다른 주인공인 셈이다.

4 | 초원비단길과 말

말은 유목민이 기르던 가축 중 하나로 초원비단길의 대표적인 교통수단이다. 유목민들은 말을 타는 데뿐 아니라 농사를 지을 때에도 이용했다. 또 마차를 끄는 데 사용했으며 전투용으로도 활용했다.

인류는 기원전 2000년 무렵부터 수레를 끄는 데 말을 이용했다고 한다. 기원전 1500년경에는 말을 타고 다녔고 기원전 1000년을 전후해 재갈과 고삐 등 말을 손쉽게 이용하는 데 필요한 여러 마구를 만들었다. 이러한 마구를 이용해 말을 안전하게 타기 시작하면서 인류는 자유자재로 이동할 수 있게 되었다. 유라시아의 초원비단길에서 활약하던 흉노족·돌궐족·몽골족 등 유목민족은 말을 이용하면서 먼 거리로 이동할 수 있었을 뿐 아니라 정복에도 말을 활용했다.

한나라를 끊임없이 위협한 흉노족은 말을 타고 활을 쏘는 파르티아식 활쏘기에 능했다는 기록이 남아 있다. 흉노족은 말 위에서 상반신을 움직일 수 있는 기마법을 익혔기 때문에 파르티아식 활쏘기가 가능했고 전술로 활용할 수 있었다.

또 유목민족은 말을 이용한 속도를 삶의 방식에 끌어들였다.

몽골초원을 가로지르는 말과 인간의 질주. 몽골 나담축제의 한 장면이다.

속도만이 정주문명과 경쟁하는 데서 살아남을 수 있는 유목민족의 생존방식이었기 때문이다. 몽골족은 빠른 말을 이용해 유라시아 전체를 뒤흔들어놓았고 유럽 쪽으로 옮겨간 흉노의 후예 훈족도 전 유럽을 공포에 떨게 했다. 그래서 속도를 숭배한 유목민족의 신출귀몰한 기마군단은 증기기관이 발명되기 전까지 기동력의 상징이었다. 이처럼 유목민에게 말은 교통수단을 넘어선 삶의 일부라고 할 수 있다.

몽골족에게 특히 말은 소중한 친구이자 충실한 조수였다. 몽골족은 종종 게르의 입구에 천마를 그린 깃발을 내걸고 있는데 이는 말이 행운을 가져다준다는 믿음 때문이다. 몽골족에게는 죽을 때 말과 함께 순장하는 풍습이 있었다. 말이 없으면 사후 좋은 세상으로 갈 수 없다고 생각했기 때문이다. 또 어떤 일이 있어도 말머리를 때리는 일을 금지할 만큼 말에 대한 그들의 애정은 각별하다.

북방의 드넓은 초원비단길에서 말이 없었다면 인류의 역사는 아주 달라졌을 것이다. 문명을 널리 전하지도 못했을 것이고 새로운 장소를 찾아 정복과 탐험의 길로 나서지도 못했을 것이다. 어쩌면 북방유목민족이 활약한 초원비단길이 만들어지지 못했을 수도 있다.

5 | 바다비단길과 배

기원전 고대의 지중해에서 이름이 높던 해양민족 페니키아상인들은 배를 타고 교역했다. 4,000년도 더 된 오래전 일이라고 추정하지만 언제부터 배를 이용했는지, 어떻게 만들었는지 등을 정확하게 알 수는 없다고 한다. 다만 가끔씩 바다 속에서 발견하는

난파선들의 모양을 보고 만들어진 시기와 방법을 짐작할 수 있을 따름이다. 중국의 경우는 기록의 민족답게 많은 기록이 있어 더욱 구체적으로 알 수 있다.

증기기관이 발명되어 배에도 증기기관을 이용하기까지 대양을 오가며 상업을 했던 배는 모두 범선이었다. 범선은 돛을 달아 바람의 방향을 이용해 운항하는 배를 말한다. 노를 저어서 운항한 지중해의 갤리선은 속도는 빠르지만 노잡이를 많이 태워야 하기 때문에 많은 물건을 실을 수 없었고 크기가 작아서 풍랑이 거친 큰 바다를 항해하기에는 적합하지 않았다. 범선은 육지의 운송수단보다 물품을 한 번에 많이 운반할 수 있었으니 이점이 많았다. 이 점은 오늘날에도 크게 다르지 않아서 컨테이너를 가득 실은 상선들이 오대양 곳곳을 누비고 있다.

당시에는 여행가들도 이런 무역선을 이용했다. 여객선이 따로 없던 시대이니 여행가들은 항구 이곳저곳을 기웃거리며 자신의 행선지와 같은 배를 찾았다. 법현이나 이븐 바투타 같은 사람들 모두 이런 무역선을 타고 여행을 했다. 그래서 큰 무역선에는 선원들과 상인들만 탄 게 아니라, 의사·승려·여행가·사신 등도 많이 탔다.

물론 범선은 언제라도 출항할 수 있는 게 아니었다. 배가 가야 할 방향에 맞게 바람이 부는 계절을 이용해야 했다. 인도양·동중국해·지중해 모두 항해할 수 있는 계절은 대개 정해져 있었다.

배는 또한 정해진 길, 즉 항로로만 다녔다. 항로를 조금이라도 벗어나 해류를 잘못 타면 난파당하거나 표류할 수밖에 없기 때문이다. 배가 정해진 날짜 안에 안전하게 도착하기 위해서는 조선술과 항해술의 발달이 필요했다. 조선술은 시대에 따라 눈부시게 발전해서 바다비단길의 중요성이 한층 높아졌다. 대체로 서양이나 아랍의 조선술에 비해 중국의 조선술이 훨씬 발달했다고 평가한다. 여기서는 중국의 발달된 조선술을 간단히 살펴보면서 바다비단길을 오갔던 배의 규모를 짐작해보겠다.

먼저 인도를 매개로 중국과 로마제국 간의 해상무역이 이루어지던 한나라 때 조선술에 새로운 변화가 일어났다. 못을 사용해 배를 조립해서 이전보다 훨씬 튼튼한 배를 만든 것이다. 그때만 해도 못을 사용해 나무를 고정한다는 것은 획기적 기술이었다. 그보다 몇 세기 후인 4~5세기 로마제국에서는 가죽으로 선체를 묶었고, 아랍과 인도양의 다른 나라들은 야자수섬유 같은 것을 꼰 밧줄로 묶는 수준이었다고 한다. 이븐 바투타는 인도양에는 바다 밑에 돌이 많아 쇳못을 사용할 수 없어 이렇게 묶었다고 설명하기도 했다. 배의 방향을 조정하는 방향키를 만든 것도 이 시대의 걸출한 진보라고 할 수 있다.

오아시스비단길 무역의 전성기였던 당나라 때는 중국의 동남해안 여러 곳에 조선소가 세워져 많은 배를 만들었다. 당나라 조선술의 자랑은 수밀격벽술인데, 배가 충돌하거나 좌초될 경우 물이 들어와 금세 배가 가라앉는 것을 막는 기술이다. 즉 배의 내부를 여러 부분으로 나눈 후, 각 부분을 칸막이로 정밀하게 막아 물이

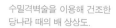
수밀격벽술을 이용해 건조한 당나라 때의 배 상상도.

다른 칸으로 새지 않도록 한 것이다. 그 덕분에 배가 부분적으로 부서져도 항해에 큰 영향을 주지 않을 만큼 안전해졌다.

송나라 때는 중국을 드나드는 외국의 배들도 많았고 그만큼 무역량도 많았다. 인도양을 오가는 배 대부분이 중국의 도자기들을 싣고 있었다고 보아도 될 것이다. 당시 바다비단길을 항해하는 상선들은 대체로 중국, 동남아시아(곤륜선), 인도(파라문선), 아랍(파사선) 배들이었다. 그중 중국 배는 300톤 급에 500~600명까지 태울 수 있는 대형선박이었다고 한다. 송나라 때에는 상하로 움직이는 키와 평형을 유지하는 키를 달았고 여러 개의 돛대와 돛을 사용해 풍향을 조절했다고 한다. 원나라 때에는 깊은 바다를 항해하기에 알맞은 큰 규모의 배들이 만들어졌는데 그중에는 480톤이나 되는 배도 있었다고 한다. 명나라 때 정화의 하서양 대원정에 이용된 보선의 경우, 규모나 기술 면에서 조선사상 최대의 범선이라고 한다. 청나라 때에 이르면 조선술은 한층 정밀해지고 나침반을 비롯한 항해기구도 거의 완벽해져 먼 바다까지 아무 무리 없이 항해했다고 한다.

　19세기 중반 서양 증기선이 인도양에 나타나기 전까지는 중국 정크선이 해상운송의 주도권을 쥐고 있었다. 16세기 이후 이곳에 진출한 포르투갈·네덜란드·영국의 배들도 크기와 숫자 면에서 정크선과 비교하면 보잘것없는 수준이었다고 할 수 있다.

6 | 더 빨리, 더 멀리, 더 안전하게

　항해술은 조선술과 더불어 바다비단길이 발전하는 데 결정적인 역할을 했다. 항해술은 안전한 항해에 직접적인 영향을 주기 때문에 바다비단길에서는 항해술에 대한 연구가 필수적일 수밖에 없다. 항해에 영향을 주는 기술은 바람의 방향, 바람의 세기, 바다의 깊이를 잴 수 있는 방법, 배의 방향을 알려주는 나침반 같은 기구, 항해지도 같은 것들이다. 이런 기술들이 뒷받침되어야 바다비단길은 안전해진다. 바람의 방향이나 세기, 바닷물의 깊이를 모르고 배를 운항한다는 것은 눈을 감고 길을 가는 것처럼 위험한 일이다.

　이런 기술들이 발전하면서 인도양을 오가던 상선들은 깊은 바다를 항해할 수 있었다. 처음에는 짧은 구간마다 정박하곤 했지만 기술이 발달하면서 먼 거리를 한꺼번에 갈 수 있는 항로가 생긴 것이다. 먼 거리 운항은 교역의 속도를 더 빠르게 했으며 그에 따라 교역량도 많아졌다.

　별을 보며 배의 위치를 확인하는 견성술과 나침반은 항해술이 혁명적으로 발전하는 데 도움을 준 기술이며 항해지도 역시 항해술에서 빠질 수 없는 중요한 것이다. 동서양을 막론하고 바다로 나가는 민족들은 항해술을 발달시키기 위해 끊임없이 노력했다.

비단길에서 기록을 남긴 사람들

마르코 폴로와 『동방견문록』

마르코 폴로는 아버지 니콜로와 삼촌 마테오를 따라 열다섯 살 때 고향 베네치아를 떠났다. 동방무역에 종사하던 아버지와 삼촌은 우연히 몽골에 갔다 몽골황제 쿠빌라이칸의 명령을 받고 거꾸로 로마교황청에 사신으로 파견되었다. 교황 그레고리우스 10세를 만난 후 두 명의 사제와 함께 다시 원나라로 가는 길에 폴로도 아버지 일행을 따라나선 것이다.

폴로 일행은 일칸국을 거쳐 오아시스비단길을 따라 파미르고원을 넘은 다음 내몽골을 지나 떠난 지 약 4년 만에 원나라의 수도인 상도*에 도착했다. 폴로는 스무 살부터 서른여섯 살까지 17년 동안 원나라에 머물면서 쿠빌라이칸의 총애를 받으며 활발한 활동을 벌였다. 원나라의 관직에도 올랐다고 한다. 폴로 일행은 몇 차례 귀향을 요구했지만 번번이 거절당하다 일칸국으로 시집가는 원나라 공주를 호송하라는 명을 받고 중국을 떠나 마침내 고향으로 돌아오게 된다. 바다비단길로 2년 2개월 만에 페르시아만에 도착했고 다시 육로로 일칸국을 지나 총 4년이 걸린 천신만고 끝에 1295년 베네치아로 돌아왔다. 폴로의 여행에는 무려 24년이라는

* 상도(上都)는 원나라의 여름철 도읍이다. 내몽골자치구 롼허강 상류에서 북서쪽으로 약 40킬로미터 떨어진 곳에 유적이 있다. 원나라는 상도 외에도 베이징의 전신인 대도(大都)를 만들어 두 개의 수도를 거느린 양경제를 실시했다.

마르코 폴로.

긴 세월이 걸린 셈인데 이 기간은 원나라 쿠빌라이칸의 집권기와 거의 일치한다. 지구 반대편에서 벌어진 어마어마한 발전상에 대해 너무나 무지했던 당시 유럽인들은 폴로의 글을 읽고서야 미지의 놀라운 세계가 저 멀리 동쪽 어딘가에 있음을 막연히 알게 되었다.

귀국한 이듬해에 유명한 상업도시 베네치아와 그 라이벌 제노바 사이에 해전이 벌어졌다. 폴로도 그 전투에 참여했는데 결국 포로가 되어 감옥에 갇히고 말았다. 감옥에서 그는 함께 갇힌 작가 루스티첼로에게 자신이 보고 경험한 머나먼 이국의 실상과 문물을 자세히 말해주었다. 그 내용을 듣고 루스티첼로가 기록한 것이 『동방견문록』이다.

서구에서 『성서』 다음의 베스트셀러라고 할 만큼 이 책은 수백 년에 걸쳐 많은 사람들의 눈과 귀를 사로잡았고 유럽인들에게 이국문물에 대한 호기심을 자극했다. 당시 침체된 중세유럽에 갇혀 우물 안 개구리처럼 살던 유럽인들은 동방 각지의 믿기 어려울 만큼 경이로운 이야기로 가득 찬 이 책을 읽고 허풍쟁이 폴로가 꾸며낸 거짓말이라고 비난했다. 심지어 폴로가 숨을 거두려 할 때 친구들은 사실대로 고백하라고 끝까지 요구했다고도 한다.

『동방견문록』의 원본은 프랑스와 이탈리아어로 씌었는데 그 후 유럽 각국의 언어로 번역되었다. 그 과정에서 원본은 없어지고 각종 사본들이 약 140종, 각국의 번역본들이 약 120종이나 생기게 되었다. 이에 따라 책의 제목도 『세계의 서술』 『마르코 폴로의 여행』 『기이한 책』 등 다양하게 붙여졌는데 『동방견문록』이라는 제목은 일본에서 붙인 것이다. 폴로가 이국문물의 '대단함'과 '위대함'을 표현하기 위해 걸핏하면 '백만'이라고 하자 사람들은 폴로의 별명도 허풍쟁이라는 뜻으로 백만이라 불렀고, 이탈리아에서는 『백만의 책』이란 제목으로 발간되었다.

마르코 폴로와 이븐 바투타
의 행로.

이 책은 서구유럽인들 가운데 어느 누구도 그때까지 말해주지 않던 미지의 세계에 대한 실상을 생생히 알려주면서 동방의 여러 선진제국의 발전상을 소개했다. 유럽을 제외한 당시의 모든 '세계'를 포괄해 서술한 이 책은 마르코 폴로의 개인적인 느낌보다는 사실 그대로를 알려주려는 데 무게를 두었다. 실제로 원제국의 지폐에 관한 기록이나 폴로가 귀향할 때 함께 배를 탔던 사신의 이름 등은 사실과 정확히 일치함이 밝혀졌다. 그 외에도 수세기에 걸친 확인 끝에 이 책의 역사성은 널리 인정받았다.

카탈루니아대지도를 비롯한 중세유럽의 세계지도는 대부분 폴로의 책을 참고해서 제작되었다. 또 콜럼버스와 바스코 다 가마는 마르코 폴로의 책을 보고 나서야 책에 묘사된 신비한 나라들을 찾아 멀리 동쪽으로 항해할 것을 결심했다고 한다. 과연 역사를 움직인 대기록임을 거듭 확인하게 된다.

비단길 교류의 주역들 🐫 **187**

이슬람의 형제애로 쓴 『이븐 바투타 여행기』

이븐 바투타는 모로코에서 태어났다. 모로코는 북아프리카의 서쪽 끝에 있는 나라로 지브롤터해협을 사이에 두고 에스파냐와 마주 보고 있다. 그가 태어나 자라던 시대의 모로코는 오늘날처럼 이슬람교를 믿었다. 14세기 전반의 이슬람세계는 거대한 이슬람 통일제국이 몽골과 티무르에 짓밟혀 여러 나라로 나뉘어 있었다. 이븐 바투타는 이름난 귀족 출신이었다. 1325년, 아직 볼이 발그레한 스물한 살의 청년 이븐 바투타는 머나먼 메카를 향해 길을 떠났다. 가족들과 아쉬운 이별을 하고 새가 둥지를 떠나듯 길을 떠난 그는 온갖 죽음을 무릅쓰고 오로지 모험과 도전으로 온 세상을 여행했다. 28년이 지나 백발이 성성한 노인으로 돌아올 때까지 말이다.

28년 동안 그가 발로 밟고 다닌 세계는 그때까지 그 누구도 여행하지 못한 먼 길이었다. 30년 전에 동방으로 긴 여행을 했던 마르코 폴로조차 이븐 바투타의 여행에 비하면 보잘것없는 것처럼 보인다. 흔히 중세 여행문학의 양대 산맥으로 『동방견문록』과 『이븐 바투타 여행기』를 꼽지만 사실 두 사람의 여행경로와 여행기에 담은 내용의 넓이와 깊이는 많은 차이를 보인다. 마르코 폴로는 약 25년 만에 중국까지 비단길을 왕복했지만 17년간은 중국에 머문 시간이다. 하지만 이븐 바투타는 인도에 약 8년간 머문 것을 빼고는 항상 여행을 했다. 그가 여행했던 거리는 12만 킬로미터를 넘었다고 하는데, 유라시아를 여섯 번이나 왕복한 셈이다. 그는 한 번 갔던 길은 다시 가지 않는다는 원칙을 가지고 지그재그로 여행했다고 한다. 1997년 미국의 유명한 잡지 『라이프』에서는 지난 1,000년을 만든 위대한 사람 100명을 뽑았는데 그중 44위가 이븐 바투타, 49위가 마르코 폴로였다고 한다.

그의 기행문을 일컬어 중세 여행문학의 최고작이라고들 하지만 이 말만으로 이 여행기의 업적을 설명하기에는 부족하다. 그가 다닌 곳은 고향 북아프리카와 중부아프리카 그리고 아라비아반도의 서아시아와 중앙아시아, 인도, 동남아시아, 중국, 이베리아반도의 에스파냐까지 세 대륙을 총망라했다. 그의 글은 단순여행기에 머물지 않는다. 뛰어난 관찰, 객관적인 분석, 정확하고 충실한 묘사 등 여행문학이 담을 수 있는 주요 덕목을 갖추었다고 할 수 있다. 그래서 『이븐 바투타 여행기』는 14세기 전반 유라시아에 있던 수많은 나라와 민족, 도시와 사람의 역사를 연구하는 데 더할 나위 없는 보고서로 활용된다.

이븐 바투타.

오늘날처럼 교통수단이 발달된 시대에도 이렇게 넓은 세계를 홀로 오랫동안 여행한다는 것은 여간 어려운 일이 아니다. 그는 어떻게 오랫동안 그 넓은 곳을 여행할 수 있었을까?

당시에는 이슬람을 믿는 많은 상인들은 전 세계에 널리 퍼져 살았다. 무슬림들이 사는 곳에는 '자위야'라는 수행도장이 있었다. 무슬림들은 민족에 관계없이 한 형제라는 형제애가 강했기 때문에 이븐 바투타가 자위야에서 머물 수 있게 기꺼이 도와주었다. 그리고 여비도 마련해주었으며 안내와 호송까지 맡아주기도 했다. 그들이 형제처럼 보살펴주고 아낌없이 도와주었기 때문에 오늘날 인류는 자랑스럽게 간직해야 할 귀중한 문화유산을 가지게 된 것이다.

이 책은 그 분량이 워낙 많고 또한 중세아랍어로 씌어 있어 완전히 번역된 경우가 거의 없다. 1853~58년에 만들어진 프랑스어 번역판이 나온 후 2001년 우리나라에서 완역본이 출간되어 많은 관심을 모으기도 했다. 1958년에 시작한 영어번역판은 전체 네 권 중 세 권이 나온 상태이고 마지막 번역을 하는 중이라 한다.

인도와 중앙아시아의 역사가 담긴 현장의 『대당서역기』

『대당서역기』는 당나라의 불교승려 현장이 18년 동안 서역을 여행하고 난 뒤 쓴 기행문이다. 여기서 '서역'은 인도뿐 아니라 페르시아제국과 이슬람제국까지 포함한다. 현장은 우리가 『서유기』에서 손오공과 함께 만난 바로 그 승려다.

그는 627년부터 645년까지 인도를 비롯해서 중앙아시아와 서남아시아 여러 곳을 여행했다. 현장은 중국에 있던 불경으로 공부를 하던 중 많은 의문이 생겨 직접 불교의 발상지인 인도로 가 제대로 된 경전을 보고 싶었다. 그런데 당시 나라에서는 서역으로 나가는 것을 금지했다. 중국에서 서역으로 나가는 마지막 문은 위먼관이었는데, 위먼관 출입을 금한 것이었다. 현장은 밤에 위먼관을 통해 몰래 탈출했다. 위먼관을 나선 현장은 사막에서 닷새 동안 물한 모금 마시지 못하는 죽을 고비를 넘기며 톈산북로로 향했다.

현장은 투루판에 있던 불교국가 고창국에서 설법을 강의하고 돌아올 때 들르기로 약속한 뒤 길을 떠났다. 그러나 18년이 지나 돌아올 때 들른 고창국은 이미 멸망해 폐허가 되고 난 뒤였다. 톈산산맥 북쪽을 따라 간 길에서 같이 간 열 명 중 서너 명과 말과 소가 얼어 죽는 시련을 겪기도 했고 인도에서 돌아오는 길에 불경을 가득 실은 코끼리가 물에 빠져 죽는 바람에 간신히 들고 온 귀중한 경전을 잃어버리는 뼈아픈 일을 겪기도 했다. 또 바다비단길보다 더 위험했던 오아시스비단길을 왕복한 현장은 두려운 마음으로 파미르고원을 넘기도 했다.

『대당서역기』를 쓴 현장.

이 책은 현장이 불러주고 그의 제자 변기가 받아적는 방식으로 646년 전체 12권으로 만들어졌다. 현장이 직접 방문한 나라는 인도 안에 있던 80여 개의 작은 나라 중 75개 나라를 포함해 모두 110개 나라였다고 한다. 그 나라들의 역사·문화·풍속·산업·언어·종교 등 거의 모든 분야에 대해 아주 정확하게 써놓았다. 그래서 고대와 중세의 인도·중앙아시아·서남아시아 사회를 연구하는 데 아주 귀중한 역사적 자료로 평가받는다.

또 현장은 『대당서역기』에 자신이 오갔던 오아시스비단길 주변의 나라뿐 아니라 길에 대해서도 자세히 설명해두어서 당시 오아시스비단길의 모습을 이해하는 데 많은 도움을 준다. 그래서 동양과 서양의 역사학계에서는 이 책의 귀중한 가치를 높이 인정한다. 비교적 일찍이라고 할 수 있는 1850년대부터 프랑스어·영어·일본어로 번역되어 역사 연구의 밑받침으로 삼고 있다.

제 4 장

비단길의 위대한 유산

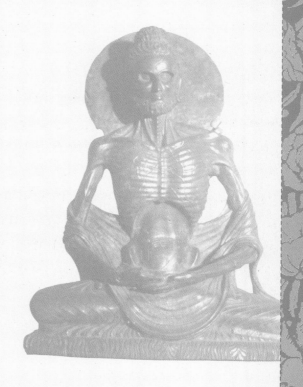

1. 동아시아에 퍼진 불교의 향기

1 | 불교의 탄생과 전파

불교와 고대 인도

불교는 기원전 600~500년 전 인도 북쪽에 있는 작은 왕국 카필라의 왕자 싯다르타가 깨우침을 얻은 후 그 가르침을 받은 제자들이 전승해 만든 종교다. 붓다*가 구도를 하던 당시 인도사회는 뒤에 힌두교로 발전한 브라만교가 민족종교로 자리 잡았고 카스트제도라는 계급제도와 종교에 대한 온갖 허례허식이 퍼져 있었다. 불교는 이런 계급적 차별과 브라만계급의 종교적 타락이 극에 달했던 당시 인도의 도덕적 요청으로 출발한 셈이다. 초기 불교는 종교라기보다는 진리를 탐구하는 철학에 더 가까웠다. 불교는 자신의 삶은 신의 영향을 받는 것이 아니라 자신이 행한 행위에 따라 그 결과를 당한다는 인과응보사상을 주장했다.

붓다가 입멸한 후 붓다의 가르침은 구송(口誦)되어오다 200년쯤 지나 경전으로 만들어졌다. 고대 인도는 양피지나 종이 등 기록하는 도구가 발달하지 않았을 뿐 아니라 언어를 문자로 기록하는

*부처라고도 한다. 붓다는 산스크리트어로 '깨달은 사람'이란 뜻이다.

전통도 없었다고 한다. 주로 암송으로 전승했다고 하는데 인도의 언어적인 특징과도 상관이 있는 듯하다. 사람이 외우는 것이기 때문에 그 정확성을 의심할 수 있지만 당시 인도에서 암송의 전통은 매우 정확했다고 한다. 붓다의 가르침도 이를 암송하던 제자들이 모여 법과 율을 편집했다고 하는데 이것이 전승되어 『팔리어 삼장』*이라는 최초의 경전이 되었다.

후에 중국의 승려들이 인도로 구법여행을 떠난 것은 이 『팔리어 삼장』을 구하기 위해서였다. 그래서 이 승려들을 삼장법사라 불렀다. 『서유기』에 나오는 삼장법사도 바로 이런 승려 중 하나다.

그런데 오늘날 불교가 발생한 인도의 국교는 힌두교다. 왜 불교는 인도에서 수용되지 못하고 동아시아 등으로 퍼져나갔을까?

*팔리어로 기록한 삼장 경전이다. 팔리어는 인도 북서부지방의 언어로 붓다의 경전을 이 언어로 기록했다. 인도의 고대언어인 산스크리트어의 영향도 받았을 것으로 추정한다.

길 떠나는 인도의 불교

인도에서 불교가 쇠퇴하게 된 데는 여러 원인이 있다. 계급적 차별을 강요하는 기존의 브라만교에 대항해 일어난 불교는 하층계급에 속한 사람들도 누구나 구원을 받아 붓다가 될 수 있다고 하여 많은 지지를 받았다. 이런 사상은 일반 민중들의 마음에는 깊이 닿았으나 지배계급에는 견제해야 할 위험한 사상이었다.

불교사상에 위협을 느낀 브라만교는 자기 개혁을 통해 4세기 초 굽타왕조 때에 힌두교로 거듭 태어나게 된다. 굽타왕조의 왕권 강화책과 맞아떨어진 힌두교의 등장은 불교 쇠퇴에 큰 영향을 미치게 되었다. 또한 불교 자체의 형이상학적 논의나 승단의 문제점 등으로 초기의 건강성을 잃고 대중들에게 외면을 받았으며 대중들은 점점 힌두교에 흡수되어갔다. 8세기에 인도를 순례한 승려 혜초가 "부처님이 열반에 드신 곳이나 성은 이미 황폐해져 아무도 살지 않는다"라고 한탄할 정도가 되었다.

그리고 10세기를 전후해 이슬람세력이 여러 번 침입했는데, 이 때 불교 최대의 대학인 날란다사와 많은 사원들이 파괴되었다. 인도의 불교는 점점 험난한 히말라야산맥이나 남인도로 밀려났고 이슬람이 인도를 정복한 13세기가 되면 그 존재조차 희미해져버렸다.

아소카왕과 불교의 전파

불교의 전파를 이야기할 때 아소카왕을 빼놓을 수 없다. 기원전 3세기 고대 인도의 마우리아왕조에 아소카왕이라는 전설적 왕이 있었다. 아소카왕은 인도 남쪽에 있는 타미르지역을 제외한 인도 전체에 통일제국을 건설했다.

그는 원래 잔인하기로 이름난 왕이었다. 칼링가라는 왕국을 정복하면서 그는 문득 죽은 병사들의 시체들을 보고는 양심의 가책을 뼈저리게 느껴 자비와 사랑이 넘치는 이상적인 국가를 건설하기 위해 노력했다고 한다. 인도의 철저한 계급제도인 카스트와 관

불교의 전파.

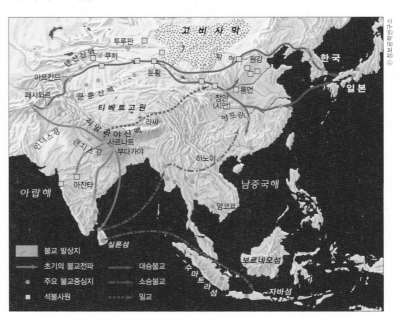

196

계없이 자비를 베풀었고, 여행자들을 위한 편의시설을 건설하는
등 사회복지정책과 불교를 보호하는 호불정책을 폈다.

아소카왕은 불교를 스리랑카와 미얀마 등으로 전파했는데 이
것을 남방불교라 한다. 또 중앙아시아·페르시아·시리아·이집
트·마케도니아·그리스 등 유라시아와 북아프리카 등 세 대륙의
여러 나라에 포교사절을 보냈다고도 전한다.

기원전 3세기 아소카왕의 스리랑카 포교를 기점으로 기원후 9세
기까지 실로 1,000년 동안 불교는 서아시아지역을 제외한 아시아
전역에 확산되었다.

2 | 중국으로 이어지는 불교비단길

인도에서 서역으로 올라온 불교

아소카왕 때 스리랑카로 전파된 것을 제외하고 불교는 인도 북
쪽을 비롯한 중앙아시아와 서아시아에 먼저 전파되었다. 앞의 지
도에서 살펴본 대로 페르시아는 서아시아에 전파된 불교의 모습을
보여주는 중요한 단서다. 페르시아를 비롯해 중앙아시아로 불교가
건너간 이 길을 '불교의 비단길'이라 부른다. 이 길을 따라 인도의
불교가 중앙아시아 오아시스도시국가들에 퍼졌고, 오아시스비단
길을 건너 중국으로 가서 드디어 동북아시아의 종교가 되었기 때
문이다.

불교가 가장 번성했던 지역은 인도 서북부인 오늘날의 파키스
탄 일대다. 이 지역은 인도, 중앙아시아, 이란으로 이어지는 교통
의 요지이기 때문에 일찍부터 교역과 교류가 활발했다. 특히 쿠샨
왕조 때에는 제2의 전성기라 할 만큼 발달했다. 쿠샨왕조는 인도에

침입한 유목민족 월지의 한 부족이 건설했는데, 인도 북부에서 아프가니스탄과 소그디아나, 타림분지의 오아시스도시국가까지 세력을 넓힌 강성한 왕조였다. 그 자신이 불교도이기도 한 카니슈카왕의 지원으로 불교는 완숙한 발전을 하게 된다. 여러 나라에서 유학 온 승려들로 넘쳤고 문학과 예술이 꽃을 피웠다. 간다라미술도 이 시대에 생겨났다. 7세기에 이곳에 왔던 승려 현장은 거대한 수도원과 탑이 있다고 기록했다. 이런 발전 덕분에 불교는 오아시스 비단길을 따라 중앙아시아와 오아시스도시국가에 널리 퍼졌다.

옥의 도시 허텐과 음악의 도시 쿠처 등 서역국가의 승려들은 당시 많은 경전들을 쿠처어나 허텐어 등 서역어로 번역하기도 했다. 서역국가들에는 불경을 많이 연구하고 덕이 높은 승려들이 많았다. 이들 중에는 후에 중국으로 불교를 전파하는 데 앞장선 사람들도 많았다. 도시국가들에는 많은 사원들이 건립되었고 승려만도 수천 명에 달한다고 현장은 『대당서역기』에 기록했다. 서역국가들에는 저마다의 민간신앙이나 마니교, 조로아스터교 등 여러 종교가 있었지만 불교는 대표적인 종교가 되었다.

세계 여러 나라에서 모여든 상인이나 여행가는 불교사원을 짓는 데 보시했으며 그들의 안전을 기원하는 기도를 올리기도 했다. 승려들은 이곳을 찾는 대상들에게 설법을 했을 것이며 이들은 자기가 들은 말씀을 가는 곳마다 전했을 것이다. 타림분지 오아시스에 만들어진 석굴 벽화에서는 고구려인의 모습도 찾아볼 수 있다. 고구려인들 역시 불교의 말씀을 가지고 돌아갔다. 그래서 국가에서 불교를 인정하기 전부터 자연스럽게 사람들 사이에서는 붓다의 말씀이 자리 잡았으리라 짐작해볼 수 있다. 요즘으로 보면 아주 작은 도시에 불과한 오아시스도시들이지만 국적과 민족을 초월해 세계적인 문화가 모여든 것이다. 지금도 남아 있는 미술품들은 그때의 모습을 잘 전하고 있다. 불교는 봄밤에 가득한 꽃향기처럼 서역의 도시들에 온갖 불교문화와 예술의 빛을 가득 채워 넣었다.

이제 불교는 타림분지를 넘어 중국으로 건너간다. 그때까지는 비단길을 통해 인도에서 중국으로 갔지만, 그 이후부터는 인도로 가는 사람들로 넘치게 되었다. 4세기에서 8세기까지 중국에서 인도로 경전을 구하거나 성지를 순례하러 간 승려들만 해도 약 1,000명에 달한다고 했다. 우리가 잘 아는 법현·현장·혜초 같은 승려들도 이 불교비단길을 닦는 데 이바지했다. 지금 이곳은 그 옛날 불교가 번성했을 것이라고는 믿기 어려울 정도로 이슬람의 땅이 되어버렸다. 어떻게 중국 안에 이슬람을 믿는 민족이 사는지 좀 의아할 수도 있지만 비단길의 역사를 조금만 안다면 더 이상 이상한 일이 아니다. 불교의 전래가 모래바다 속 오아시스에 얼마나 큰 파도였는지는 발굴된 엄청난 유적이 증명하고 있다. 1800년대 말부터 1930년대까지 이루어진 대대적인 발굴은 당시 불교가 어떻게 동쪽으로 전파되었는지를 생생히 말해준다.

중국에 전해진 불교, 중국문화를 꽃피우다

서역의 불교가 중국으로 전파된 초기에 만나는 흥미로운 이야기가 있다.

페르시아의 파르티아왕조에 한 왕자가 있었다. 불교에 깊이 빠졌던 그는 왕위를 작은아버지에게 넘겨주고 승려가 되어 경전 공부에 몰두했다. 그는 147년 후한시대 중국으로 건너와 경전의 번역을 하기 시작했다. 중국의 기록에서는 그를 '안세고'라고 부른다. 파르티아를 중국에서는 안식이라 불렀기 때문에 페르시아인의 성을 안씨라고 불렀던 것이다. 그 후에도 페르시아 출신의 안현이라는 유명한 경전 번역자가 있었다. 혹시 주변에 안씨 성을 가진 친구가 있다면 그는 페르시아인의 후손일지도 모른다.

그리고 앞에서 보았던 서역국가들의 이름 높은 승려들이 불교를 전파하기 위해 중국으로 왔다. 승려들은 경전을 적극적으로 중국어로 번역했다. 또 중국승려들이 인도로 직접 가서 구해온 경전들을 번역하기도 한다.

불교는 각지로 전파되면서 경전의 번역작업이 활발하게 이루어졌고 각 지역의 전통사상과 결합되어 새로운 경전이 활발하게 편찬되었다는 점 등이 전파과정에 나타난 타 종교와 다른 특징이다. 불교의 전파에서 붓다의 가르침이 담긴 경전의 번역은 가장 핵심적인 사업이었고 번역된 경전을 역경(譯經)이라고 부른다.

불경을 번역하기 위해서 중국의 승려들은 인도의 산스크리트어를 배우려 안간힘을 쏟았고 서역의 승려들은 한자를 배우기 위해 무척 애를 썼다고 한다. 지금처럼 외국어를 체계적으로 배울 수 있는 시대도 아니었는데 어떻게 공부했는지 경이롭기까지 하다.

산문적이고 철학적인 산스크리트어가 운문적이고 단음절인 한자의 경전이 된다는 것은 단지 번역의 의미를 뛰어넘는 문명의 충격이었다. 언어는 그것을 사용하는 사람들의 사상과 문화를 반영하기 때문이다. 불경의 번역작업이야말로 힌두문명과 한자문명이 만나 불꽃을 일으키며 새로운 문명을 만드는 과정이었던 셈이다.

불교가 중국으로 전파된 데는 서역의 승려도 기여했지만 새로운 종교가 필요했던 중국 내의 사정도 큰 몫을 했다.

당시 유교문화로 대표되는 중국과 동아시아에서는 정치의 윤리와 인간의 도덕을 지나치게 강조하는 유교에 무언가 부족함을 느꼈다. 유교는 우주를 온전히 이해하고 설명하는 데 부족함이 많았다. 더욱이 어지러운 현실에서 고통받는 민중들에게 내세적 구원을 설파하는 불교는 큰 호소력을 갖고 있었다.

불교를 꽃피운 당나라가 멸망하고 난 뒤 송나라 때가 되면 불교에 대한 비판으로 유교가 새롭게 부흥했다. 대표적 학자가 주희다. 그가 새로 정립한 유학을 성리학이라 부르는데, 주희의 유교사상이라는 뜻으로 주자학이라고도 부른다. 그는 공자와 맹자 시대의 유학에 부족하다고 생각한 부분을 불교사상에서 많이 받아들였다. '주희 버전으로 업그레이드된 유학'이라고 할 수 있다. 조선시대의 성리학도 그런 맥락에 있다.

그만큼 불교의 교리에는 귀가 번쩍 열릴 만큼 호소력이 있었다. 중국의 수나라와 당나라, 그리고 우리나라 삼국시대와 통일신라시대가 되면 불교는 사람들의 의식을 지배하기에 이른다. 당시의 불교문화는 건축물과 석굴, 조각 등 그 절정에 이른다. 장안이나 경주 같은 곳이 대표적인데, 장안이나 경주는 개방을 최고의 덕목으로 삼으면서 밖에서 들어오는 다양한 문화를 스펀지처럼 빨아들였다. 그러고선 자기의 문화로 다시 창조해내는 데 부족함이 없었고 자신감이 넘쳐흘렀다. 이 시대 불교문화는 인류가 함께 자랑스러워 할 많은 문화유산을 남기기도 했다.

수나라와 당나라 때의 통치자들은 불교를 발전시키기에 힘썼고 백성들이 마음대로 출가해서 승려가 될 수 있게 했다. 그러니 승려가 되는 사람이 끊이지 않아 군대에 가지 않고 세금도 내지 않는 사람이 수십만 명에 이르렀다. 사찰의 토지는 날로 증가해 나라의 살림살이를 어렵게 하는 부작용이 생길 정도였다. 그래서 당나라의 무종은 845년 26만 5000명의 승려를 강제로 환속시켜 생산활동을 하게 해서 세금을 물렸고 금동불상을 녹여 화폐를 만드는 등 불교를 탄압하기까지 했다.

한 시대를 흔들던 세계제국 당나라의 몰락과 함께 불교도 그 빛을 잃게 되었다. 공교롭게도 이 시기의 불교비단길도 찬란했던 불교의 빛을 잃게 되었다. 중앙아시아의 여러 민족들 대부분이 무슬림이 되었기 때문이다. 그렇지만 불교의 전파가 중앙아시아의 문화수준을 한 단계 끌어올렸음은 분명한 사실이다.

불교는 비단길을 따라 전파되는 동안 종교의 이름으로 전쟁을 벌이거나 개종을 강요한 적이 없다. 오히려 그 나라와 민족의 고유한 전통사상과 조화롭게 결합하는 높은 적응력을 보였다. 특히 계급적 속박에 묶인 민중들에게 평등의 사상을 심어주기도 했다.

이런 평화로운 전파과정과 심오한 사상의 품격은 많은 사람의 지지를 받았다. 물질문명의 폐해가 퍼져 있는 현대에 와서 불교는 하나의 사상적 대안으로 많은 관심을 받고 있다.

불교 전파의 의의

인도에서 발생한 불교는 중앙아시아를 거쳐 중국과 한국, 일본, 그리고 티베트와 동남아시아로 퍼진 종교다. 특히 불교의 전파는 유교문명으로 대표되는 중국문명을 송두리째 뒤흔든 큰 사건이었으며 이후 동아시아를 불교문화로 바꾼 큰 의미를 가진 교류였다. 불교의 전파가 가져온 인도문명과 중국문명의 만남은 콜럼버스가 아메리카에 도착한 것과 비교할 만한 세계사적 사건이라고 말하기도 한다. 바로 옆에서 나란히 높은 수준의 문명을 이루고 있었음에도 히말라야산맥과 파미르고원이 막아서 만나지 못했던 인도문명과 중국문명, 너무나도 이질적이었던 두 문명이 만나게 된 것은 비단길이 인류의 정신문명에 끼친 가장 큰 이바지라고 할 수 있다.

2. 알라의 빛으로 비단길을 비추다

1 │ 이슬람교의 특징

무함마드와 이슬람교의 등장

아라비아반도에는 사막의 유목민과 오아시스의 정착민들이 함께 살았다. 유목민들은 집단적이고 느슨한 부족생활을 유지한 반면 정착민들 사이에는 새로운 변화가 꿈틀거리기 시작했다. 하지만 대부분의 아랍인들은 여전히 오래된 우상숭배를 유지하며 부족마다 고유한 신을 모셨고 원시적인 풍습에서 벗어나지 못하고 있었다.

6세기 중엽 이슬람교의 선지자 무함마드*가 태어날 당시 아랍에는 새로운 변혁의 물결이 일었다. 동쪽의 사산왕조페르시아와 서쪽의 비잔틴제국이 오랫동안 대결하면서 육지를 통한 교역이 막히자 아라비아반도 서해안의 홍해 일대가 새로운 교역길로 떠올랐다. 대상들이 지나가는 길을 따라 서해안 일대에 메카나 메디나 등 새로운 상업도시도 번창했다. 상업을 통한 경제활동이 활발해지자 전통적인 부족질서도 무너지고 부족끼리의 이익 쟁탈전도 극심해

*마호메트는 무함마드를 영어식으로 적은 것이다.

졌다. 부유한 지배층과 상인귀족이 생긴 반면 무지몽매하고 가난한 민중들은 여전히 고통과 불평등에 시달렸다.

이런 상황에서 무함마드가 오랜 수행정진을 통해 알라*의 뜻을 깨치고 이슬람교를 선포했다. 무함마드는 원시적인 우상숭배나 미개한 풍습을 뿌리 뽑고 유일신 알라를 믿도록 종교를 개혁했다. 그는 차별과 모순에 가득 찬 사회를 비판하고 누구나 알라를 통해 구원받을 수 있다는 정의와 평등사상을 외쳤다. 신 앞의 평등을 내세우는 무함마드를 메카의 지배층들은 심하게 박해했고 이를 피해 622년 무함마드는 70여 명의 추종자들을 이끌고 메카를 떠나 메디나로 옮겼다. 이 사건을 '위대한 이주'란 뜻의 헤지라(히즈라)라고 부른다. 헤지라가 있던 서기 622년 7월 15일은 이슬람력으로 원년이 되어 첫해 1월 1일이 되었다. 그래서 이슬람력은 태음력에 기초하고 있지만 일반 태음력과 조금 다르다. 무함마드는 메디나에서 최초의 이슬람공동체를 만들고 정치적·종교적·군사적 활동을 펼치기 시작했다. 631년 메카를 피 한 방울 흘리지 않고 되찾은 무함마드는 아라비아반도 전체를 이슬람교의 깃발 아래 통일했다. 드디어 이슬람교는 세계로 전파될 종교적·정치적 기틀을 마련했고 이는 앞으로 세계사에 불어닥칠 이슬람의 대폭풍을 예고했다.

 잠깐잠깐

기원전과 기원후, 어떻게 정했을까?

기원전(B.C.)이라는 말은 'Before Christ'를 줄인 말로 그리스도의 탄생 이전 시기를 가리킨다. 6세기에 유럽의 한 신학자가 교황의 명을 받아 책을 저술하면서 연대를 설정할 때, 그리스도 탄생 시기를 기준해로 삼은 데서 기원했다고 한다.

기원후(A.D.)는 라틴어 'Anno Domini'를 줄인 말로 '그리스도의 해'라는 뜻이다. 그리스도 탄생 이후의 연대를 의미하며 '서기(西紀)'라고도 읽는다. 기원전으로 표시하면 기준이 되는 해부터 거슬러 가기 때문에 숫자가 높을수록 더 오래된 사건이 되지만 기원후로 표시하면 숫자가 높을수록 최근 사건이 된다.

한편 이슬람은 선지자 무함마드가 메카에서 메디나로 이주해간 서기 622년을 이슬람력의 첫 해로 삼았다. 무슬림은 A.H.로 연대를 표시한다. A.H.는 위대한 이주를 뜻하는 헤지라(al-Hegira)를 의미한다. 이슬람력은 음력을 기준으로 하기 때문에 1년은 365일이 아닌 354일이며, 기원후 2000년은 이슬람력으로 1421년이 된다고 한다.

『꾸란』과 무슬림

아랍어로 '이슬람'*은 순종과 평화를 의미하며, 이슬람교를 믿는 '무슬림'은 복종자를 뜻한다. 알라에 대한 절대적인 복종을 통해 진정한 평화에 이른다는 의미다. 그런데 어떤 이들은 이슬람교가 갖고 있는 순종과 평화의 이념은 무시한 채 "한 손에는 『꾸란』, 다른 손에는 칼"*이라는 구호를 덮어씌워 마치 이슬람교는 폭력과 전쟁을 일삼는 종교인 양 비난하곤 한다. 심지어 그 구호가 『꾸란』에서 나왔다는 근거 없는 주장까지 퍼뜨렸다.

하지만 이슬람교는 신앙을 '칼'로 강요한 적이 없으며 『꾸란』에도 "종교에는 강제가 있을 수 없다"며 신앙의 자유를 강조했다. 무함마드 사후 유라시아 일대에 광범위한 정복전쟁이 일어났지만 원주민들은 종교적인 박해나 개종을 강요하지 않는 관대한 아랍인들을 오히려 환영하기까지 했다.

『꾸란』은 알라의 말씀을 집대성한 이슬람교의 경전이다. 알라가 약 20년간 무함마드에게 천사 가브리엘을 통해 내린 계시를 그대로 기록한 책이다. 그래서 무슬림들은 『꾸란』에 담긴 한 구절 한 구절이 모두 절대적이고 완전한 신의 말씀이라고 여긴다. 『꾸란』은 인간이 만들어낸 것이 아니라 절대신의 언어로 만들어진 기적

* 이슬람교를 동양에서는 '회교'로 서양에서는 '마호메트교'라고 부르곤 하는데 이는 적절치 않다. 『꾸란』에는 종교의 고유이념인 순종과 평화의 뜻이 담긴 '이슬람(교)'으로 불러야 한다고 규정되어 있다.

* 이 말은 스콜라철학의 대부인 토마스 아퀴나스가 처음 말한 것으로 알려져 있다. 그는 13세기 중엽 십자군이 이슬람 원정에서 최후의 패배를 당하던 시절에 활동한 신학자로 이 말은 이슬람의 평화주의를 근본적으로 뒤흔드는 구호로 오랫동안 사용되었다.

예루살렘에 지어진 최초의
이슬람사원 '반석 위의 돔'과
신전 서쪽 벽인 '통곡의 벽'.

이라고 본다. 그래서 무슬림은 『꾸란』을 매일 암송하고 그대로 따른다.

근대 이전에 『꾸란』은 아랍어 외의 다른 언어로 번역하는 것조차 금지되었다. 다른 나라에 전파될 때에도 반드시 『꾸란』은 아랍어로 읽혀야 했다. 중국의 인쇄술이 이슬람에 들어왔을 때에도 『꾸란』만은 반드시 손으로 베껴 썼다. 신의 말씀을 기계로 찍는 것 자체가 일종의 신성모독이라고 여긴 것이다. 세계 각지로 퍼지면서 지역에 따라 다양한 모습을 띠게 되었지만 이슬람교는 여전히

『꾸란』이라는 절대기준으로 통일되어 있다.

『꾸란』에는 무슬림이 지켜야 할 종교적
인 신앙과 의무가 명시되어 있다. 여섯 가
지의 믿음과 다섯 가지의 임무를 무슬림이
라면 누구나 믿고 실천해야 한다. 또 무슬
림에게는 '지하드'라는 특별한 임무도 부여
된다. 지하드는 신앙을 갈고 닦는 개인적인
노력과 이슬람을 지키기 위한 집단적 투쟁

손으로 필사한 『꾸란』.

까지 포함한다. 그러므로 지하드는 개인이나 집단이 이슬람을 지
키고 발전시키기 위한 치열한 임무다. 그런데 이슬람교의 폭력
적·호전적 성격이 지하드에서 드러난다며 무슬림을 비난하는 사
람들이 많다. 그것은 서구 중심의 눈으로 이슬람을 일방적으로 평
가하는 태도일 뿐이다.

종교를 넘어선 종교

이슬람교는 단순한 신앙이 아니라 사회 전체를 이끌어가는 근
본적인 힘이다. 이슬람사회는 정치·경제·사회·문화 등 모든 분
야가 이슬람교로 얽혀 있고 그래서 정치와 종교가 하나로 융합된
정교일치사회라고 흔히 말한다.

종교는 보통 정신영역을 다룬다지만 이슬람교는 좀 다르다. 현
실과 내세, 육체와 정신을 똑같이 중시한다. 『꾸란』에는 무역 거
래, 재산문제, 노예해방, 혼인문제 등 각종 사회문제의 해결책이
구체적으로 나와 있다. 『꾸란』 2장에는 "돈을 꾸거나 빌려줄 때는
기록을 하고 매매계약을 할 때는 증인을 세우며 기록인과 증인에
게 강제해서는 안 된다"라고 씌어 있다. 이런 구체적인 경제활동
지침을 보면 이슬람교가 그저 정신적인 종교로 머무르지 않는다는

점을 분명히 알 수 있다. 아랍상인이 뛰어난 장삿술로 바다비단길을 제패한 것도 바로 『꾸란』에서 제시한 구체적인 방법론 덕분인지 모르겠다.

이슬람공동체인 움마의 강한 결속력은 매우 인상적이다. 그래서 이슬람교의 위력은 『꾸란』에서뿐 아니라 무슬림들의 생활공동체에서 나온다고 한다. 그들은 태어나서 죽을 때까지 이슬람율법에 따라 하나로 묶여 있기 때문에 서로를 형제자매로 생각하며 끈끈한 공동체적 관계를 유지했다. 오늘날도 무슬림들은 세계 어디를 가나 짙은 형제애로 결속력을 발휘한다. 14세기의 유명한 여행가 이븐 바투타가 약 30년 동안 홀로 세 대륙 각지를 탐험하고 무사히 돌아올 수 있던 것도 바로 이러한 이슬람의 형제애 덕분이었다.

2 | 아라비아반도를 넘어 세계로

들불처럼 번진 이슬람교

불교·기독교·이슬람교는 600여 년이라는 시간 차이를 두고 등장했다. 기원전 6세기경에 등장한 불교, 기원후 6세기경에 등장한 이슬람교, 그 한가운데 예수의 탄생을 기원으로 등장한 기독교, 이렇게 세계 3대 종교가 출현했다.

이슬람교는 가장 늦게 출현했지만 가장 빠르게 퍼져나간 종교다. 이슬람교는 출현한 지 겨우 100여 년 사이에 세 대륙으로 뻗어나갔다. 동쪽으로는 중앙아시아의 트란속사니아지역과 인도의 인더스강 유역까지, 서쪽으로는 에스파냐 일대인 이베리아반도와 북부 아프리카에 이르기까지 엄청난 속도로 광활한 지역에 이슬람교의 바람을 불러일으켰다.

불교는 발생한 지 300년이 지난 아소카왕 시대에 이르러서야 처음으로 다른 지역에 포교단을 보냈다. 기독교는 출현한 지 100년이 지나서야 동방기독교의 거점을 마련했고 그때부터 300년 후에 동방기독교인 경교는 동쪽으로 전파되었고, 서로마제국은 서쪽으로 기독교를 전파했다. 이슬람교는 이슬람군의 신속하고도 광범위한 정복활동에 힘입어 단기간에 세계 곳곳에서 『꾸란』을 읽는 소리가 울려 퍼지게 되었다.

이슬람교에는 승려·목사·신부 같은 성직자계급이 존재하지 않는다. 이슬람교에서는 인간과 알라 사이에는 어떤 것도 개입되지 않아야 한다고 보기 때문에 인간과 신을 매개하는 성직자가 필요 없다. 예배를 인도하는 이맘이 있긴 하지만, 무슬림이라면 누구나 이맘이 될 수 있다. 그래서 평범한 상인들이나 여행자들이 가는 곳마다 스스로 설교하며 이슬람사원을 세우고 교단을 꾸려가곤 했다. 특히 상인들의 활약은 이슬람교 전파에 절대적인 공헌을 했다. 일반 무슬림들은 지하드를 통해 항상 포교의 임무를 띠며 실제로 이들의 부지런한 활약으로 이슬람교는 세계적인 종교가 되었다.

급속한 전파의 배경

당시의 국제상황도 이슬람세력이 그토록 짧은 기간에 세계를 제패할 수 있도록 도와주었다. 사산왕조페르시아와 비잔틴제국이 602년부터 628년까지 장기간의 싸움으로 서로 지쳐 허덕일 때 이슬람세력이 일어난 것이다. 즉 이슬람제국이 삽시간에 유라시아 일대를 주름잡기에 매우 유리한 국제상황이었다. 226년부터 651년까지 약 400년간 서아시아와 중앙아시아 대부분을 통치했던 사산왕조페르시아는 이슬람세력에 멸망하고 그 자리를 모두 내놓았다. 페르시아제국이나 비잔틴제국 아래에서 과중한 부담을 안고

이슬람세력의 확대.

지도에 표시된 지명들:
프랑크왕국 / 코르도바 / 탕헤르 / 트리폴리 / 지중해 / 흑해 / 콘스탄티노플 / 비잔탄 제국 / 카이로 / 메디나 / 메카 / 홍해 / 카스피해 / 아랄해 / 네이샤부르 / 네하벤드 / 바그다드 / 사마르칸트 / 물탄 / 페르시아 만 / 아라비아해 / 탈라스 강 / 당나라 / 탈라스강전투에서 당나라에 승리(751) / 네하벤드전투에서 사산왕조페르시아에 승리(642) / 헤지라(622) / 이슬람제국의 발전 방향

힘겹게 살아가던 사람들은 새로 등장한 이슬람세력을 오히려 반기기도 했다.

이슬람의 관용적인 태도는 이슬람교를 비난하는 사람들조차 인정하는 면이다. 이슬람제국은 세계 각지를 정복한 뒤 이슬람교를 믿으면 세금을 면제해주었고 믿지 않더라도 세금만 내면 억지로 개종을 강요하지 않았다. 세금도 종전보다 적은 인두세*를 부과해 피정복민들의 부담을 줄였고 이런 과정에서 자연스레 이슬람교에 대한 호감을 이끌어냈다. 게다가 정복지의 고유한 문화와 풍습을 존중했기 때문에 커다란 저항이나 반발에 부딪히지 않고 짧은 시일 내에 거대한 제국을 이룰 수 있었다. 그리하여 포교를 전담하는 성직자도 없고 개종을 강요하지도 않았지만 이슬람교는 꾸준히 세계로 확대되고 원만히 굴러갈 수 있었다.

*신분이나 성(性), 소득 등에 관계없이 성인에게 똑같이 부과된 조세다.

시대를 나눠본 전파과정

첫째, 초기 전파기는 622년 메디나로 옮긴 뒤부터 무함마드 사후 정통칼리프* 시대까지 약 40년간을 말한다. 이때 무함마드는 이슬람교의 기본 교리를 정립하고 이슬람공동체를 건설해 강한 결속

*칼리프란 종교적 최고 권력자이며 정치적·군사적 지배자다. 무함마드의 후계자인데, 백성들이 선출한 그는 이슬람사회를 이끌어간다. 우마이야왕조부터 세습제로 바뀌었다.

력으로 이슬람교를 확산할 수 있는 기틀을 마련했다. 정통칼리프 시대에는 이슬람교가 처음으로 아라비아반도 밖으로 알려지기 시작했다. 군사적 활동기간이 짧아 이슬람교가 각지에 뿌리내릴 상황은 아니었지만 군대를 통해 이슬람교를 접한 이방인들이 점차 이슬람교에 귀의하게 되었다.

둘째, 우마이야왕조 시절부터 아바스왕조의 멸망까지 약 600년 동안은 이슬람교가 세계적인 종교로 발돋움하면서 이슬람문명권이 형성되는 시기였다. 중앙집권적 통일제국이 출현해 동서 양방향으로 군사적 정복활동을 강화하면서 유라시아와 아프리카의 광활한 지역에 이슬람교가 전파되었다. 8세기 전반 이슬람제국의 지배영역은 중앙아시아의 시르다리야강과 인도의 인더스강에서 북아프리카의 모로코와 유럽의 이베리아반도까지 크게 확대되었다. 이를 기반으로 세계적인 이슬람문명권이 이룩되었다. 우마이야왕조가 차지한 광활한 정복지를 물려받은 아바스왕조는 8~9세기에 이슬람제국의 황금기를 이루며 이슬람문명권을 완성했다.

셋째, 아바스왕조가 1258년 몽골의 침입으로 멸망한 뒤 이슬람세계는 분열됐으나 오히려 이슬람교는 더욱더 확산되었다. 몽골은 여러 분야에 무슬림들을 기용해 대제국 건설에 활용했고 중국에는 회교라는 이름으로 이슬람교가 완전히 정착했다. 티무르제국과 오스만투르크제국은 몽골의 침입으로 잠시 위축되었던 이슬람문명을 다시 부활시켰다. 오스만투르크제국은 약 700년간 이슬람문명의 중심이 되어 이슬람세계를 확산하고 이끌어나갔다.

세계 각지에 휘날린 이슬람문명

이슬람제국은 8세기 초부터 15세기 말까지 여러 왕조를 거치며 약 800년간 유럽의 이베리아반도 일대를 지배했다. 이슬람제국은

수십 개의 탑과 사원, 감옥 등이 있던 알람브라궁전.

총독을 파견하거나 직접 왕조를 세워 그 일대를 오래도록 지배했다. 후기우마이야왕조는 이 지역에 전형적인 이슬람제국을 건설하고 화려한 이슬람문화를 꽃피웠다. 이베리아반도 내의 이슬람 지배지역을 안달루스라고 하는데 안달루스는 이슬람문명의 중심지 중 하나다. 원주민의 토착문화에 기독교문명이 더해지고 이슬람문명이 이들을 모두 흡수하면서 새로운 복합문명인 안달루스문화가 탄생했다. 후기우마이야왕조의 수도인 코르도바는 전성기 때 콘스탄티노플, 바그다드와 더불어 세계 3대 도시의 하나로 부상했다. 1600여 개의 사원과 70여 개의 도서관, 화려한 궁전이 즐비한 코르도바는 안달루스문화의 노른자였다. 무슬림의 경제 운영방식도 그대로 도입되었고 아랍어는 유일한 공용어로 사용되었다. 학문과 예술, 건축 분야에서도 수준 높은 이슬람문화를 일으켜 오늘날까지도 그 찬란한 모습이 남아 있다. 안달루스문화는 '유럽 속에 피어난 화려한 이슬람의 꽃'인 셈이다. 이를 통해 우리는 이슬람문명이 유럽문명에 미친 영향을 실감할 수 있다. 언젠가 에스파냐를 여행한다면 기독교문명의 한가운데서 아직도 당당하게 이슬람의 향기를 뿜어내는 코르도바사원이나 알람브라궁전을 만나보라. 한때 유럽문명을 발 아래 두었던 이슬람의 저력을 확인할 수 있을 것이다.

이슬람교는 동아시아지역에도 일찍이 전파되었다. 8세기 초에 인도에 도착한 이슬람군은 그 후 계속 인도를 공략해 13세기부터 약 650년간 연이어 5대의 인도이슬람왕조를 세웠다. 12세기 말 투르크족 노예 출신들이 아프가니스탄에서 델리지방으로 진출해 최초의 인도이슬람왕조를 세운 이래 5대 무굴제국에 이르기까지 인도는 깊숙이 이슬람화되었다. 무굴제국은 힌두교와 이슬람교가 결합된 왕조로 인도이슬람왕조 역사상 최대제국을 이룬 '영광'으로 손꼽힌다. 일찍이 세상을 떠난 왕비를 그리워하며 무굴제국의 왕 샤자한이 세웠다는 타지마할은 힌두이슬람양식의 대표적인 유적으로 남아 있다.

이슬람교가 중국에 전래된 것은 당나라 태종 시절이다. 안사의 난이 발생하자 당나라 숙종은 아바스왕조의 칼리프 알 만수르에게 구원병을 요청했고 이슬람은 이를 받아들여 군인 2만여 명을 파견해 당나라를 도왔다. 그때 갔던 이슬람 군인들 중 일부가 귀국하지 않고 중국에 남아 오늘날 중국 무슬림의 선조가 되었다. 오늘날에도 중국의 무슬림들은 서북쪽 일대인 닝샤후이족자치구와 간쑤성 일대에서 소수민족공동체를 이루어 살고 있다.

동남아시아 일대에는 아바스왕조 때 이슬람교가 전파되었다. 무슬림상인들이 중국을 왕래할 때 동남아지역을 거쳤는데 이때 이슬람교가 전파된 것이다. 13세기 말 수마트라섬의 일부 주민들이

사자한 시대 건축의 꽃인 타
지마할.

이슬람교를 신봉했고 15세기 초 말레이반도의 말라카왕국이 이슬
람교를 국교로 삼았다. 말라카왕국은 동남아 일대의 거점이 되어
이웃 국가들을 속속 이슬람화시켰다. 15세기 말부터 약 1세기 동
안에 말레이반도에서 필리핀에 이르는 동남아국가들이 속속 이슬
람교를 공식적으로 인정하게 된다.

　아프리카지역에도 무슬림상인들이 활약하면서 이슬람교가 퍼
졌다. 오늘날 그 어느 지역보다도 이슬람이 발달한 아프리카는 일
찍이 이슬람제국이 북아프리카를 이슬람화한 이래 동부와 서부 아
프리카 일대에도 이슬람교가 전파되었다. 무슬림상인들이 9세기부

터 동아프리카의 소말리아반도를 거점으로 여러 곳에 무역도시를 건설하고 포교에 적극 나섰다. 서아프리카에서도 11세기부터 북아프리카 무슬림상인들이 내려와 여러 지역에 이슬람교를 전파했고 18세기 초에는 이슬람이 적도 아프리카 일대까지 확산되었다.

한 배를 타고 가는 종교와 문명

이슬람교가 세계적인 종교로 확산됨에 따라 거대한 지역을 아우르는 이슬람문명권이 형성되었다. 이슬람세계는 여러 나라의 다양한 문화를 받아들이고 이를 새롭게 발전시켜 한층 수준 높은 이슬람문명을 창조했다. 이슬람문명은 중세 유럽의 침체된 역사를 대신해 특유의 중세문화를 꽃피우며 고대문명과 근대문명을 이어주었다. 토인비 같은 학자는 이미 1,400여 년 동안이나 인류의 삶을 지탱해왔고 갈수록 영향력이 확대되는 이슬람문명을 지구상에서 가장 역동적인 문명이라고 평가하기도 했다. 오늘날 이슬람문명권에 속한 무슬림은 세계인구의 5분의 1 정도인 약 13억 명이며 세계 140여 나라에 흩어져 산다.

3. 기독교, 동방으로 간 까닭은?

서아시아의 팔레스타인에서 생겨난 기독교는 당시 로마제국이 믿던 여러 신과 로마황제에 대한 숭배를 거부해 로마제국 내에서 무수한 박해를 받았다.

64년 황제 네로의 박해를 비롯해 수차례 박해를 받았지만 예루살렘·로마·안티오크·콘스탄티노플·알렉산드리아·에데사* 등을 중심으로 기독교도의 수는 늘어갔다. 4세기 들어 로마제국의 콘스탄티누스 1세가 기독교를 공인하고 후에 기독교가 로마제국의 국교로 선포되면서 기독교는 크게 발전하기 시작한다.

하지만 기독교의 역사를 갈등의 역사라고 볼 정도로 기독교 내에서는 끊임없이 교리 해석을 놓고 혹은 정치적 입장 차이 등으로 대립과 파당이 생겼다. 그중 일부는 이단으로 몰려 쫓겨나기도 하고 스스로 독립해 새로운 교파를 세우기도 했다.

이처럼 서로 다른 역사적·지리적·문화적 배경 그리고 교리 해석의 차이로 기독교는 서방기독교와 동방기독교라는 두 개의 큰 흐름으로 갈라진다.

그 후에도 동방기독교와 서방기독교는 교권을 둘러싸고 오랫

* 오늘날의 터키 동남부에 있는 우르파. 예로부터 교통의 요충으로 로마제국과 페르시아의 전투 때는 자주 뺏고 뺏기는 곳이었다.

동안 대립과 갈등을 빚었다. 동방에 있는 교회가 서방 로마교황의 절대권을 인정하지 않았기 때문이다. 결국 동방교회와 서방교회는 1054년 하기아 소피아에서 서로가 서로를 파문하면서 영영 갈라서게 된다. 결별 후 기독교는 오늘날까지 로마가톨릭·프로테스탄트교회 등의 서방기독교권과 동방정교회·동방독립교회 등 동방기독교권으로 나뉘어 그 맥을 이어온다.

기독교가 서방에 전해지던 초기에는 박해와 순교의 어려움을 겪었지만 짧은 기간에 서구 문명의 바탕으로 자리한 반면 동방으로 전해지기까지는 우여곡절을 겪었다. 이단으로 몰려 동방으로 온 고대기독교는 비단길을 통해 '경교'라는 이름으로 페르시아, 중앙아시아를 거쳐 중국까지 교세를 확장했고 1,000년의 세월 동안 끈질긴 생명력을 보여주었다.

비단길을 거쳐 기독교가 어떻게 동쪽으로 전해졌는지 그리고 기독교를 통해 어떤 만남을 가졌는지 살펴보자.

1 | 동방기독교, 비단길을 나서다

비단길을 통해 중앙아시아나 중국에 전해진 종교는 불교만이 아니었다.

3세기 페르시아에서 태동한 마니교를 비롯해 조로아스터교·이슬람교·기독교 등도 동쪽으로 전해졌다. 이때의 기독교는 동서로 갈라지기 전의 초기기독교를 말한다.

5세기 무렵 예수가 신성(神性)과 인성(人性)을 모두 가진다고 믿는 기독교 교파가 생겨났다. 콘스탄티노플의 교부 네스토리우스라는 사람이 이런 견해를 주장했는데 그의 이름을 따서 그 교파를

*아시아의 서쪽 끝에 있는
흑해·에게해·지중해에 둘
러싸인 반도. 터키의 대부
분을 차지하며, 예로부터
아시아와 유럽을 잇는 중요
한 통로였다. 프리기아라고
도 한다.

네스토리우스파라고 부른다. 네스토리우스파는 431년 소아시아*
의 옛 도시인 에페소스에서 열린 공의회에서 예수는 신성만 가진
다고 주장하는 신도들에게 이단으로 파문되어 로마제국의 영내에
서 추방된다. 이미 2~3세기 무렵 로마제국의 박해를 피해 메소포
타미아지방으로 이주한 기독교도들과 이단으로 몰려 로마 영내에
서 추방된 네스토리우스파 교도들은 페르시아 영내에서 새로운 터
전을 마련했다. 그들은 열성적으로 선교에 힘을 쏟으며 마침내
497년 공식적으로 서방교회에서 독립했음을 선언했다. 그들은 페
르시아 영내 교회를 대표하는 사제를 총주교라고 부르며 네스토리
우스교단이라는 독자적인 교회를 탄생시킨 것이다. 이후 교단은
교세를 확장하기 위해 중앙아시아를 포함한 동방으로 본격적으로
진출하기 시작했다.

6세기 무렵 중앙아시아에서 강성했던 민족은 에프탈족과 돌궐
족이었다. 네스토리우스교단은 아무다리야강 유역과 고대 박트리
아지방에 전도사를 보내 에프탈족과 돌궐족을 교화했다. 네스토리
우스파 전도사들은 대개 헬레니즘문화의 영향을 받아 높은 수준의
문명과 기술지식을 소유했다. 그들은 유목민인 에프탈족과 돌궐족
에게 문자 사용법과 곡식을 심고 거두는 방법 등을 가르쳐주었다.
이러한 방법으로 선교의 근거지를 확보한 네스토리우스교단은 중
앙아시아와 그 너머 동방세계로 교세를 확장했다.

네스토리우스파는 사마르칸트와 부하라 일대의 소그디아나를
선교의 우선적인 목표로 삼아 7세기 무렵 사마르칸트에 대주교구
를 설치했다. 그 후 9세기 말까지 중앙아시아에 10여 곳의 교구를
더 세울 정도로 중앙아시아와 초원지역 선교에 박차를 가했다.

교단은 먼저 소그드상인을 개종시켰다. 앞에서도 보았듯이 소그
디아나는 아시아와 유럽을 잇는 비단길의 중간지점에 위치해 소그

경교의 동방 전파.

드상인들은 국제상인으로 이름을 날렸다. 그들은 다양한 문화를 수용해 불교·조로아스터교·마니교를 제각기 믿었다. 소그드인들은 개방적이어서 네스토리우스교를 수용하는 데도 큰 저항이 없었다.

네스토리우스파 기독교로 개종한 소그드상인은 대상행렬에 동방기독교를 함께 실어 그들의 발길이 닿는 중앙아시아 곳곳으로 교세를 넓혔다. 오아시스비단길을 따라 중앙아시아와 중국의 서북부지방을 오가며 상업과 선교의 근거지를 만든 것이다.

8세기 초 이슬람세력이 아무다리야강을 건너 북상하지만 네스토리우스교단은 중앙아시아의 여러 지역에 확고하게 뿌리를 내리고 있었다. 사마르칸트 교외의 판지켄트라는 마을에서는 네스토리우스교도들의 존재를 말해주는 시리아문자가 적힌 토기파편이 발굴되었다. 또 중앙아시아 각지에서 출토된 여러 유물을 통해서도 이런 사실을 확인할 수 있다.

이처럼 네스토리우스파 기독교는 오아시스비단길을 따라 뿌리를 내린 것으로 볼 수 있다. 박트리아와 소그디아나를 거쳐 톈산산맥 북쪽과 타림분지로 확산되었고, 그곳에서 당나라의 수도 장안까지 전파되기에 이르렀다.

2 | 기독교, 마침내 중국땅을 밟다

중국에 기독교가 처음으로 전해진 것은 당나라 때다. 중앙아시아를 통해 전파된 네스토리우스교가 당시 서역과 접촉이 활발했던 오아시스비단길을 따라 중국으로 건너온 것이다.

당시 수도였던 장안에는 사원까지 생겼다고 한다. 경교를 중국에 전한 사람은 대진*의 주교 알로펜이다. 그가 이끈 사절단은 635년 당나라 조정의 환영 속에 장안에 도착해『성서』를 번역하고 그 내용을 해설하기도 했다. 태종에게 공식적인 포교를 허가받고 조정의 출자로 장안의 의녕방에 대진사라는 사원도 세웠다.

*비잔틴제국이 아닌 사산왕조페르시아라고 한다.

장안시내 서북쪽에 위치한 의녕방에 교회를 둔 것은 그곳이 서역에서 온 물산이 모이는 서시와 가깝고 중앙아시아와 서아시아 사람들이 많이 사는 구역이기 때문이었다. 처음에는 페르시아의 종교라 생각하고 '파사교'라고 불렀으나 현종 때는 '큰 태양처럼 빛나는 종교'라는 의미로 '경교'라고 불렀다고 한다.

특히 경교가 전래된 상황은 '대진경교유행중국비'라는 유물이 발굴됨으로써 그 실상을 파악할 수 있다. 이 비는 1620년대에 한 인부가 집을 짓느라고 땅을 파다 우연히 발견한 동양에서 가장 오래된 기독교비다. 경교가 처음 전래된 때부터 비문이 새겨진 781년까지 약 150년간 중국에서 교세를 넓혀가는 과정을 자세하게 기록한 유일한 자료다. 이 비를 건립한 후 반세기 남짓 경교는 무리 없이 수만 명의 신도를 확보할 정도로 발전했다.

대진경교유행중국비.

그러나 경교는 845년 불교를 포함한 외래종교를 금지한 조치인 회창법난과 878년 일어난 황소의 난 등에 휘말리면서 중원에서 거의 자취를 감추게 된다. 법난을 단행한 당나라 무종은 불교의 폐해가 심각해지자 당시 장안과 뤄양에 각각 네 개의 사찰, 나머지 주에는 한 주에 사찰 하나만을 남기고 모조리 폐쇄해버렸다. 또 불교 승려 26만 5000명과 경교·이슬람교·조로아스터교 등 삼이교(三夷教) 승려 2,000명의 승적을 뺏어버렸다. 황소의 난 때에도 삼이교에 속하는 수많은 신도들을 남김없이 쓸어버리는데 그들 중에 경교를 믿는 신도들이 상당수 포함되어 중국에서 그 영향력은 점차 약화되었다.

3 | 끈질긴 생명력으로 살아남은 중앙아시아의 기독교

경교는 중원에서 그 빛을 잃는 대신 중앙아시아 대초원에서 강한 생명력을 보여주었다. 몽골제국이 출현하기 이전 초원을 지배하던 여러 유목민족 사이에 네스토리우스교는 폭넓게 퍼져 있었다. 몽골초원의 중심에 있던 케레이트족과 알타이산맥 방면에 살던 나이만족은 물론 내몽골 인산산맥 부근의 웅구트족 중 상당수가 개종한 상태였다고 한다. 지배층이 개종한 경우도 많았는데, 이들은 몽골제국의 성립과 함께 제국체제로 흡수되었고 그들의 활동을 통해 동방기독교는 자연스레 몽골제국 내로 퍼질 수 있었다. 당나라와는 달리 소그드상인이 상업과 선교활동을 통해 유목민들을 개종시킨 것도 동방기독교가 중앙아시아 곳곳에서 살아남은 이유이기도 했다.

원나라 때 네스토리우스교는 다시 중국 북부지방에 유행하기 시작했다. 게다가 가톨릭 프란체스코파*도 원나라에 새롭게 들어오면서 기독교는 교세를 넓힐 기미를 보였다.

한편 이탈리아 출신의 사제 카르피니를 시작으로 가톨릭 프란

*프란체스코가 1209년 창립한 탁발수도회로 청빈과 엄격한 규율을 신앙이념으로 삼음.

체스코파 선교사들이 서방에서 몽골제국으로 와서 포교를 시도했
다. 당시 몽골제국은 서방 정벌을 시작해 유럽을 공포로 몰아넣었
는데, 교황 인노켄티우스 4세는 몽골군의 공격을 막는 것이 급선
무였기 때문에 프란체스코회 지도자 카르피니를 몽골에 파견했다.
카르피니는 교황이 동아시아에 보낸 첫 사절이다.

　교황은 카르피니 편에 보낸 친서에서 몽골군의 유럽 습격과 기
독교도에 대한 박해 중지를 요청했다. 카르피니는 한 달 만에 몽골
에 와서 몽골제국의 3대 칸인 구유크에게 교황의 친서를 전달하지
만 칸은 오히려 교황에게 복종을 요구했다. 카르피니는 돌아오는
길에 중앙아시아의 지리와 역사에 관한 귀중한 정보를 얻어 교황
에게 「몽골사」라는 보고서를 바쳤다. 교황의 친서에 대한 구유크
칸의 답신은 현재 존재하는 가장 오래된 동서외교문서로 문명교류
학에서 가치가 대단히 높은 것으로 평가받는다

　카르피니에 이어 몬테코르비노도 로마교황청이 원나라의 수도
대도에 파견한 사제다. 1294년 오늘날의 베이징인 대도에 와서 30
여 년간 포교활동을 한 그는 가톨릭교단을 세우는 데 성공해 베이
징에 교회당 두 곳을 짓고 수천여 명의 신도를 확보해 세례를 주기
도 했다.

　그러나 동방기독교는 일시적으로 교세를 얻는 듯했지만 원나

라의 멸망과 더불어 거의 자취를 감추게 된다.

정통 기독교회에서 이단으로 몰려 동방으로 온 네스토리우스교는 1,000년 세월 동안 살아남아 비단길을 따라 그 흔적을 남겼다. 기독교와 함께 서방의 문화가 유라시아 초원과 아시아 곳곳에 전파된 데에는 박해와 순교에도 굴하지 않고 선교에 힘을 쏟은 네스토리우스교가 큰 역할을 한 것이다.

4. 동방에서 꽃핀 서역의 예술혼

사막을 따라 생긴 오아시스비단길에 아름다운 불교예술로 가득한 사원과 상인들의 활기가 넘치는 도시가 있었다. 어느 날 갑자기 무시무시한 검은 모래폭풍이 몰아쳤다. 무서운 모래폭풍이 지나간 자리에는 아무것도 남지 않았다. 불과 며칠 전까지 이곳에서 살아가던 사람들과 그들이 숭배하던 불교사원은 흔적도 없이 모래 속에 파묻혀버렸다.

1,500년 동안 모래 속에 잠들어 있던 유적들을 깨우는 발굴이 시작되었다. 서역의 향기가 밴 예술작품들이 모습을 드러내면서 전설은 현실이 되었다. 이 유적들은 당시의 교류가 얼마나 폭넓게 오랫동안 먼 공간을 하나로 이어주는 역할을 했는지 생생하게 전해준다.

비단길을 통한 예술의 교류는 단순한 물품의 교류보다 더 큰 의미를 우리에게 준다. 멀리 떨어져 공간을 달리하고 피부색과 언어, 종교와 생각이 다른 사람들이 함께 미의식을 나누었다는 것은 정말 신비롭고 감동적이기까지 하다. 이들은 현대인 못지않게 아니면 더 민감하게 다른 나라의 풍속과 유행을 좇아서 새로운 것을 적극적으로 받아들였다.

중국의 경우 이란·인도·중앙아시아에서 직접 들어온 서역의 미술가들이 많은 활약을 했다고 한다. 우리나라의 예술가들도 중국에 가서 서역의 예술을 배워 왔을지도 모른다. 물론 짐작이지만 충분히 가능한 일이다.

1 | 미술

미술품들은 대체로 인도·페르시아 등 서역의 조류들이 중국·한국·일본 등 동아시아에 많은 영향을 주었다. 물론 중국의 회화 풍이 서쪽으로 간 경우도 있지만 당시 미술의 흐름을 주도하던 불교예술은 불교비단길을 따라 중앙아시아와 동아시아에 널리 퍼졌다. 여기서는 서쪽에서 전해진 불교예술의 대표적인 양식인 간다라미술과 중국 불교미술의 대표적 유적인 둔황 모가오굴을 통해 교류의 모습을 만나보자.

불교와 그리스의 만남, 간다라미술

간다라미술은 인도의 불교문화가 그리스 전통을 이어받은 헬레니즘양식과 로마양식의 미술로 표현된, 아주 독특한 불교미술이다. 말로 들으면 실감이 잘 안 나겠지만 실제 조각상을 보면 확실히 느낄 수 있다. 간다라미술이 불교미술에서 갖는 중요한 의의는 간다라미술에서 불상을 처음으로 조각하기 시작해서 발전시켰다는 점이다. 간다라지방에서 이런 특이한 미술양식이 발전하게 된데는 이 지방의 오랜 역사 속에 그 비밀이 숨어 있다.

간다라는 오늘날 파키스탄의 인더스강과 힌두쿠시산맥 사이에 있는 페샤와르분지 주변지역을 말한다. 간다라지방은 기원전부터 교통의 요충지였다. 알렉산드로스가 기원전 326년 인도로 원정을 왔을 때, 많은 그리스인들이 간다라지방의 북쪽, 즉 힌두쿠시산맥 북쪽의 박트리아에 정착했다. 이곳에서 그리스까지 거리는 수천 킬로미터가 될 정도로 멀었지만 이들은 그리스문화를 오래도록 유지해왔다. 흉노에 쫓긴 월지족*의 한 부족이 이 지역을 지배해 기원전 1년 무렵 쿠샨왕조를 건설한다. 쿠샨왕조 때는 불교문화가 융성했다. 그때 이 지역에 뿌리내린 그리스 전통을 받아들여 새로운 문화를 만들어냈는데 바로 간다라미술이다. 이 지역의 그리스 전통은 오랫동안 신비롭게 여겨지다 1964년 이후 발굴을 통해 그 의문의 열쇠가 풀리기 시작했다.

* 중국에 옥을 건네고 중국의 비단을 로마제국에 전했던 옥의 민족, 바로 그 월지다. 월지는 중국의 허시후이랑 근처에 살다 흉노족에 쫓겨 박트리아까지 이동했다.

불상이 만들어지다

절의 대웅전에 가면 부처를 조각한 불상을 볼 수 있다. 꼬불꼬불한 머리, 길게 늘어진 귀, 미소를 머금은 듯한 얼굴 등 대개 비슷한 모습의 부처상을 보게 된다. 이런 부처의 조각상은 언제부터 만들어졌으며 옛날부터 이런 모습이었을까?

원래 불교에서는 불상을 만들지 않았다고 한다. 붓다 자신도 불상을 만들어 숭배하는 것은 금했다. 그래서 스투파, 즉 탑을 만들어 부처의 말씀을 기리고 숭배하는 예를 갖추었는데 언제부터인가 간다라지방에서 불상을 만들기 시작한 것이다. 그리스인들이 이 지역에서 오래전부터 사람의 모습을 한 신상을 조각하는 것을 보고 간다라지방의 불교도들이 불상을 만들었다고 추정했다. 불상, 즉 붓다의 모습을 조각한 상은 처음부터 숭배를 하기 위해 만들어진 것은 아니었다. 오히려 붓다에게 존경의 의미로 무언가를 단식고행하는 붓다의 모습이 매우 정밀하게 묘사된 「고행하는 붓다 상」.

바치는 의미로 다양한 모습의 붓다를 다양한 크기로 만들었다고 한다. 이렇게 만들어지기 시작한 간다라 불상은 얼굴모습이 그리스신화의 주인공 같은 모습을 보이기도 했다.

당시 간다라 불상의 모습은 그리스·로마 신화 속 신들의 모습을 하고 등장한다. 로마제국의 황제상도 영향을 준 것으로 여겨진다. 또한 옷 주름도 그리스식의 전통을 많이 이어받았다. 간다라 불상은 그리스 전통을 이어받은 면도 있지만, 로마제국의 조각사조도 수용한 것으로 볼 수 있다. 실제로 로마제국과 쿠샨왕조는 활발한 교류를 했기 때문이다. 간다라 불상 중 걸작은 단연 「고행하는 붓다 상」이다.

사막의 미술관, 둔황 모가오굴의 불교미술 유적

사방을 둘러보아도 모래뿐인 고비사막 한 자락에 아름다운 불교미술관이 있다. 중국의 서쪽 간쑤성 둔황에서 동남쪽으로 20킬로미터 정도 떨어진 곳에 있는 모가오굴유적지를 말한다. 모가오굴은 모래가 우는 산이라는 뜻의 밍사산에 굴을 뚫은 후, 그 안에 불상을 만들고 벽화를 그린 것이다. 4세기부터 원나라 때인 14세기까지 1,000년 동안 지어진 이 굴은 중국 3대 석굴 중 하나면서 동서미술의 다양한 양식이 만나 만들어낸 불교미술의 정수다. 중국의 3대 석굴이라면 뤄양의 룽먼석굴, 다퉁의 윈강석굴, 그리고 둔황의 모가오석굴이다. 지질학적으로 이 지역은 바위가 무른 편이어서 굴을 뚫기가 쉽다고 한다. 우리나라처럼 화강암 바위라면 이렇게 뚫기는 어려웠을 것이다.

모가오굴은 밍사산의 동쪽 끝 낭떠러지에 남북으로 1,600미터에 걸쳐 여러 층으로 뚫려 있다. 벽화와 불상이 있는 굴만 해도

고비사막의 뜨거운 바람을
견딘 밍사산.

492개이며 벽화가 그려진 면적을 1미터 폭으로 나열하면 45킬로
미터에 이르는 규모라고 한다. 아직 발굴되지 않은 굴도 많다고 하
니 더 많은 유물들이 아직도 사막의 굴 속에서 조용히 명상에 잠겨
있을 것이다.

모가오굴에 있는 화려한 채색벽화와 소조상은 1,000년의 긴 역
사를 담고 있다. 인도와 중앙아시아 그리고 중국의 문화가 이곳에
서 어우러져 찬란한 석굴예술을 탄생케 했다. 그래서 시대에 따라
다양한 모습으로 만들어진 이 예술품들은 비단길을 통해 어떻게

비 한 방울 내리지 않는 사막 한가운데에서 한 번도 멎지 않고 샘솟는 초승달 모양의 웨야천.

둔황 모가오굴 전경.

다양한 예술이 교류되었는지 그 흐름을 알 수 있게 한다.

모가오굴 안의 작품들은 중국 북위* 때부터 만들어졌는데 수나라와 당나라 때의 작품들에서 절정에 오른 예술적 성취를 보여준다. 몇몇 작품을 살펴보자.

그 어둡고 좁은 굴 속에서 몇 년이 걸릴지도 모르는 작업을 했던 사람들은 어떤 사람들이었을까? 그들은 밤낮으로 모래바람이 몰아치는 메마르고 추운 모래산 작은 동굴에 살면서 고작 기름등잔에 불을 밝히고 이 어마어마한 작업들을 했을 것이다. 종교적 열정과 예술적 집념이 없었다면 이처럼 높은 수준의 미술품들을 남길 수 없었을 것이다. 이름을 남기지 않은 많은 예술가들의 치열한 장인정신이 1,000년 세월을 훌쩍 뛰어넘어 만져질 듯 느껴진다.

둔황 모가오굴에는 미술품만 있던 것이 아니다. 불교를 비롯한

* 후한 멸망부터 수나라 문제가 진나라를 멸망시키기까지를 위진남북조라고 한다. 양쯔강 하류지역에 있던 네 왕조를 남조라 하고 남조와 대립해 화베이지역에 있던 세 왕조를 북조라 하는데 북위는 북조의 한 왕조다. 선비족의 탁발부(拓跋部)가 386년 개국했고 534년 멸망했다.

모가오굴 제45호. 모가오굴의 조각상 중 가장 아름답다는 칠존상이 보인다. 중앙에 부처가 앉아 있고, 그의 곁에 제자인 가섭과 아난이 서 있다.

모가오굴 제45굴에 그려져 있는 「호상우도(胡商遇盜)」. 대상 다섯 명이 삼인조 강도를 만나 봇짐을 빼앗긴 후 살려달라고 합장하는 장면이 이채롭다.

여러 종교의 경전과 문서, 수예품 등 다양한 물품들이 쏟아졌다. 이런 자료들은 모두 비단길 교류와 관계가 있는 것이어서 당시의 교류를 연구하는 데 중요한 사료가 되고 있다. 이것들이 동서 교류사에 미쳤던 영향을 연구하기 위해 '둔황학'이라는 하나의 학문까지 생겨나게 되었다.

2 | 음악

중국과 서역의 음악 교류는 한나라 때부터 이뤄졌다. 전진시대에 쿠처를 점령한 장군 여광은 쿠처음악의 매력에 빠져 쿠처음악을 들여와 개조한 후 중국에 보급했다고 한다. 중국의 음악은 서역의 음악을 받아들여 한층 발전되었다. 서역의 음악을 '호악(胡樂)'이라 부르는데, '호'가 서역을 뜻한다는 것은 앞에서 말한 바대로다. 서역의 음악 중 가장 많이 알려진 것은 당나라 때에 유행한 쿠처음악이다. 쿠처는 서역 북로에 있는 대표적인 도시국가로 불교가 융성했다.

쿠처의 음악은 인도·페르시아·아랍의 영향을 받아 이루어진 음악이다. 쿠처 부근에 있는 키질석굴은 비단길의 여러 역사를 그림으로 보여주는 역사책이다. 거기에는 공후·각·오현·필률 등 여러 악기들의 연주모습들을 담은 벽화들이 많이 있다. 고구려에서도 오현과 필률을 사용했다고 하는데, 어쩌면 쿠처와 고구려가 만난 때는 우리가 생각하는 것보다 훨씬 오래전일지도 모른다. 비단길의 유구한 역사를 새삼 느낄 수 있다.

그리고 상인들이 가져왔던 물품 중에는 서역의 악기가 많았는데, 이 점도 서역음악의 영향을 짐작해볼 수 있는 대목이다. 우리

모가오굴 제220굴에 그려져 있는 「악무도(樂舞圖)」. 둔황에 있는 벽화 중 가장 장대한 악기 편성을 보여준다.

비파(왼쪽)와 공후.

나라에도 서역의 음악이 들어왔을 것이라 짐작할 수 있다. 서역에서 들어온 악기로는 비파와 공후 등도 있다. 비파는 바르부(인도)·바르보트(페르시아)·바르비톤(그리스) 등 여러 곳에서 비슷한 이름으로 불렸는데, 이 점을 보면 악기들이 폭넓게 교류되었음을 알 수 있다.

공후는 우리가 「공무도하가」라는 고조선 때의 가요에서 들었던 악기다. 공후는 고대 인도의 대표적인 현악기로 한나라 무제 때 중국으로 전파되었다고 한다. 고조선이 한나라와 같은 시대이니 「공무도하가」를 지어 부를 당시 공후는 막 들어온 악기였을 것이다. 서역의 악기가 고조선까지 별 시차 없이 들어왔다는 것도 새롭고 놀라운 사실이다.

5. 동아시아의 과학기술, 세계를 바꾸다

송나라 때 발명된 나침반·인쇄술·화약은 후한 때 발명된 종이와 더불어 중국의 4대 발명품으로 널리 알려져 있다. 이 발명품들이 등장하면서 인간의 삶은 그 이전과 얼마나 달라졌을까? 영국의 유명한 근대 철학자 베이컨은 중국의 발명품들에 대해 이렇게 평가했다.

"전 세계의 각종 발명들의 가치를 생각해보았을 때 가장 위대한 발명은 무엇인가? 그것은 3대 발명, 즉 나침반·인쇄·화약의 발명이다. 왜냐하면 하나는 항해 방면에, 다른 하나는 문화와 학술 방면에, 나머지 하나는 전쟁 방면에 커다란 변화를 가져왔기 때문이다. 인류 역사에 남겨진 어떤 발명도 여기에는 미치지 못할 것 같다."

이처럼 인류의 삶을 각 방면에서 획기적으로 끌어올린 이 발명품들이 어떻게 중국에서 탄생했을까? 비단길을 따라 세계로 어떻게 전파되었으며 어떤 변화의 바람을 몰고 왔을까?

그런데 인쇄술에 대해선 여전히 논란이 있다. 우리는 목판 인쇄본과 금속활자 인쇄본 유물로 가장 오래된 것이 우리나라에서 나왔다고 알고 있다. 그런데 중국 학자들은 세계 최초의 인쇄유물은 중국 것이라고 주장한다. 역사 연구란 그런 것이다. 제한된 유물과 기록을 가지고 저마다 다른 잣대와 눈으로 판단을 내리다 보면 자신에게 유리한 결론을 끌어내는 경우도 종종 있다. 앞으로 좀더 냉정하고 객관적인 연구가 이루어지길 바란다.

1 | 중국의 4대 발명품

종이의 발명, 기록의 역사를 바꾸다

인간의 역사가 진화할수록 오래 기억하고 함께 간직해야 할 지식과 정보도 늘어나게 마련이다. 그래서 문자가 고안되었고 문자를 기록할 재료도 필요하게 되었다. 종이가 발명되기 전에 인류는 점토판·파피루스·양피지·종려나뭇잎 등에 중요한 내용을 기록했다.

「길가메시서사시」를 적은 고대 바빌로니아의 진흙판.

메소포타미아인들은 점토판을 사용했고, 고대 이집트인들은 나일강가에서 많이 자라는 물풀인 파피루스를 가로 세로로 배열해 중요한 내용을 기록했다. 영어 'paper'도 파피루스에서 유래했다. 서양이나 페르시아, 양을 많이 키웠던 중앙아시아에서는 양피지 같은 피혁지를 썼다. 파피루스는 일찍이 서로마제국의 멸망과 함께 사라졌지만 양피지는 13~14세기경 제지술이 서방에 전해지기 전까지 줄곧 이용되었다. 중국에서는 대나무를 적당한 길이로 잘라 쪼개 글씨를 써 넣었고 비단에 글씨를 쓰기도 했다.

종이를 발명한 채륜.

하지만 대나무로 만든 죽간은 부피가 크고 무거울 뿐 아니라 많은 글자를 써 넣을 수가 없었고 비단은 너무 비쌌다. 양피지는 값도 비싼데다 무게와 부피까지 많이 나가 매우 불편했다.

이런 문제점들을 단번에 해결해준 것이 후한시대인 105년 채륜이 발명한 종이다. 나무껍질이나 삼(대마)으로 만든 종이는 가벼운데다 질기고 값이 싸며 또 한꺼번에 많이 기록할 수 있고 생산하기도 쉬웠다. 질 좋고 편리한 종이의 등장으로 인류는 새로운 기록의 시대를 맞게 되었다.

환관이었던 채륜은 종이를 발명한 공로로 제후직에 올랐다. 제후가 된 채륜을 사람들은 '채후'라고 불렀고 그가 발명한 종이는 채후의 종이란 뜻으로 채후지(蔡侯紙)가 되었다. 채후지가 세계에 널리 알려지면서 종이 수요는 폭발적으로 늘었다. 제지술이 유라시아 각지에 전파되면서 세계 각지의 유명종이가 등장하게 되었다.

제지술은 8세기부터 13~14세기까지 아시아는 물론 아프리카와 유럽에 본격적으로 전파되었다. 751년에 벌어진 탈라스강전투는 제지술 전파에 결정적인 사건이었다. 당나라군은 이슬람군에 크게 패해 2만 명이나 포로가 되었는데, 포로 중에 제지기술자들이 있었다. 이들 제지기술자들은 다마스쿠스와 사마르칸트로 압송되어 무슬림들에게 종이 만드는 법을 가르쳤다.

사마르칸트는 종이원료인 대마를 재배하는 데 안성맞춤이라 곧 제지업의 중심지로 떠올랐다. 거기서 제지술은 순식간에 바그다드와 다마스쿠스로 넘어갔다. 각지에 제지공장이 들어섰고 바그다드는 사마르칸트에 이어 두번째로 큰 제지업 중심지가 되었다.

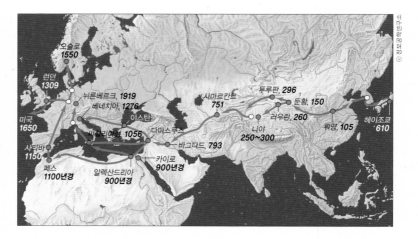

다마스쿠스는 유럽으로 통하는 교통의 요지에 자리하고 있어 유명한 다마스쿠스지가 유럽에 대량 수출되기도 했다.

　제지술은 이슬람을 거쳐 북아프리카의 카이로와 모로코에도 10세기경 전파되었다. 13세기 모로코의 페스에는 종이를 만드는 수차가 무려 400개가 넘을 만큼 제지업이 번성해 유럽과 아프리카 일대의 제지 중심지로 부상했다.

　유럽은 12세기경 이슬람에서 제지술을 배워 각지에 경쟁적으로 제지공장을 세웠다. 이탈리아의 파브리노는 유럽에서 최초로 종이를 만든 곳이다. 완전히 새로운 기술로 만들어진 이탈리아종이는 이슬람의 종이시장을 거꾸로 갉아먹고 들어오기도 했다.

　한편 동쪽으로 건너온 제지술은 우리나라를 거쳐 일본에 전해졌다. 고구려의 승려 담징은 일본에 종이와 먹을 전했고 이 과정에서 일본은 610년경 제지술을 알게 되었다.

종이에 얽힌 이야기

낙양의 지가를 올리다

제나라 출신의 시인 좌사라는 사람이 있었다. 그는 못생긴 얼굴에 말도 더듬거렸지만 일단 붓을 잡았다 하면 웅장하고 화려한 시를 썼다. 좌사는 진나라의 수도 낙양(뤄양)으로 이사를 와 10여 년 만에 「삼도부」라는 시를 썼는데 한참동안 아무도 알아주는 사람이 없었다. 그러던 어느 날 유명한 시인 장화가 그 시를 읽고 격찬하는 바람에 「삼도부」는 졸지에 장안의 화제작이 되었다. 선비들은 너도나도 앞 다투어 그 시를 베꼈고 낙양의 종이값은 하늘 높은 줄 모르고 치솟았다. 요즘은 어떤 책이 출간되어 선풍적인 인기를 끌었을 때 이르는 말이다.

위편삼절

공자는 늙어서도 책 읽기를 좋아해 사서삼경 중 하나인 『역경』을 몇 번이나 읽었다. 하도 많이 읽어 죽간을 묶어둔 가죽끈(위편韋編)이 세 번이나 끊어졌다(삼절三絶)고 한 데서 유래한 고사성어다. 오늘날에는 책을 열심히 읽음을 말한다.

죽간과 목간

죽간이나 목간은 대나무나 다른 나뭇조각을 잘라 이어놓은 책이다. 세로로 쪼갠 대나무를 불에 쬐어 기름즙을 없애고 푸른 껍질을 벗겨 만들었다. 죽간은 폭이 좁아 세로로 한 줄 밖에 쓸 수 없었기 때문에 많은 양을 기록할 때는 가죽이나 비단끈으로 묶어야 했다. 이처럼 대나무조각 여러 장을 끈으로 묶어놓은 것을 중국인들은 책(冊)이라고 불렀다. '冊'이라는 한자도 나뭇조각들을 여러 개 끼운 죽간모양을 그대로 본뜬 것이다.

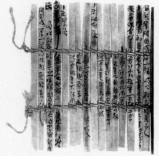

기원후 1세기경 사용한 것으로 추정하는 죽간.

인쇄술, 책에 날개를 달아주다

종이는 발명되었지만 손으로 글씨를 베껴 써서 책을 만드는 불편함은 여전했다. 종교나 학문의 발달로 책의 수요는 급증했지만 손으로 베껴 쓴 필사본만으로는 그 많은 수요를 감당할 수 없었다. 인쇄술이 발명되면서 비로소 이런 문제들은 하나씩 해결된다.

본격적인 인쇄술은 글자판을 만들어 책을 찍어내는 조판인쇄에서 시작된다. 조판인쇄는 목판인쇄와 활자인쇄로 나뉜다. 목판인쇄는 나무판에 책 내용을 그대로 조각해 책을 통째로 찍어내는 것이다. 이렇게 책 내용을 모두 새기다 보니 중복되는 글자도 모두 새겨야 하는 불편함이 있었다. 이보다 발전한 활자인쇄는 글자들을 일일이 조각해놓고 그중에서 필요한 글자만 골라 판을 짜고 찍어내는 것이다. 활자인쇄는 어떤 책의 인쇄가 끝나면 조판을 해체해 다른 책 인쇄에 그 글자들을 다시 사용할 수 있기 때문에 노동력과 비용이 절약되고 생산속도도 높여주었다. 활자(活字)라는 말도 '움직이는 글자'라는 뜻으로 글자를 옮겨가며 여러 번 사용할 수 있음을 의미한다.

목판인쇄가 언제 어디서 처음 시작했는지 아직 일치된 견해가 없다. 1966년 10월 경주 불국사의 석가탑 꼭대기에서 종이에 인쇄된 낡은 불교경전이 발견되었다. 그 경전은 8세기*에 목판으로 인쇄된 「무구정광대다라니경」으로 밝혀졌다. 제작연도가 확실한 중국의 인쇄유물로는 둔황 모가오굴에서 발굴된 『금강경』이 있다. 『금강경』은 868년 당나라 때 제작된 목판인쇄본으로 밝혀졌다. 오늘날 존재하는 가장 오래된 이 두 가지 목판인쇄본을 비교해보면 우리나라가 중국보다 약 100년 앞서 목판인쇄를 시작했다고 볼 수 있다. 그런데 중국의 학자들은 신장에서 발견된 「묘법연화경」이 690년대에 인쇄된 세계 최초의 인쇄물이라고 계속 주장하고 있다.

* 이 시기를 두고 여러 의견이 있으나 대체로 700년에서 751년 사이로 추정한다.

그러나 「묘법연화경」은 서체도 후대의 것이고 또 인쇄연도도 명시되지 않아 설득력이 부족하다.

몽골제국은 인쇄술의 전파에 특히 중요한 역할을 했다. 광대한 몽골제국은 사방팔방으로 막힘 없이 연결되어 동방문물이 유럽으로 쉽게 전해졌다. 일칸국은 원나라 지폐를 모방해 지폐를 인쇄했다. 또 러시아의 옛 도시 노브고로트를 통해서 중국의 카드와 카드 인쇄술이 유럽으로 전파되었다. 15세기 초 이탈리아의 베네치아와 남부독일 일대에는 중국 카드를 인쇄하는 일이 중요한 산업이 되었다. 카드가 다량으로 인쇄되고 카드놀이가 유행하자 독일·에스파냐·이탈리아 등에서는 카드놀이 금지령까지 내렸다고 한다.

활자인쇄는 나무·금속·진흙 등을 재료로 활자를 만들어 인쇄하는데 그중에서 실용적인 금속활자는 인쇄술의 일대 변화를 가져왔다. 금속활자본도 고려시대에 세계 최초로 만들어졌다. 1377년에 금속활자로 인쇄된 『직지심체요절』이라는 불교경전이 나왔는데 이는 독일의 구텐베르크 금속활자보다 약 80년 앞선 것이다. 최근 유네스코는 『직지심체요절』을 세계에서 가장 오래된 금속활자본으로 인정하고 그 이름을 딴 '직지상'을 제정해 기록문화에 이바지

독일이 자랑하는 구텐베르크의 금속인쇄기.

한 사람에게 그 상을 수여하기로 했다. 금속활자 인쇄술은 문명의 사활이 걸린 기술이므로 곧바로 중국과 일본에 전파되었고 중국은 이를 새로운 수단으로 삼아 서방과 활발히 통교했다.

제지술이 확실히 중국에서 유럽으로 건너간 데 비해 인쇄술은 아직 발명지와 전파방향을 놓고 논란이 있어 더 심화된 연구가 필요하다. 하지만 동방의 인쇄술이 유럽의 르네상스와 종교개혁 등 지적 개화를 촉진하는 데 매우 중요한 기여를 한 것만은 움직일 수 없는 사실이다.

 잠깐잠깐

종교와 인쇄술

이슬람은 인쇄술에 대해 부정적이었다. 심지어 오스만투르크제국에서는 1485년에 인쇄금지령까지 내렸다. 이슬람문헌을 아랍어로 인쇄하는 것 자체를 신성모독으로 여겼다. 특히 『꾸란』 관련 서적들은 반드시 사람의 손으로 필사하도록 했다. 16세기 초 이스탄불에 출판사가 설립될 때도 터키문자나 아랍문자로 인쇄하지 않는다는 조건으로 간신히 인쇄소 설립을 허가받았다.

이와 달리 불교에서는 불교 대중화에 인쇄술을 적극 활용했다. 많은 경전들을 인쇄해 널리 보급함으로써 누구든지 불교를 쉽게 접할 수 있도록 이끌었다. 중국과 우리나라에서 발견된 오래된 인쇄유물들이 모두 불경이었다는 점만 보아도 알 수 있다.

화약, 세계의 전쟁터를 흔들다

화약(火藥) 하면 보통 폭발하는 무기가 생각난다. 그런데 하필이면 병을 치료하는 약(藥)이라는 글자가 들어 있을까? 화약은 중국의 도사들이 불로장생의 선약(仙藥)을 제조하는 과정에서 우연 찮게 발명된 것이다. 화약은 당나라 때부터 본격적으로 제조되었 는데 이때도 무기가 아닌 '약'으로 만들어졌다. 도교에서는 화약과 중국의 연금술에 관한 이야기들이 종종 등장한다.

그런데 화약은 무기로 쓰이면서 훨씬 더 각광받았다. 화약이 최초로 무기가 된 것은 송나라 때 '화전'이라는 일종의 불화살을 만들면서다. 송나라 때는 대규모 무기공장이 세워져 전문적으로 화약과 화약무기를 생산했고 이후 화약무기는 점점 더 발전해 대 포 같은 위력적인 것으로 변신했다.

중국의 화약은 무기로 발명된 후 곧 이슬람에 전파되었다. 이 슬람인들은 중국의 화약무기를 모방해 짧은 기간에 오히려 더 위 력적인 아랍식 화포를 만들어냈다. 순식간에 발달한 이슬람의 화 약무기는 곧장 유럽 각지로 전해졌다.

독일의 철학자 헤겔은 "중국인들은 서양인들보다 먼저 화약을 발명했지만 그들에게 돌아온 것은 예수회의 대포였다"라고 날카롭 게 지적했다. 중국이 선진기술을 발명했지만 뒤늦은 근대화로 결 국 유럽에 역전패를 당하는 상황을 꼬집는 말이다.

유럽에서 화약무기는 중세 봉건귀족들의 무너지지 않는 근거 지라고 불리던 성채들을 한꺼번에 붕괴시켰다. 위력적인 화약무기 는 유럽 봉건제도를 해체하고 근대사회로 넘어가는 데 촉매역할을 했다.

나침반, 뱃사람들의 벗

전설에 따르면 진나라 시황제가 지은 아방궁에 '자석문'이 있 었다고 한다. 철제무기를 숨기고 들어오는 사람이 가까이에 접근 하면 문에 찰싹 달라붙어 탄로가 나게 만든 문이란다. 그 이야기가 사실이라면 세계에서 가장 오래된 방범용 자석문을 중국이 만든 셈이다.

중국인들이 언제 어떻게 자석과 그 특성을 알게 되었는지 아직 뚜렷이 밝혀지지는 않았다. 하지만 중국인들은 누구보다도 먼저 자석의 양 끝이 항상 지구의 남과 북을 가리킨다는 점을 알아냈고, 그 점을 활용해 최초로 나침반을 만들었다.

송나라 때 최초의 나침반이라고 할 수 있는 지남어가 만들어졌다. 어떤 기록에는 "날씨가 몹시 흐린 날이나 야간행군 때에 방향을 제대로 찾기가 어려워 늙은 말을 앞세우거나 지남어를 이용해 방향을 판별한다"라고 씌어 있다. 지남어란 얇은 철조각을 작은 물고기 모양으로 만들어 불에 벌겋게 달구고 이를 급속히 냉각해 자석화한 것이다. 이를 물그릇에 띄우면 머리가 남쪽을 항상 가리키는 초보적인 나침반이 되었다. 지남어는 물에 띄우는 일종의 수침반이었다.

나침반이 발명되기 이전에 배들은 주로 주변의 지형지물이나 별자리에 의지해 망망대해를 건넜다. 그 후 11세기 말 송나라 때 최초로 나침반을 이용해 항해를 시작했다. 나침반이 발명되자 조타수는 밤에는 별자리를 보고 낮에는 태양을 관찰했으며, 흐리거나 안개가 낀 날에는 나침반으로 남북을 헤아리게 되었다. 나침반의 발명으로 항해의 역사는 새로운 장을 열었다.

다른 발명품들과 마찬가지로 나침반을 중국에서 제일 먼저 가져간 사람도 아랍의 항해사들이었다. 남송* 때는 많은 아랍배가 중국 동남해안을 드나들었고 또 많은 무슬림이 중국 내 외국인 거주지에서 살고 있었다. 이들을 통해 중국의 나침반은 이슬람과 유럽에 전해졌다. 아랍에서는 나침반을 '뱃사람들의 벗'이라 불렀고 아랍의 지리학자 아부 알 피다는 그의 책에서 중국의 나침반을 소

* 중국의 통일왕조인 송나라 후기(1127~1279)를 이르는 말이다. 여진이 세운 금나라가 송나라 수도를 점령하자 당시 도망한 임금의 동생 고종이 항저우에 남송을 재건했다. 몽골에 멸망하였다. 한편 남송 이전의 송나라 때를 북송이라고 한다.

246

개하기도 했다.

　유럽에서는 이슬람상인들을 통해 이탈리아가 최초로 나침반을 알게 된다. 그런데 이탈리아인들은 중국의 수침반을 물 없이 사용하는 한침반으로 개량했다. 한침반은 자침의 한가운데를 뾰족한 핀으로 받쳐서 자침이 수평으로 움직이도록 만든 나침반이다. 한침반은 수침반보다 편리했기 때문에 단기간에 널리 퍼졌고 일본을 통해 나침반의 본고장인 중국으로 거꾸로 유입된다. 일본에는 15세기 말에서 16세기 초에 서양무역선들을 통해 나침반이 들어왔고 중국은 왜구들의 침략을 수차례 막아내는 과정에서 한침반을 알게 된 것이다. 이처럼 나침반은 중국에서 발명된 후 유럽으로 건너가 새롭게 개량되었고 다시 세계로 퍼져 현대의 항해도구로 자리하게 되었다.

6. 이슬람의 학문과 과학기술

1 | 이슬람문명이 문명의 역사에 끼친 영향

이슬람문명은 중세 700~800년 동안 문명을 이끌어온 주역이었고 유럽이 잃어버린 고전문명의 전통을 다시 되찾아 문명을 재탄생(르네상스)시킨 촉매제 역할을 했다. 오늘날에도 우리는 크건 작건 이슬람문명이 주는 혜택과 그 결실을 누리고 있다. 이슬람의 학문과 과학기술이 우리에게 남긴 것은 무엇이며 동서방의 중앙에 위치한 이슬람이 비단길에서 어떤 역할을 했는지 살펴보자.

이슬람문명이 발전하게 된 배경은 우선 이슬람교 교리에서 찾아볼 수 있다.

무함마드의 언행을 기록한 『하디스』에는 "지식을 추구하는 것이 모든 무슬림의 의무"라고 씌어 있다. 지식을 소유해야만 옳은 것과 그른 것을 구별할 수 있으며 지식이야말로 천국으로 가는 길을 열어주고 행복으로 가는 안내자라고 말하고 있다. 이처럼 이슬람교의 교리는 신을 이해하기 위해 신이 창조한 모든 것을 연구하는 것이 무슬림의 의무라고 강조한다.

이 교리를 바탕으로 이슬람학자들은 새로 정복한 비이슬람지역의 지적 유산을 깊이 이해하고 연구하는 데 힘을 쏟았다. 인도에서 고대 그리스·로마·페르시아를 거쳐 중국에 이르는 외부세계를 고스란히 받아들인 것이다.

이슬람문명은 우선 7~8세기 무렵 그리스·로마 문명에서 철학·학문·과학기술 등을 연구했다. 학자들은 플라톤이나 아리스토텔레스의 철학서, 유클리드의 기하학서, 스트라본의 지리서 등 그리스·로마 고전들을 빠짐없이 아랍어로 번역했다. 그리스 천문학자 프톨레마이오스의 천문서가 '알마게스트'라는 아랍식 이름으로 알려진 것도 이런 역사를 말해준다. 이슬람의 번역작업은 칼리프의 지원 아래 2세기에 걸쳐 계속되었다. 현재 전하는 아랍어 번역본만도 적지 않은데 이는 이슬람학자들이 열성적으로 그리스와 로마의 철학에서 의학, 천문학 같은 실천적인 학문과 점성술과 연금술 등에 이르는 광범위한 분야의 고전을 번역했기 때문이다.

이슬람문명은 고전의 번역뿐 아니라 곳곳에 도서관과 학교시설도 세웠다. 9세기 바그다드에 '지혜의 집'이란 교육시설이 생겼는데 이곳에서는 번역과 학습, 연구가 이루어졌다. 페르시아의 여러 도시에도 유명한 도서관들이 세워졌고, 에스파냐 우마이야왕조의 수도 코르도바는 카이로와 바그다드처럼 학생과 학자가 넘쳐나는 고등교육의 중심지였다.

이처럼 적극적으로 다른 문명을 수용하고 다시 살찌워 찬란한 문명의 꽃을 피운 이슬람문명은 13세기를 전후해 높은 수준의 학문과 과학기술을 유럽에 역수출했다. 아랍어서적들이 라틴어로 번역되고 이슬람의 지리학·천문학·의학·수학은 유럽 대학의 교재가 되었다. 빈혈에 허덕이던 유럽이 이슬람에서 양질의 피를 수혈했다는 재미난 표현이 보여주듯이, 이슬람문명을 떠나서는 유럽 근대문화의 부흥은 있을 수 없는 것이다.

또 이슬람은 동서 교류에도 크게 이바지했다. 이슬람제국은 중국을 비롯한 동방의 문물을 적극적으로 수용해 유럽에 그대로 전파했다. 인도가 발견한 영(0)의 개념을 받아들인 무슬림들은 아라비아숫자를 유럽인들에게 가르쳐주었으며 앞서 보았듯이 중국의 4대 발명품도 이슬람세력의 손을 거쳐 유럽에 전해졌다.

그리스·로마라는 항구에서 르네상스항으로 가려면 반드시 이슬람항을 거쳐야 하는 까닭이 여기에 있다. 고대문명과 근대문명의 사이에서 가교 역할을 했던 이슬람문명이 없었다면 오늘날 서구문명은 쉽사리 문명의 진보를 이루지 못했을지도 모른다.

2 | 유럽 현대의학의 밑거름이 된 이슬람의학

선진적인 의료시스템, 이슬람문명의 지혜를 보여주다

오늘날 유럽이 이슬람문명에서 받은 가장 큰 혜택이 무엇이냐고 묻는다면 대부분의 학자들은 서슴없이 의술이라고 한다. 그 정도로 현대 서구의학은 이슬람문명에 진 빚이 많다.

'지혜의 집'에서 아랍어로 번역된 그리스·로마의 의학지식을 밑거름으로 삼은 이슬람의학은 의술과 임상에서 뛰어난 면모를 보였을 뿐 아니라 당시로서는 선진적인 의료시스템을 갖춘 병원을 만들기 시작했다.

8세기에 나병환자 격리를 위해 처음 병원을 세운 후, 카이로·바그다드·다마스쿠스 등 이슬람세계 각지에 병원을 건립했다. 이슬람세계 전 지역에서 유능한 의사가 모여들었고 병원의 조직과 시설이 세분화되었다. 외과를 비롯해 내과·안과·산부인과는 물론 심지어 정신과까지 있었다. 또 남성과 여성을 분리해 수용하는 병동이 있었는가 하면 정형외과 환자들을 위해서 오늘날의 입원실 같은 개별병동도 갖추었다. 이슬람제국의 군사적 정복활동에 필요한 야전병원과 이동진료소, 약국도 운영했다. 효율적인 이슬람의 의료체계는 오늘날 종합병원의 모태가 되고 있다.

또 의료진을 엄격하게 관리한 것도 이슬람의학의 우수성을 보여주는 사례다. 법학자나 판사의 지위를 가진 권위자들이 엄격하게 치른 시험에 통과해야만 전문적인 진료활동이 가능한 의사면허증을 받을 수 있었다고 한다. 다만 개원한 외과의사의 경우 이발사도 겸했다는 것이다. 외과의사는 치아를 뽑는 등 간단한 수술도 하고 수염이나 머리를 자르기도 했다. 이런 사실은 오늘날 우리 주변에서 쉽게 확인할 수 있다. 파랑·빨강·하양 기둥은 이발소를 나타내는 기호다. 파랑은 정맥, 빨강은 동맥, 하양은 붕대를 상징한다. 이슬람의학을 받아들인 유럽에서 16세기부터 이 표식을 사용했고 이 둥근 기둥은 세계 어디서나 이발소를 표시한다.

또 오늘날의 의사들이 히포크라테스선서를 하듯이 이슬람에서도 의사의 직업윤리를 강조한 것은 마찬가지였다. 9세기 무렵 출간된 『의사의 윤리규약』이라는 책은 의사와 수련의에게 여러 충고를 들려준다. 가난한 사람과 부자에게 차별 없이 의술을 똑같이 베풀 것은 물론 겸손과 덕, 자비심을 갖추고 돈을 너무 탐하지 말며 술과 마약에 빠지지 말 것 등을 권하고 있다.

유럽을 깨우친 이슬람의 위대한 의사들

이슬람의학은 탁월한 무슬림의학자들을 속속 배출했다. 그중 알 라지와 이븐 시나는 위대한 의학자로 평가받는다.

알 라지는 의학뿐 아니라 철학·천문학·연금술에도 박학다식

스테인드글라스로 형상화된
알 라지.

했다. 그는 모두 200여 권이나 되는 저서를 남겼는데 그중 의학서
는 117권이나 된다고 한다. 그 의학서 중『의학집성』은 이론과 임
상실험을 집대성한 20권의 책으로 그리스·시리아·인도·아랍 등
의 의학지식을 총망라해 구성했다. 또『천연두와 홍역』은 천연두
와 홍역을 정확하게 구분한 최초의 의학책으로 알려져 있다.

　이븐 시나가 쓴 다섯 권의『의학정전』은 해부학·질병·위생학
등 의약술을 집대성한 책이다. 또 그는 알코올을 소독제로 추천한
최초의 의사이기도 하다. 의학의 경전이라고 불리는『의학정전』은
12세기 무렵부터 라틴어로 번역되어 17세기까지 유럽 각 대학에
서 교재로 사용하기도 했다.

　의학 연구와 치료뿐 아니라 약물학의 연구에도 이슬람문명은
두드러진 성과를 보였다. 의학자들은 10세기 중엽부터 그리스의 약
물학서적을 번역했고 약초 연구에도 힘을 기울였다. 약을 조제하
는 조제술도 발전해 독립된 직업으로 약제사까지 있을 정도였다.

　한편 이슬람의학은 비단길의 활발한 교류에 힘입어 중국에도
전파되었다. 특히 원나라 때는 회회의약이라는 이름으로 널리 전
해졌다. 그 의약의 효능이 좋아 원나라를 세운 쿠빌라이칸은 시
리아에서 온 천문학자이자 명의인 이사를 회회의약을 관장하
는 의약사의 총감으로 임명하기도 했다. 민간에도 회회의약
은 널리 유행해 각지에서는 회회의사들이 거리에 나와 약
품도 팔고 의료행위도 흔히 했으며 항저우에서는 이집트
상인이 경영하는 회회병원까지 있었다고 한다. 회회의약
의 전파와 함께 이슬람의약서도 중국어로 번역되었는데 이
븐 시나의『의학정전』이『회회약방』이라는 이름으로 번역
출간되기도 했다.

『의학정전』의 저자 이븐 시나.

3 | 왜 아라비아숫자인가?

모든 학문의 주춧돌인 수학은 오랫동안 많은 이들의 노력으로 오늘날 같은 내용과 체계를 이루었다. 수학은 인도·중국·이집트 등에서 원리가 싹텄고 이슬람문명이 그 기본원리를 모아 밝혔다.

이슬람세계는 일상생활에서 산수가 필수적이었다. 세금 계산부터 『꾸란』에 명시된 개인의 부동산 분배에 이르기까지 생활 속에서 수를 이해하고 계산의 효율성을 높여야 했다. 세계 각지에서 장사의 귀재로 활약한 아랍상인에게도 수학이 필요했음은 물론이다. 처음에는 바빌로니아의 계산법인 육십진법을 사용하다 더 쉽게 계산하는 인도의 십진법을 수용했다.

십진법은 0부터 9까지 열 개의 기호만 사용하면 아무리 큰 수라도 나타낼 수가 있는데, 그 획기적인 편리함 때문에 이슬람문명은 이를 도입했다. 이어 유럽도 그때까지 쓰던 로마숫자를 대신해 이 숫자체계를 사용하기 시작했다. 유럽인들은 그 숫자를 아랍에서 배워 알았으므로 아라비아숫자라고 불렀다. 인도에서 영(0)은 비어 있는 자리를 의미했는데 아랍인들은 이 기호를 시프르(sifr)라고 했다. 사이퍼(cipher)나 제로(zero)는 공(空)이나 무(無) 혹은 영(0)이라는 아랍어 시프르에서 유래한 것이다.

또 대수학에서도 이슬람수학자들은 놀라운 성과를 보여준다. 고대 그리스의 수학자들은 수를 그저 양의 개념으로 파악한 반면 이슬람수학자들은 상호관계라는 개념으로 인식했다. 알 카와리즈미로 대표되는 수학자들이 대수학이라는 새로운 학문을 탄생시킨 것이다. 알 카와리즈미는 바빌로니아와 인도 숫자를 아랍어 체계로 전환하는 데 힘썼고 3차 방정식 풀이법도 규명했다.

이슬람수학자들은 대수학에서 문제를 푸는 절차가 마치 외과의사가 상처를 치료하는 절차와 비슷하다고 해서 접골 혹은 깁스란 뜻의 전문용어 알 자브르(al-jabr)를 빌려 대수학을 자브르라고 했다. 이는 나중에 영어 앨저브러(algebra)의 어원이 되었다. 또 어떤 목적을 달성하거나 문제를 풀기 위한 단계적 해법이나 체계적인 계산법을 의미하는 알고리즘(algorism)은 알 카와리즈미의 이름에서 유래한다.

4 | 신앙에 봉사하는 과학, 천문학

모든 무슬림들은 하루에 다섯 번 성지 메카를 향해 기도를 올려야 한다. 이슬람세계에서는 메카의 정확한 위치와 기도시간을 정하는 것이 무척 중요한 일이었기 때문에 신앙에 봉사하는 과학으로 천문학이 발전하기 시작했다.

이슬람교와 천문학의 발달

석양, 늦은 밤, 새벽, 정오, 늦은 오후로 정해진 예배시간을 맞추기 위해 무슬림들은 태양이 만들어내는 그림자 길이를 관찰해 규칙적으로 다섯 번의 시간을 정했다. 그러다 점차 태양의 그림자 길이와 높이를 관련지어 예배 사이의 시간간격을 알려주는 표를 만들었다고 한다. 오랫동안 쌓인 태양의 관찰과 계산의 기록은 천문학 연구에 기초가 되었다.

또 이슬람력은 태양이 아닌 달의 주기를 기준으로 만들어졌다. 이 달력은 무함마드가 메카에서 메디나로 이주한 서기 622년, 헤지라를 첫해 첫날로 삼았다. 이 역법은 엄격히 달의 주기를 토대로

하고 라마단을 비롯한 이슬람의 휴일과 축제는 이를 기준으로 삼아 결정되었다.

이처럼 무슬림은 신앙에 필요한 달력이나 예배시간표 등을 기초로 나중에는 수많은 관측소를 세워 본격적으로 천문학을 발전시켰다. 칼리프들이 설립하고 후원한 천문대들이 이슬람세계 각지에 세워졌다. 그중에서도 일칸국의 칸 홀레구의 명으로 13세기 페르시아의 말라크에 세워진 천문대와 티무르의 손자 울루그베그가 15세기 사마르칸트에 세운 천문대가 유명했다. 이 천문대들은 새로운 지식을 바탕으로 별과 별자리 그림을 놀라울 정도로 정확하게 만들었다.

이러한 노력과 함께 이슬람의 천문학자들은 9세기 무렵 그리스의 천문학자 프톨레마이오스의 유명한 저서인 『알마게스트』 같은 그리스의 연구성과를 번역하면서 체계적인 탐구를 시작했다. 당시에는 지구가 우주의 중심에 있고 그 둘레를 태양, 달, 행성이 원을 그리며 돈다는 천동설이 지배적인 사고였다.

이슬람 최고의 천문학자라는 알 바타니는 태양과 달의 운동을 체계적으로 연구해, 1년과 사계절의 길이를 정확하게 측정했다. 또 그는 41년 동안 천체를 관측한 후 천체의 운동을 예측할 수 있는 천문계산표를 작성하기도 했다.

13세기 초에 나시르 딘 투시는 말라크의 천문대에서 『일칸천문표』를 편찬하기도 했다. 『일칸천문표』는 투시의 주도 아래 당시의 국제 통용어인 페르시아어로 편찬한 천문역표로 그리스·아랍·페르시아·중국 등의 역표를 참고해 만든 후 몽골 치하의 여러 나라로 보내 함께 사용하도록 했다.

이슬람의 천문학자들은 프톨레마이오스 이래 통설이던 천동설을 부정했다. 이들은 지구공전설을 주장하고 자오선을 측정하는 등 천문학 분야에서 큰 업적을 이룩했다. 이들의 연구는 나중에 유럽으로 전해져 코페르니쿠스의 태양중심설에 큰 이바지를 하게 되었다.

한편 원나라에서도 선진적인 이슬람천문학의 성과를 적극적으로 도입했다. 쿠빌라이칸은 1271년에 수도 베이징에 이슬람천문대인 회회사천대를 건립하기도 했다. 이 천문대는 지금도 그 흔적이 당시의 관측기계와 함께 남아 있다.

전설을 역사로 바꾼 발굴이야기

20세기 접어들어 헤딘·스타인·르콕·펠리오·워너·오타니 등
으로 대표되는 탐험가와 고고학자의 발길이 닿으면서 타클라마칸
사막은 깊고도 긴 잠에서 깨어나 그 숨겨진 역사를 우리에게 들려
주었다. 오랫동안 중앙아시아를 떠돌며 보물을 찾는 사람들의 가
슴을 설레게 했던 신비로운 전설이 비로소 살아 있는 역사가 되는
순간이었다.

하지만 빛이 있으면 그림자가 있게 마련인 법. 고고학 발굴과
중앙아시아 탐험이라는 이름으로 서구열강은 중앙아시아의 유물
을 약탈해가기 시작했다. 이들이 타클라마칸 주변의 사라진 도시
를 발굴하며 가져간 유물, 고대문서 등 약탈한 문화재는 그 수를
헤아리기 힘들 정도라고 한다.

이런 이유로 중국에서는 이들을 서양 약탈자라는 뜻으로 '양귀
자(洋鬼子)'라고 부르기도 한다. 하지만 이들의 발굴과 탐험이 없
었다면 비단길과 중앙아시아가 우리 앞에 제 모습을 드러내기까지
얼마나 많은 시간이 걸렸을지 모를 일이다.

중앙아시아를 향한 열강들의 발굴 경쟁

중앙아시아는 왜 주목받기 시작했을까?

1889년 어느 날. 쿠처 인근에서 보물을 찾아다니던 현지인들이 사막 가장자리에 있는 반구형 지붕의 사리탑 안으로 들어갔다. 그들의 눈앞에 나타난 것은 원하던 보물이 아니라 건드리자마자 먼지처럼 부스러지는 미라가 된 동물시체였다. 그곳을 뒤진 결과 겨우 찾아낸 것이라고는 알 수 없는 글자가 적힌 자작나무껍질 몇 무더기뿐이었다.

51매의 자작나무 껍질로 된 이 문서가 바로 중앙아시아의 건조한 보물창고를 향해 세계열강들을 달려오게 한 「바우어 필사본」이다. 문서를 산 사람의 이름을 딴 이 문서는 해독 결과 5세기 무렵 인도의 불교승려가 산스크리트어로 쓴 것으로, 인도에서 발견된 어떤 것보다 더 오래된 문서 중 하나로 밝혀졌다. 중앙아시아의 건조한 기후 덕분에 고대의 귀중한 문화재는 1,000년 세월을 견디며 보존되다 발견된 것이다. 이 고사본의 발견으로 다양한 문화와 종교가 공존한 비단길이 비로소 첫 모습을 드러내기 시작했다. 「바우어 필사본」이 유럽에서 출판되자 중앙아시아에 뭔가 엄청난 것

「바우어 필사본」.

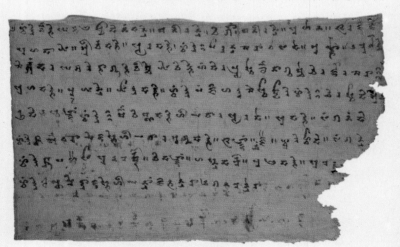

258

이 숨어 있을 것이라는 기대감이 학계에 널리 확산되었고, 탐사활
동의 목표가 되었다.

탐험과 발굴이라는 명분 이외에도 열강들의 관심은 아직 개발
되지 않은 중앙아시아에 있었다. 남하하는 러시아와 북상하는 영
국은 타림분지와 티베트의 곳곳에서 대립하고 있었다.

이런 이유로 중앙아시아를 둘러싼 세계열강들의 줄달음질이
시작되어 러시아·스웨덴·영국·독일·프랑스·일본·미국 등 여러
나라들이 아시아 내륙의 오지에 있는 건조한 보물창고를 향해 달
려든 것이다.

오아시스도시는 왜 사라졌나?

오늘날까지 중앙아시아의 오아시스 주민들은 타클라마칸사막
의 모래바다 밑으로 가라앉은 도시들이 1,000개가 넘는다고 믿고
있다. 또 그 모래바다 아래에는 헤아릴 수 없이 많은 유물이 묻혀
있어 사막의 원귀가 두렵지 않다면 누구든 마음대로 그 보물을 가
져올 수 있다고 주장하기도 한다. 하지만 금은보화를 얻으려는 주
민들조차 사막의 갖가지 위험에다 보물사냥꾼을 홀리는 사막의 귀
신이 무서워 쉽게 접근하지 못하는 곳이 타클라마칸사막이다. 그
곳에 있던 오아시스도시국가들은 어떻게 사라지게 되었을까?

실제 타림분지의 오아시스도시들 중 적지 않은 수는 돌연 지도
에서 사라져버렸고 역사책에서도 전설로만 남아 있을 뿐이다. 뤄부
포사막 근처의 도시 러우란이 완전히 몰락하자 대상들은 사막을 가
로지르는 중심길 하나를 포기하고 다른 사막길을 개척해야 했다.

전하는 말로는 오아시스도시들이 갑자기 몰아닥친 타클라마칸
사막의 무서운 모래폭풍인 카라부란*의 제물이 되었다고 한다. 또
사막사람들에게 생명을 가져다주던 톈산산맥과 쿤룬산맥 등의 만

*카라는 투르크어로 검다는
뜻이고, 부란은 온도가 낮
은 강풍으로 블리자드라고
도 한다.

년설이 녹아내린 물이 점점 줄어들면서 사람들이 떠나자 마을이 그대로 방치되었다 모래 속에 묻혔다는 일화도 있다.

오아시스도시국가와 그들의 찬란한 문명은 단지 자연이 가져다준 재앙을 이기지 못하고 사라졌을까? 학자들은 자연재해와 더불어 정치적으로도 그 이유를 설명하고 있다. 비단길의 전성기를 누리던 당나라가 몰락하고 이슬람세계가 동쪽 타림분지로 그 세력을 넓히면서 서역에서 꽃피운 불교예술은 파괴되거나 방치된 채 모래 속에 묻혔다는 것이다.

언제, 어떻게, 왜 사라졌는지 정확한 이유는 밝혀지지 않았지만 기나긴 역사를 자랑한 오아시스도시국가들과 그들이 남긴 문명은 타클라마칸사막의 모래 아래서 누구의 방해도 받지 않고 약 1,000년 동안 깊은 잠에 빠져 있었다.

방황하는 호수와 고대왕국 러우란의 비밀

중앙아시아 무대에 처음으로 나타난 발굴가는 스웨덴의 헤딘이었다. 헤딘은 평생 모험을 추구했던 탐험가이자 지리학자였다.

헤딘이 남긴 최대의 고고학적 성과는 타클라마칸사막의 깊은 모래바다 속에 묻힌 고대도시 러우란유적지의 발견이다. 러우란은 오아시스남도에 있던 오아시스도시였다. 헤딘은 이곳에서 3세기 후반의 것으로 추정되는 귀중한 목간과 문서 등을 발굴했는데 이 문서들은 러우란의 실체를 알 수 있는 정확한 정보를 주었다. 헤딘이 발굴한 문서 중에는 탈세를 한 사람들에 대한 처벌기록도 있고 산수문제를 푼 아이들의 낙서도 있어 오늘날과 다르지 않은 그곳 사람들의 일상생활을 알 수 있다. 또 도시는 꽃이 핀 정원과 숲으로 둘러싸여 있었으며 호숫가에 늘어선 가옥의 모습 등 당시의 생생한 기록도 있었다. 헤딘은 "1,500년 전 마지막까지 그곳에 남아 있던 주민들이 마치 외출한 것처럼 문이 활짝 열린 모습 그대로였다"라고 발굴 당시의 모습을 기록해놓았다. 이처럼 오래된 문서가 그때까지 남아 있을 수 있던 것은 타클라마칸사막의 건조한 기후 덕분이었다. 하지만 인도로 가던 동진의 고승 법현이 399년 이곳을 지날 때쯤 러우란은 이미 죽음의 땅으로 변해 역사무대에서 사라졌다고 한다.

또 헤딘은 러우란의 몰락이 뤄부포호수와 관련이 있다는 점을 밝혀내기도 했다. 러우란이 위치한 뤄부포호수가 남쪽으로 방향을 바꾸자 오아시스도시는 더 이상 물을 구할 수 없었고 비옥하던 토지조차 건조해져 모래더미로 변했다는 것이 그의 생각이었다. 이를 증명하기 위해 헤딘은 뤄부포호수의 수수께끼를 풀었는데, 뤄부포호수는 1,600년을 주기로 해서 남북으로 이동하는 호수란 점을 알아냈다. 그래서 이 호수는 '방황하는 호수'라는 별칭도 갖고 있다. 쌓인 모래로 호수바닥이 높아진 반면 바람의 작용으로 땅은 점점 깎여 호수의 물이 낮은 곳으로 흘러가면서 물줄기가 남쪽으로 바뀌었다는 것을 헤딘은 결국 밝혀냈다.

러우란유적지를 발견한 헤딘.

이 밖에도 헤딘은 서하*의 중심지였던 카라호토지역에서 무려 1만여 점에 이르는 한문목간을 발견하기도 했는데 그 목간을 거연한간이라고도 부른다.

* 11세기에 건립되어 13세기 초까지 번영을 누린 티베트계의 왕국이다.

스타인과 둔황 모가오굴

헤딘에 이어 스타인이 타클라마칸사막의 유물들을 체계적으로 세상에 선보였다. 스타인은 세 차례에 걸친 탐험으로 수많은 고문서를 수집하고 유물을 발견해 비단길이 교역로이자 동서문명 교류의 길임을 밝혀냈다.

그는 허텐 근처 라와크에서 3~7세기에 만들어진 것으로 추정되는 거대한 사리탑을 발견하고 또 단단오릴리크에서는 현장의 『대당서역기』에 기록된 중요한 판화를 발굴했다. 「견왕녀도」라고 불리는 이 판화는 중국의 공주가 누에 씨를 모자 속에 숨겨서 허텐으로 출가했다는 내용을 담고 있다. 이 판화는 중국의 양잠술이 서역으로 전파되었음을 보여주는 증거다.

타림분지 남쪽에 있는 오아시스도시 니야에서 스타인은 카로슈티문자*로 적힌 784점의 카로슈티문서를 발굴했다. 목간·가죽·비단·종이 등에 쓰인 이 문서는 당시 오아시스남도의 상황을 알 수 있는 중요한 자료가 되었다. 또 스타인은 아테네여신, 에로스 등 그리스신들이 그려진 봉니를 발굴해 당시 헬레니즘문명의 영향이 그곳까지 미쳤음을 보여주었다. 봉니는 고대 중국에서 문서나 귀중품을 담은 함을 봉할 때 쓴 진흙덩이를 말한다.

미란유적지도 스타인의 발굴성과 중 하나다. 스타인은 타림분지 남쪽의 옛 도시 미란에서 많은 티베트문서를 발굴했으며 유명한 「날개 달린 천사상」을 발견했다. 이 천사상은 일찍이 메소포타

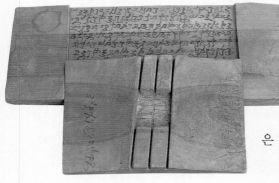

니야에서 발견한 카로슈티문서.

미아유적지에서 발견된 적이 있는 것으로 기독교 천사상의 원형으로 알려져 있다.

사막의 위대한 미술관으로 불리는 둔황의 석굴에서도 스타인은 귀중한 문서와 유물을 발굴했다.

서하가 이 지역을 장악하자 둔황 모가오

262

굴의 한 수행자는 많은 경전과 불상을 보존하기 위해 어느 석굴에 넣고 밀봉했다. 서하가 둔황지역을 점령한 지 850년이 지난 1900년에 왕원록이라는 도사가 석굴에 살면서 굴을 청소하다 우연히 '장경동'을 발견했다. 16호 석굴의 복도 오른쪽 벽을 뚫고 만들어진 곁굴로 경서가 발견된 곳이라고 해 장경동이라고 부르는데, 석굴번호로 17호굴이다. 모가오굴의 수백 개나 되는 석굴 중 특히 장경굴은 3~11세기 동안 수많은 불교문서를 비롯해 옛 관청의 서류와 그림 등 귀중한 정보들을 보관한 서고였던 셈이다.

마침 그 무렵 중앙아시아 일대를 발굴하는 데 열을 올리던 스타인은 둔황에 나타나 당시 수백여 군데의 석굴을 보수하기 위해 기금을 모으던 왕도사를 회유했다. 스타인은 당나라의 승려 현장을 수호성자 삼아 그 발자취를 따라 둔황까지 왔고 현장이 중국으로 가져온 불경원전을 찾고 있다고 왕도사를 설득해 마침내 장경동에 들어갔다고 한다.

장경동에 들어선 스타인은 입을 다물지 못했다. 캄캄한 동굴

우연히 장경동을 발견한 왕
원록 도사.

안에 제대로 정돈도 되지 않은 수천 권의 사본과 두루마리가 산더미처럼 쌓여 있던 것이다. 스타인은 이곳에서 완전한 문서 7,000여 권과 일부만 남아 있는 문서 6,000여 권을 영국으로 가져갔다.

반출된 유물 중 868년 인쇄된 『금강경』 판본은 매우 귀중한 유물이다. 둔황의 『금강경』 판본은 발견 당시에는 세계에서 가장 오래된 목판인쇄물로 알려졌다. 하지만 현존하는 목판본 중 가장 오래된 것은 불국사에서 발견된 「무구정광대다라니경」으로 751년경에 만들어진 것이다. 더욱 놀라운 사실은 이 문서들을 가져가는 데 들인 돈이 고작 130파운드였다는 것이다.

숨겨진 오아시스도시들의 역사와 유물을 찾아낼 때마다 서방세계는 그에게 찬사를 보냈지만 중국의 입장에서 볼 때 그는 중앙아시아 유물과 숨겨진 고대의 서고를 탈취한 대도(大盜)에 지나지 않았다.

경쟁에 가세한 독일탐험대의 활약

한편 독일의 탐험가 르콕은 1904년 투루판에서 동쪽으로 40킬로미터 떨어진 폐허도시 카라호자(고창)에서 제자들에게 둘러싸인 마니의 유일한 형상이 담긴 9세기 무렵의 벽화를 발굴했다. 마니교는 3세기 무렵 마니가 페르시아에서 창시한 종교로 조로아스터교와 불교적 요소가 기독교 사상과 뒤섞여 있다. 하지만 페르시아에서 박해가 심해지자 비단길을 따라 동쪽으로 카라호자까지 들어오게 된 것이다. 마니교의 유물은 다른 곳에서는 거의 남아 있지 않기 때문에 르콕이 발굴한 이 벽화는 서구의 고고학자들이 비단

길에서 발굴한 최대의 유물 중 하나로 손꼽고 있다. 르콕은 그 벽
화를 뜯어 베를린으로 보냈다.

　또 그는 투루판 부근에 있는 베제클릭석굴을 발견했는데 베제
클릭은 위구르어로 '그림이 있는 곳'이란 뜻이다. 이곳에서도 르콕
은 톱으로 수많은 벽화를 뜯어내 독일로 보냈다고 한다. 또 쿠처
부근에서 5~7세기의 불교 석굴유적지인 키질석굴을 발굴해 부처
가 설법하는 장면, 부처가 마귀의 유혹을 받는 장면 등을 그린 석
굴벽화를 찾아낸다. 특히 이곳의 벽화들은 쿠처가 당나라의 지배
를 받기 전 중국과 뚜렷이 구별되는 쿠처만의 독자적인 언어와 미
술양식을 갖고 있어 중앙아시아미술의 정수로 꼽는다. 르콕은 이
곳에서도 벽화의 일부를 몰래 떼어내 독일에 보냈다.

베제클릭석굴 회랑의 서원화
(誓願畵).

그 후의 경쟁적인 발굴

스타인이 왔다 간 뒤, 1908년 프랑스의 중국학 권위자인 펠리오도 왕도사를 설득해 모가오굴에 남아 있는 자료들을 상세하게 검토한 후 약 5,000권의 경전을 프랑스로 가져갔다. 여기에는 신라의 승려 혜초가 지은 『왕오천축국전』 중 일부도 들어 있었다. 본래 세 권으로 된 『왕오천축국전』을 요약해 베껴놓은 필사요약본 중에서 그 일부가 마침내 세상에 모습을 드러낸 것이다. 이 고문서에는 특히 8세기 당시의 인도와 서역의 사정이 자세히 적혀 있다.

뒤이어 미국의 워너, 일본의 오타니 고즈이

장경동 안에서 고문서 선별에 열중인 펠리오.

등도 앞서거니 뒤서거니 둔황에 들어와 엄청난 양의 고급 골동품들을 실어갔다.

이러한 열강들의 문화재 반출을 뒤늦게 안 청나라는 유물이 더 이상 유출되는 것을 막는 조치를 취했고, 1919년 비로소 둔황석굴에 남아 있던 모든 자료들을 거두어 갔다. 하지만 둔황의 주요문서는 이미 세계 각국으로 흩어진 뒤였다. 유물 약탈에 이어 흩어진 둔황문서를 연구하는 학구열이 전 세계에서 타올라 둔황학이라는 학문도 탄생하게 되었다.

이 발굴가들을 어떻게 보아야 할까? 중국의 입장에서 보면 도굴꾼이자 약탈자이지만 서구에서는 잠들어 있는 타클라마칸사막을 깨우고 묻힌 인류의 역사를 발굴한 고고학의 위대한 성과라고 주장하고 있다.

제5장

비단길에서 만난 대제국

1. 헬레니즘제국, 아시아와 유럽의 결합

헬레니즘문명은 인류 역사상 처음으로 한 문명이 다른 문명과
만나 만들어진 세계문명이다. 그 이전까지 고대문명은 이집트문
명·메소포타미아문명·인도문명·중국문명 등 시대와 공간을 달
리해 지역 단위의 고유문명을 꽃피웠다. 헬레니즘문명은 그리스문
명이 동방의 오리엔트문명과 결합해서 만들어진 복합문명이다. 그
이전까지 인류는 이러한 직접적인 문명의 결합을 갖지 못했다. 재
미있는 역사의 한 자락으로 거슬러 올라가보자.

1 | 세계를 정복하려 한 마케도니아의 알렉산드로스

고대 그리스 도시국가들은 이전의 그 어떤 문명보다 수준 높은
정치제도와 문화를 이루었지만 단점도 많이 갖고 있었다. 이들은
단결보다 분열과 경쟁을 좋아했다. 서로 같은 그리스 도시국가들
이지만 아테네는 스파르타를 싫어했고 스파르타는 아테네를 미워
했다. 함께 동맹을 맺고 강적 페르시아제국과 벌인 전쟁에서는 이

졌지만 자기들끼리의 싸움인 펠로폰네소스전쟁으로 그리스는 치명적으로 약해졌다. 펠로폰네소스전쟁은 자신들이 치른 고대 그리스문명의 장례식이 되었다. 이 틈을 타 그리스를 지배하려고 한 왕이 있었다. 그리스 북부 산악지대에 있던 마케도니아라는 나라의 왕 필리포스였다. 알렉산드로스는 마케도니아왕국의 왕자였다. 필리포스는 그리스의 유명한 철학자 아리스토텔레스를 아들의 스승으로 모셨다.

팽창하는 마케도니아와 그리스의 테베·아테네 연합군이 기원전 338년 맞부딪친 카이로네아전투는 고대 그리스의 마지막 퇴장을 결정짓는 전투가 되었다. 이때 필리포스의 옆에는 최정예기병대를 지휘하며 왕좌를 엿보는 아들 알렉산드로스가 있었고 그는 얼마 후 스무 살도 채 안 된 나이로 왕위를 계승했다. 알렉산드로스는 어린 시절 아버지가 새로운 도시를 점령할 때마다 너무나 억울해했다고 한다. 자신이 정복할 나라를 아버지가 남겨두지 않는 것이 아쉬웠기 때문이라는 것이다. 신화 속의 헤라클레스가 되고 싶었던 알렉산드로스는 전쟁을 치르는 전략전술이 다른 사람의 추종을 불허할 정도로 뛰어났다. 그가 10만 군대의 군수물자를 차질 없이 수송하면서 원정을 치른 점 등은 그에게 전략전술의 귀재이자 병참학의 아버지라는 명성을 안겨주었다. 그는 짧은 기간 동안 가장 넓은 영토를 점령한 군주로 알려져 있다. 훗날 많은 역사적 인물들이 그를 추종했는데 로마제국의 영웅 카이사르나 프랑스의 나폴레옹도 알렉산드로스 같은 인물이 되고 싶어 했다. 식민지시대 이전, 서양의 그 어떤 영웅도 알렉산드로스보다 동쪽으로 더 멀리 가지 못했다.

기원전 334년 알렉산드로스는 3만 5000명의 그리스와 마케도니아 연합군을 이끌고 동방 정복을 위해 출정했다. 동방은 오늘날 지중해와 접하고 있는 서아시아지방과 그 주변을 말하며 오리엔트 문명을 이루던 동지중해지방을 일컫기도 한다. 당시 오리엔트세계의 지배자는 페르시아제국*이었다. 알렉산드로스는 페르시아에 점령당한 그리스의 도시들을 다시 찾았고 기원전 331년에는 나일강을 건너 이집트를 점령했다. 이집트를 점령한 후 그는 자신이 태양신의 아들인 파라오라고 자처했다. 그곳에서 그는 동서 교역의 중심이 된 세계적인 도시를 건설했는데, 자신의 이름을 따서 알렉산드리아라고 불렀다.

알렉산드로스는 그 후 페르시아제국을 정복하고 힌두쿠시산맥 북쪽에 있는 오늘날 아프가니스탄의 서북부지역인 박트리아와 중앙아시아 트란속사니아에 있던 소그디아나를 정복했다. 그 기세를 몰아 기원전 326년에는 인더스강을 건너 인도 서북부지방까지 이르렀다. 다분히 낭만적인 정복자였던 그는 세계의 끝을 눈앞에 두고 있었다. 그러나 8년간의 기나긴 원정에 지친 병사들은 코끼리

*페르시아제국은 메소포타미아, 시리아와 이집트 등 오리엔트문화를 종합했다. 고대에 유라시아를 반으로 나눠 서쪽을 담당한 문명의 주체였고, 로마제국의 황제들은 페르시아제국의 전제주의를 본뜨기도 했다.

알렉산드로스제국
마케도니아왕국
동정로
마케도니아
사르데스
이수스
아르벨라
바빌론
수사
페르세폴리스
하르카니아
헤라트
칸다하르
카불
사마르칸트
탁실라
파다라
알렉산드리아
멤피스
ⓒ 정보공학연구소

알렉산드로스의 정복.

를 앞세운 인도군에 겁을 집어먹고 진군을 거부했다. 할 수 없이 알렉산드로스는 쓰디쓴 눈물을 머금고 군대를 돌릴 수밖에 없었다. 1만 8000킬로미터의 대원정을 마치고 돌아오는 길에 열병에 걸린 알렉산드로스는 바빌론에서 급작스레 숨을 거두었다. 그의 나이 서른셋이었다. 하지만 그가 정복하면서 지나간 곳곳에는 그의 이름을 딴 도시들이 만들어졌고 그의 업적은 전설이 되어 남았다. 그리스인들이 곳곳에 정착해서 그리스문화를 심었으며 그 후 박트리아에는 그리스인의 왕국이 기원후 3세기까지 명맥을 유지했다.

알렉산드로스의 죽음과 세 왕조로 나뉜 알렉산드로스제국

알렉산드로스의 동방 원정으로 세 대륙에 걸친 알렉산드로스제국이 건설되었다. 알렉산드로스가 죽자 대제국은 금세 세 조각으로 나뉘었다. 페르시아제국의 영토를 계승한 셀레우코스왕조, 이집트의 프톨레마이오스왕조,* 그리고 그리스 본토의 마케도니아왕조. 이 왕조들은 그리스문명과 페르시아문명을 적극적으로 융합했고 그에 따라 새로운 문명이 등장하게 되었다.

알렉산드로스의 동방 원정에서 비롯해 세 왕조로 나뉜 이 시대

* 기원전 305년 개국해 기원전 30년에 로마제국에 패망한 왕조다. 이 왕조의 마지막 왕이 그 유명한 클레오파트라인데, 클레오파트라는 그리스계로 그 이름도 그리스식이다.

를 헬레니즘제국 혹은 헬레니즘시대라고 부른다. 헬레니즘제국은 그리스를 부르는 또 다른 이름인 '헬라스'에서 따온 말로 그리스문화를 계승한다는 의미를 가지고 있다.

헬레니즘제국의 성격

알렉산드로스의 원정길에는 많은 학자·관료·예술가·기술자·상인과 오랜 전쟁과 분열로 쇠퇴한 그리스 도시국가를 떠나 풍요로운 페르시아로 나선 사람들도 함께했다. 알렉산드로스는 페르시아의 공주 등 점령국의 공주들과 결혼했으며 다른 그리스인들에게 정복지 민족들과 적극적으로 결혼하기를 권했다. 인종과 민족의 혼혈로 하나의 제국을 만들려는 생각이었다.

헬레니즘문명은 그리스문명과 오리엔트문명의 융합이라고 하지만 실제로 많은 부분에서 페르시아문명을 계승했다. 페르시아는 이란의 서남부인 파르스지방에서 일어났다고 해 그리스인들이 부른 명칭이다. 고대 이란의 아케메네스왕조는 서아시아에서 그리스에 이르는 강력한 제국을 건설했다. 아케메네스왕조는 경제·과학·예술·종교 등 모든 분야에서 높은 수준의 문화를 이룩했는데, 이 밑거름 위에서 헬레니즘문명이 꽃을 피운 것이다. 아케메네스왕조 때의 이란은 그저 서아시아 일대에 있던 제국이 아니라 유라시아의 서쪽을 지배한 명실상부한 대제국이었으며 그 후 출연하는 모든 제국의 원형이 되었다.

역사상 처음으로 이루어진 아시아와 유럽의 결합은 이름 그대로 유럽과 아시아를 망라한 다양한 문명을 교류하게 해주었고 인도문명과 중국문명 등을 흡수한 세계문명의 위상을 가지게 되었다. 헬레니즘제국 이후 세계는 본격적인 만남의 문화를 발달시킬 계기를 마련했다.

이어 지중해세계를 지배한 로마제국도 그리스인들을 통해 그리스와 오리엔트, 즉 유럽과 아시아의 만남인 헬레니즘문명에서 보고 배우기를 주저하지 않았다. 중세에 이 지역을 담당한 비잔틴제국과 이슬람제국도 바로 헬레니즘의 유산을 계승했고 그것은 다시 유럽 근대사회의 밑거름이 되었다. 중세의 긴 어둠을 뚫고 부활한 르네상스는 헬레니즘문명이라는 샘물에서 길어 올린 것이었다.

헬레니즘제국 영토의 대부분은 기원전 146년에서 기원후 30년 사이에 로마제국의 지배 아래로 들어갔다. 그러나 그것은 결코 끝이 아니었다. 로마제국과 중국이 본격적으로 만남을 준비하기 시작했으니 말이다.

2. 중국에서 로마제국까지

　기원전후 동아시아와 지중해에는 각각 한나라와 로마제국이라는 두 제국이 나란히 세계를 이끌고 있었다.

　당시 로마제국은 이탈리아반도를 통일하고 지중해에 진출해 셀레우코스왕조, 프톨레마이오스왕조 등 헬레니즘세계를 차례로 정복했다. 그 뒤 황제가 다스리는 정치체제를 수립하고 약 200년간 로마제국의 평화, 즉 팍스로마나를 맞아 번영을 누렸다.

　서방에 로마제국이 있었다면 동방에는 한나라가 있었다. 한나라 역시 팍스로마나에 버금가는 번영을 여러 세기 동안 누렸다. 한나라는 진나라에 이어 중국을 두번째로 통일한 왕조다. 기원전 206년 유방이 건국한 이래 망할 때까지 약 400년 동안 정치·경제·사회·문화 등 각 방면에서 커다란 발전을 이루고 아시아의 맹주로 자리했다. 한나라 하면 곧 중국을 의미할 만큼 중국인들은 한나라를 자국사의 근본으로 생각하고 자부심을 갖고 있다. 이때부터 한문화(漢文化)하면 중국문화로 여겼고, 중원지역의 중국인을 한인(漢人), 문자를 한자(漢字)라고 불렀다.

　지중해를 '내륙호'라고 하고 '모든 길은 로마로 통한다'라고 할 만큼 번영을 누린 로마제국은 생활이 안정되고 여유가 생기자 희귀사치품에 대한 수요가 높아져 동방무역에 큰 관심을 갖기 시작했다. 장건의 서역 착공으로 서역과 교류를 시작한 한나라도 서역을 넘어 로마제국과 교역하고 접촉할 필요가 많아졌다. 이처럼 먼 거리 교역이라는 필요충분조건이 성숙된 시기에 서쪽 끝의 로마제국과 동쪽 끝의 한나라는 사신을 교환했다.

하지만 지리적으로 너무 멀리 떨어져 있고 서로를 잘 알지 못했던 두 나라가 교류하기까지는 쉽지 않았다.

1 | 가까이 하기엔 너무 먼 엘도라도와 무릉도원

로마제국이 중국에 관심을 갖기 시작한 것은 비단 때문이었다. 그들은 비단을 세리카, 중국을 세레스라고 불렀다. 세레스는 비단과 결부해 '비단국민' 또는 '비단나라'라는 뜻이다.

그리스나 로마제국은 기원전 5세기부터 인도나 페르시아를 통해 중국이 비단 생산국임을 간접적으로 알고 있었다. 로마제국의 시인 베르길리우스는 세레스인들이 삼림 속의 나무잎사귀에서 양모 같은 비단실을 뽑아낸다고 읊을 정도로 비단에 대해 아는 게 없었다. 또 비단 생산자인 세레스인들은 키가 6.5미터에 이백 살까지 산다고 상상했다. 세레스에 대한 이러한 오해는 이후 수세기 동안 지속되었고 로마제국은 세레스를 막연한 호기심의 대상으로, 또 동방에 있는 미지의 나라로만 생각했다.

그러다 전한 때 서역 개통을 계기로 한나라와 서역 간의 교류가 시작되어 한나라의 비단이 서방에 다량 수출되면서 한나라에 대한 로마제국의 관심은 달라졌다. 중국비단이 워낙 뛰어나고 이색적이어서 로마제국에 수입되자마자 사람들의 마음을 금세 사로잡았다. 사치품으로 큰 인기를 모은 것은 물론이었고 비단의 가치는 금과 똑같은 무게로 취급될 정도였다. 로마제국에서 한나라는 '세리카의 엘도라도'가 된 것이다.

소문만 무성한 채 세레스의 실체가 오랫동안 서방에 정확하게 전해지지 않은 것은 당시 로마제국과 한나라 사이에 위치하며 오아시스비단길의 실권을 장악한 파르티아 때문이다. 파르티아는 비단무역을 독점해 막대한 이윤을 얻으려 비단에 얽힌 비밀을 서방에 알려주지 않았다. 중국의『후한서』서역전에서도 "대진 왕은 한나라로 사절을 파견하려 했지만 파르티아가 한나라의 빛깔이 화려한 비단으로 대진과 교역하기 위해 교통을 방해하고 직접교역을 못하게 했다"라고 기록하고 있을 정도다.

1세기를 전후로 로마제국에서는 비단을 비롯해 동방산 희귀사치품에 대한 수요가 급증했다. 로마제국 여성들은 물론 남성들까지 비단옷을 즐겨 입는 등, 이 유행하는 사치품 없이 살 수 없는 지경이 되었다. 그 수요를 충족하기 위해 세레스를 제대로 알고 하루빨리 그곳과 직접 만나 교역하는 것이 로마제국으로서는 급선무였다.

한편 한나라는 로마제국을 어떻게 생각했을까?

한나라에서는 로마제국을 대진(大秦)으로 불렀다. 로마제국의 주민들이 키가 크고 풍습이 중국 서북부의 진(秦)과 닮았다고 해서 대진이라 칭했다고『후한서』는 적고 있다.

로마제국이 한나라를 알고 있는 것에 비해 한나라는 로마제국에 대해 비교적 구체적이고 사실적으로 파악하고 있었다. 중국의 여러 사서에는 로마제국의 인문지리부터 정치제도, 생활풍습, 물산 및 교역에 이르기까지 다양한 방면에 걸쳐 기록되어 있다.

대진은 파르티아와 조지, 즉 시리아의 서쪽에 위치해 있으며 몇 갈래의 뱃길로 갈 수 있다고 구체적인 노선을 밝히고 있다. 또 사서는 로마제국의 풍요로움도 적고 있다. 땅속에는 금과 은뿐 아니라 밤에 빛나는 반지, 달처럼 밝은 진주, 산호, 호박 같은 보석이 많고 또 유리, 황금색의 도료 등도 있다고 소개하면서 외국에서 들어온 경이롭고 희귀한 물건들은 대개 이 나라에서 온 것이라고 결론짓고 있다. 아득히 먼 세레스가 로마인에게 엘도라도인 것처럼 중국인에게 로마제국은 무릉도원이던 셈이다.

이처럼 한나라가 로마제국에 대한 정확한 정보를 알고 있던 것은 기원전 2세기경 장건의 서역 착공을 계기로 서역의 여러 나라와 문물을 교류하고 상인들끼리의 교류가 활발히 이루어지면서 구체적인 정보를 얻을 수 있었기 때문이다.

2 | 로마제국은 한나라와 어떻게 만났을까?

로마제국과 한나라 사이의 교역은 로마제국에서 장안까지 바로 이루어지지 않았다. 로마제국은 기원전 1세기 무렵부터 인도를 통해 인도와 중국의 특산물을 샀다. 그 후 한나라와 직접 교역을 방해하는 파르티아를 누르고 중국과 교역하는 과정을 단계적으로 거쳤다.

로마제국과 한나라의 만남을 방해한 파르티아는 중국에서는 안식(安息)이라고 불린 나라다. 파르티아는 중국에서 로마제국으로 가는 대상들이 지중해를 건널 때 반드시 지나가야 하는 길목에 자리하고 있었다. 파르티아는 로마제국과 한나라의 직접교역을 막으면서 오아시스비단길의 비단무역을 독점해 엄청난 중개이익을 챙겼다.

파르티아가 번번이 중국의 비단 공급을 가로막자 로마제국은 파르티아를 눈엣가시처럼 여겼다. 그래서 로마제국은 동방으로 그 세력을 넓혀 비단무역의 주도권을 장악하는 동시에 서아시아의 패권을 잡기 위해서 파르티아와 몇 차례에 걸친 전투를 벌였다. 그 중에서도 최대의 격전은 기원전 53년 벌어진 칼루레전투다. 파르티아의 거듭되는 도전에 로마제국의 시리아 총독 크라수스는 기병 4,000명을 포함해 4만 2000명의 대군을 이끌고 유프라테스강을 건너 파르티아로 진격했다. 하지만 쇠갑옷으로 무장한 채 말 위에서 활을 쏘며 달리는 파르티아군에 로마군은 상대가 되지 못했다. 전투 결과 로마제국은 전사자 2만 명과 포로 1만 명이라는 손실을 입고 크라수스가 전사하는 참담한 패배까지 맛봐야 했다. 그 후 양국은 1세기 중엽에 이르기까지 팽팽한 힘의 대치상태로 공존을 유지했다. 그 동안 파르티아가 지중해 동쪽 기슭의 비단무역을 계속 독점한 것은 물론이다.

하지만 1세기 후반에 접어들자 양국 간에는 비단무역을 둘러싼 쟁탈전이 다시 일어났고 파르티아는 당시 승승장구하던 로마제국에 밀려 쇠퇴하다 226년 사산왕조페르시아에 망하게 된다. 파르티아의 멸망으로 비단무역의 주도권은 로마제국이 차지하게 되었다. 시리아의 팔미라유적지에서는 2세기의 것으로 추정되는 중국의 비단이 수십 점 발견되었는데, 이 시기에 중국과 지중해 동쪽 해안 사이의 비단 교역이 이루어졌음을 알려주는 유물이다.

로마제국은 파르티아와 쟁탈전을 벌이면서도 지중해 및 홍해를 통해 인도와 교역을 계속했다. 기원전 1세기경 항해사 히팔루스가 인도양 계절풍의 비밀을 밝혀내고 아테네에서 홍해를 지나 인도양으로 가는 뱃길을 개척하자 로마제국은 인도 서해안의 파루

가자항이나 인더스강 하구에 직접 가서 교역할 수 있었다. 로마제국은 인도라는 교역의 중개지를 통해 한나라와 간접적으로 만날 수 있던 것이다.

로마제국과 인도는 지중해 동쪽 해안에서 아라비아해를 거쳐 인도 서해안이나 동남부로 이어지는 바다비단길을 통해 교역했다. 인도 서남부지역에서 대량 발견된 1~5세기경의 로마화폐는 그 무렵 인도가 로마제국과 한나라 사이에서 중계자로 활발히 활동했음을 보여준다.

한편 로마제국은 인도와 간접무역을 하는 동시에 바다비단길을 통해 중국과 직접교역도 시도했다. 홍해나 지중해에서 출발해 아라비아해와 인도양을 지나 당시 한나라 영토인 미얀마나 베트남까지 연결되는 바다비단길을 이용한 것이다. 하지만 대부분의 교역은 직접교역보다 인도 서해안의 항구들에서 릴레이식으로 진행되었다. 중국이나 서역의 대상들이 비단 등 중국의 수출품을 오아시스비단길을 거쳐 인도 서해안까지 운반하면 그곳에서 로마상인들이 넘겨받아 로마제국으로 운반했다.

이처럼 로마제국과 한나라 간의 교역은 로마제국 대 인도, 인도 대 한나라 간의 분할무역 형태로 상당한 기간 동안 지속되었다. 이러한 교역형태를 통해 로마제국이 중국에서 가져온 물품은 견직물 외에 피혁, 철, 계피 등이었으며, 중국에 판 물품은 유리, 모직물, 아마포, 홍해산 진주, 상아, 물소 뿔, 바다거북, 향료 등이었다.

하지만 로마상인들은 로마제국의 물품을 수출하는 것보다 이윤이 큰 동방의 특산물과 사치품을 수입하는 데 열을 올렸다. 그 결과 수입이 수출을 크게 초과하고 로마화폐가 동방으로 대량 유출되어 로마제국의 쇠퇴를 가져오기도 했다.

3 | 한나라는 로마제국과 어떻게 만났을까?

한나라는 장건의 서역 착공을 계기로 서역과의 교류에 물꼬를 텄다. 오아시스비단길을 통해 서역의 여러 나라와 문물을 교류하는 동시에 바다비단길을 통해서도 인도와 지중해 너머에 있던 로마제국과 접촉을 시도했다.

반초의 활약으로 서역 가는 길이 활짝 열리면서 한나라는 오아시스비단길을 통해 서역과 적극적으로 교류했다. 한나라는 서역에 비단·칠기·철기·연옥·마직품·청동장식품 등을 수출했는데 그중에서 비단이 최고 인기품이었다.

또 바다비단길을 통해 인도와도 교역했다. 『한서』 지리지는 기원 전후 베트남에서 인도 동남해안에 있던 황지국까지의 항로를 구체적으로 소개하면서 교역모습을 전한다. 오늘날의 칸치푸람인 황지국에 온 중국무역선이 황금과 각종 비단 등 많은 화물을 외국의 무역선에 실어 보낸다고 기록하고 있는데 이 외국선박이 로마제국의 무역선일 것으로 추정되고 있다.

이와 함께 한나라는 로마제국과 공식적인 접촉과 직접교역도 시도했다. 97년 서역을 다스리던 반초는 부하 감영을 서방에 파견했다. 반초는 막대한 중개이익을 독점하던 파르티아의 비단무역 실태를 파악해 한나라와 로마제국 사이의 직접교역을 성사시키려 했다. 또 한나라의 위세를 서방에 보여 서방과의 공식적인 외교관계도 맺으려는 전략이었다.

감영은 파미르고원을 무사히 넘고 대월지국을 지나 파르티아에 도착했다. 로마제국에 가기 위해 시리아에서 배를 타려고 했는데 파르티아 뱃사람이 "이 바다는 매우 넓어서 날씨가 좋으면 석

기원전 2세기 무렵 한나라와
세계.

달 만에 지날 수 있지만 풍향이 나쁠 때는 2년이 걸리는 여행이 될
수도 있다. 그래서 여행자는 3년 치 양식을 싣고 가야 하고, 또 바
다 한가운데서 향수병에 걸려 죽는 사람도 있다"라며 뱃길의 위험
을 과장했다.

　이 말을 들은 감영은 크게 실망해 로마제국으로 가는 임무를
포기하고 귀국하고 말았다. 파르티아로서는 로마제국과 한나라의
직접교류를 막아 중개무역상의 위치를 계속 유지하는 것이 이롭기
때문에 감영의 로마행을 방해한 것이다.

　비록 감영의 로마행은 실패했지만 그가 들른 파르티아와 시리
아 등은 전한시대 이후 누구도 가지 않던 곳이었다. 감영의 노력으
로 파미르고원 너머에 있는 서역에 관한 구체적인 정보가 중국에
알려지게 되었다.

　그 후 중국과 로마의 공식적인 접촉은 166년 로마제국의 황제
안토니우스가 한나라에 사절을 보내면서 시작된다. 중국의 『후한
서』에 따르면 대진 황제 안돈, 즉 안토니우스의 사절이 베트남에

상륙한 후 한나라의 수도인 뤄양에 와서 상아, 물소 뿔, 바다거북 껍질 등 선물을 바치고 황제를 알현하면서 양국관계가 공식적으로 시작되었다.

이처럼 한나라는 오아시스비단길과 바다비단길을 통해 직간접으로 로마제국과 교류했다. 옥에오유적은 바다비단길을 통한 로마제국과 한나라의 교역을 보여준다. 베트남 남부에 있는 옥에오유적에서 안토니우스의 이름과 초상 등이 새겨진 금화, 로마제 염주, 로마황제의 금박 휘장, 한나라의 기봉경이란 구리거울 파편 등이 다양한 형태의 불상과 함께 출토되었다. 이 유물들은 당시 인도차이나반도에서 로마제국과 한나라가 직간접적으로 만나 교류했음을 말해주는 중요한 단서다.

로마제국이 자국에서 멀리 떨어진 한나라와 접촉한 것은 로마의 문화에 많은 영향을 주었다. 비단 같은 수입품은 로마사람들의 취향과 관습을 변화시켰는데, 심지어 비단을 사는 데 드는 비용이 너무 많아 로마의 경제가 휘청거릴 정도였다.

대항해시대를 연 발견자들은 그들이 신세계를 개척했다고 믿었지만, 그보다도 훨씬 오래전 '팍스로마나'와 '팍스시니카'를 누리던 두 제국은 비단길을 통해 만났고, 서로의 문화를 풍성하게 살찌웠던 것이다.

3. 중세를 이끈 두 거목, 이슬람과 중국

7세기에 접어들면서 유라시아에는 획기적인 변화가 생긴다.

동쪽으로는 오랫동안 분열되어 통일국가를 이루지 못하던 중국이 수나라와 당나라 시대를 맞아 강력한 통일제국을 이루었다. 당나라는 막강한 국력을 바탕으로 당시 세계 최고의 문명을 이룩하며 세계인들이 선망하는 나라가 되었다. 당나라는 이전에 볼 수 없던 개방적인 자세로 이국문물을 받아들여 한나라 이후 약 500년간 지지부진하던 동서 교류에 새 바람을 몰고 왔다.

서쪽에서는 유목민족으로 뿔뿔이 흩어져 살던 아랍인들이 이슬람교를 창시한 뒤 본격적인 통일제국 세우기에 나섰다. 이슬람제국이 세계사를 뒤흔드는 돌풍을 일으키며 아시아·아프리카·유럽에 걸쳐 등장한 것이다. 이슬람제국과 당나라는 파미르고원을 사이에 두고 세계적인 양대 제국으로 자웅을 겨루며 시대의 조명을 한 몸에 받는 주인공이 된다. 당시 침체되어 있던 중세 유럽과 선명한 대조를 이루며 이슬람과 중국은 아시아의 동서지역에 찬란한 문명의 금자탑을 쌓았다.

1 | 이슬람제국과 이슬람문명

유라시아에 떠오른 큰 별, 이슬람제국

6세기 중엽, 무함마드와 이슬람교의 출현은 아라비아반도는 물론 유라시아 일대에 불어올 세계사적 대변화를 알리는 전주곡이었다. 무함마드는 정치·종교·군대가 하나된 이슬람공동체를 건설하고 정복활동을 시작했다. 얼마 지나지 않아 그는 아라비아반도 대부분을 이슬람교의 깃발 아래로 통일했다. 이슬람제국이 마침내 닻을 올리기 시작한 것이다.

무함마드가 사망한 후, 민중들은 이슬람제국의 주권자인 칼리프를 선출했다. 이슬람제국을 이끄는 정통칼리프시대가 시작되면서 본격적인 대정복시대의 막이 올랐다. 이때 아라비아반도는 물론 그 주변나라들이 이슬람의 울타리 속으로 모여들었다. 서쪽으로는 이집트를 정복해 북아프리카 일대까지 진출했고 동쪽으로는 사산왕조페르시아를 정복했다. 약 400년간 서아시아와 중앙아시아 대부분을 통치한 사산왕조페르시아는 끝내 멸망하고 이슬람제국에 그 자리를 내주고 말았다.

뒤이어 등장한 우마이야왕조는 아시아·아프리카·유럽 세 대륙을 아우르는, 그야말로 세계적인 대제국을 수립했다. 서쪽으로는 유럽의 이베리아반도를 침략해 오늘날 에스파냐와 프랑스가 피레네산맥을 경계로 국경을 마주하고 있듯이 피레네산맥 이남을 차지하고 북쪽의 프랑크왕국과 국경을 접하게 되었다. 또 북아프리카를 공격해 북아프리카 서쪽 끝에 위치한 모로코 일대까지 세력을 넓혔다. 동쪽으로는 중앙아시아를 공격해 아무다리야강 너머 소그디아나와 페르가나를 침범해 그 일대를 장악했다. 물밀듯이 쳐들어오는 이슬람군에 맞서 중앙아시아의 여러 민족들은 저항하기도 했지만 이슬람군은 여세를 몰아 중앙아시아 너머 인더스강 유역까지 진출했다. 당나라와 이슬람제국이 일대 결전을 치른 것도 이즈음이다. 고구려 유민 고선지 장군이 활약한 탈라스강전투가 바로 그것이다. 탈라스강을 피로 물들인 이 전투에서 이슬람제국과 당나라는 한 치도 양보할 수 없는 적이 되어 싸웠지만 그 이후 오랫동안 동지로 교류하였다.

우마이야왕조를 이은 아바스왕조는 새로운 정복활동보다 앞서 이룬 대제국을 기반으로 화려한 이슬람문명을 창조했다. 아바스왕조는 비아랍인의 주도로 세워졌기 때문에 아랍민족을 우대하고 비아랍무슬림을 차별하는 분위기는 사라졌다. 아랍민족이 중심이 되었던 우마이야왕조와 달리 아바스왕조 때에는 다양한 민족과 지역이 통합된 거대한 이슬람문명권이 탄생했다. 아바스왕조는 수도를 다마스쿠스에서 바그다드로 옮기고 동서무역의 패권을 장악하며 이슬람문화의 찬란한 황금기를 이루었다.

이즈음 이베리아반도에는 후기우마이야왕조가 수립되어 에스파냐와 북아프리카지역을 지배하며 지중해무역을 장악하고 고도로 발달한 이슬람문명을 유럽 속에 꽃피웠다.

이슬람제국이 최고의 전성기를 맞는 동안 서구 기독교문명은 중세 암흑기를 보냈다. 빛나는 이슬람제국과 어둠에 잠긴 유럽, 엇갈린 명암이 선명한 대조를 이루던 시절이다. 북아프리카와 에스파냐가 무슬림의 수중에 들어갔고 비잔틴제국은 시종 이슬람의 공격을 막아내느라 허덕이다 15세기에 오스만투르크제국에 멸망했다. 기독교도들이 11세기 말부터 수차례 일으킨 십자군전쟁도 상황을 바꾸지는 못했다. 셀주크투르크는 십자군전쟁을 승리로 이끌어 유럽을 능가하는 이슬람제국의 저력을 다시 한 번 보여주었다.

그러나 이슬람제국이 몽골의 말발굽에 짓밟힌 13~14세기 때부터 상황이 바뀌었다. 유럽인들도 중세의 어두운 장막을 걷어내고 새로운 대륙을 찾아 도전장을 내밀었으며, 무슬림들은 13세기에 이베리아반도 대부분에서 쫓겨났다. 유럽의 기독교도들은 에스파냐에 있던 최후의 이슬람제국을 무너뜨리고 본격적으로 근대사의 무대에 오르게 된다.

이슬람세계의 발전에 이바지한 이민족들

이슬람제국이 세계적인 문명권을 이루는 과정에서 가장 두드러지게 활약한 민족은 투르크족과 몽골족이다.

투르크족의 이슬람화 과정은 아주 특별하다. 어떤 민족이 집단적으로 이질적인 문명을 새로 받아들이고 그 역사의 주인공으로 변신한 경우는 드물다. 투르크족은 시르다리야강 북쪽에서 남쪽으로 내려와 다시 서쪽으로 옮겨간 유목민족이다. 유목민이었던 투르크족은 오아시스비단길의 농경지들을 점령하면서 한꺼번에 이주해서 국가를 세우고 농경민으로 정착해갔다. 이렇게 중앙아시아를 투르크화한 뒤 적극적으로 이슬람교를 받아들임으로써 14세기경 모든 투르크세계가 이슬람국가로 변신했다. 이들은 셀주크투르크와 오스만투르크를 건설해 이슬람세계를 이끄는 지배자로 군림하게 되었다. 유목민이던 투르크족이 이동해 와 정착하고 이슬람화한 것은 굴러온 돌이 박힌 돌을 빼낸 격이 되었지만 투르크족의 역사를 창조하는 데 중요한 원동력이 되었다.

몽골족도 이슬람교를 유라시아 각지로 전파하는 데 공헌했다. 몽골제국은 비교적 너그러운 종교정책으로 다양한 종교를 받아들였다. 특히 무슬림들의 역량을 인정해 재정·학문·기술 등 여러 분야에서 많은 무슬림들을 데려와 국가 운영에 활용했다. 색목인이라 불린 무슬림상인들은 몽골제국의 지배층이 되어 경제분야를

책임지기도 했다. 이런 무슬림의 활약에 힘입어 원나라 때 중국에는 이미 이슬람교가 완전히 정착했고 무슬림공동체도 여러 곳에서 형성되었다. 우리나라에도 몽골 침입을 계기로 고려시대에 많은 무슬림들이 드나들며 정착했다. 이란지역에 있던 일칸국에서는 특히 페르시아문명과 이슬람문명이 활발히 교류되었고 한때 이슬람교를 국교로 삼은 적도 있다. 킵차크칸국에서도 상당히 많은 분야에서 이슬람문명을 흡수했다.

2 | 당나라와 송나라의 발전

서쪽으로 가장 멀리 간 중국, 당나라

중국은 항상 북방유목민족과 대결하며 자신의 힘을 키워야 했다. 한나라 때는 막강 흉노족과 맞섰고 당나라 때는 돌궐족과 대결해야 했다.

당나라 초기까지 중앙아시아의 크고 작은 국가들은 대부분 돌궐족의 손아귀에 있었다. 그러나 돌궐족이 동돌궐과 서돌궐로 분열되어 국력이 쇠약해지자 그 틈을 타서 당나라는 파미르고원 너머 서역 일대로 진출했다. 마침내 당나라는 돌궐족의 무릎을 꿇게 하고 페르시아 일대까지 이르러 파미르고원의 동서 양방향으로 세력을 뻗어 한나라를 능가하는 대제국을 이루었다.

660년대 당나라는 아무다리야강과 시르다리야강 일대까지 영토를 확장해 파미르고원 서쪽의 서돌궐지역에 22개의 도호부를 설치하고 기미정책으로 그 일대를 통제했다. 이 시절이 중국 역사상 서쪽으로 가장 멀리 뻗어나간 때다.

당나라 최고의 장수였던 고선지는 네 차례에 걸친 서역 원정

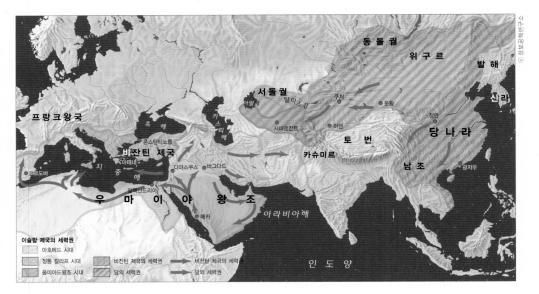

7~8세기의 당나라와 세계.

끝에 오아시스비단길 일대의 여러 도시국가들을 정복하며 당나라로 편입시켰다. 그 과정에서 티베트나 쿠처 등 일부 도시국가들은 서돌궐과 연합해 당나라에 보복공격을 감행하기도 했다. 8세기 중엽 일어난 안사의 난 이후 티베트는 당나라 서부지역을 차지하고 위협적인 세력으로 등장했는데, 고선지는 이들을 막아내는 데 결정적인 역할을 했다. 당나라는 고선지 군대의 승승장구에 힘입어 서역 지배라는 거대한 결실을 거두었지만 5차 서역 원정에서 이슬람군과 정면으로 부딪쳤다. 중앙아시아에 있던 석국이 당나라에 원한을 품고 이슬람제국에 도움을 요청하자, 동쪽으로 진출하기 위해 때를 노리던 이슬람제국은 얼른 개입해 751년 탈라스강에서 당나라와 일대 격전을 벌였다. 단 닷새 만에 7만여 명의 당나라군이 패배의 쓴잔을 마셨다. 탈라스강전투로 당나라군 일부는 포로로 이슬람제국에 끌려갔고 약 100년간 당나라가 장악했던 파미르고원 서쪽의 중앙아시아 일대는 이슬람화되고 말았다.

　　당나라는 주변국들과 활발히 교류하면서 국제적이고 개방적인

290

범아시아문명시대를 열었다. 장안은 8세기 말 이슬람제국의 수도 바그다드가 번창하기 전까지 아시아에서 가장 번영하고 화려한 국제도시로서 서역문물의 집산지요 중계지 역할을 했다. 당나라 시절에는 역사상 유례가 없는 물질적인 풍요를 이루며 각종 정치제도가 발전했고 다양한 사상과 종교가 꽃을 피웠다. 심지어 새로운 의상과 헤어스타일까지 등장했다.

영토는 작지만 강한 경제력을 지닌 송나라

국경지대 군책임자인 절도사들의 세력이 강해지면서 당나라는 결국 그들에게 무너진다. 그때가 907년이다. 안사의 난을 일으킨 안녹산도 당나라군에 기용된 서역인 절도사로 아버지가 소그디아나인이었고 어머니는 돌궐인이었다. 각지에서 절도사들이 정권을 잇는 5대10국의 혼란기를 거쳐 송나라가 다시 통일국가를 세웠다.

북쪽의 거란족이 강성해지면서 송나라는 당나라 때보다 훨씬 작은 영토로 출발했다. 건국 후 절도사의 권한을 약화하기 위해 문신을 우대하면서 송나라의 국방력은 점점 약해졌다. 이민족의 거듭된 침략에 영토는 더욱 줄어들었고 국제관계에서 수세에 몰리는 입장이 되었다. 거란족을 누르고 여진족이 세운 금나라가 쳐들어와 급기야 중국의 북방지대를 장악하자 송나라는 남쪽으로 밀려가 남송시대를 열었다. 그 후 거란과 여진을 모두 제압한 몽골제국이 남송으로 침입해오면서 결국 남송도 무너지고 말았다.

송나라는 당나라처럼 국제적이고 화려한 문화를 꽃피우지는 못했지만 경제는 오히려 비약적으로 발전해 농업혁명과 상업혁명을 이루었다. 농업생산이 월등히 향상되자 인구가 대폭 늘어나고 생활수준도 높아졌다. 수공업과 상업이 발달해 동전·지폐·어음을 사용했고 금융업도 번성했으며, 해상무역이 번창해 서역과의 교역은 더욱 활발해졌다.

당나라 말기 이후 남송시대까지 양쯔강 이남의 장난지역은 중국의 새로운 경제중심지로 떠올랐다. 거란족과 여진족 등 북방민족의 침입으로 육로교역은 힘들었지만 바다를 통한 교역은 나침반의 발명과 과학기술의 발달에 힘입어 당나라를 훨씬 능가하게 되었다. 인구도 늘어 대도시가 당나라 때는 약 10개였지만 송나라 때는 40여 개로 늘어났고 무역 전담기구인 시박사도 당나라 때 한 군데에서 송나라 때는 아홉 군데로 늘었다. 나침반·화약·인쇄술 등 중국의 발명품들은 대부분 송나라 때 탄생해 이슬람제국을 거쳐 유럽에 전해졌다. 이슬람상인들을 비롯한 각지의 상인들과 각계각층의 외국인들이 송나라에 들어와 활발히 교류하기도 했다.

3 | 흘러간 사람, 흘러온 문화

중세의 양대 문명을 이끈 중국과 이슬람제국은 교류에서도 새로운 장을 열었다. 페르시아제국과 이슬람제국은 평균 3~4년에 한 번 꼴로 중국에 사절을 파견해 긴밀한 관계를 유지했다. 페르시아인과 아랍인은 중국의 가장 중요한 교역상대로 중국은 이들을 묶어서 한꺼번에 상호(商胡)라 불렀고 가끔 이들을 혼동하기도 했다. 특히 페르시아제국은 부유한 상인들을 많이 배출해 장안에서 영향력이 매우 컸다. 사산왕조페르시아의 마지막 왕과 왕자가 장안으로 망명한 뒤 숨을 거둘 정도로 페르시아인에게 장안은 선망의 땅이었다.

8세기경부터 아랍인도 사막에서 바다로 무대를 바꾸어 활발히 활동했고, 10세기 들어 아바스왕조가 전성기를 누리면서 대외교역은 한층 활기를 띠었다.

남송도 바다비단길을 통한 해외 진출에 박차를 가했다. 송나라 때는 나침반의 발명과 과학기술의 발전으로 더 빨리, 더 멀리, 더 안전하게 바다비단길을 오가는 수준 높은 항해시대를 열었다.

장안에는 유학생·승려·상인·정치인 등 다양한 계층의 외국인들이 물밀듯이 들어왔다. 당나라 말기에는 무슬림들이 중국의 정치와 군사 분야에 대거 등용되었는데, 9세기 중엽 이래 매년 예부 시험 합격자 중 두세 명은 무슬림을 비롯한 서역인이었다. 그 당시 서역 출신으로 재상이 된 자가 네 명이나 되었고 당나라 현종 때는 중국인 장수를 대신해 서역인 장수를 32명이나 군책임자로 기용했다. 당나라 때의 이백이나 백거이 같은 서역 출신의 대시인들도 오래도록 잊히지 않는 역사의 인물로 남아 있다.

당나라 때는 이주해온 외국인들도 많았다. 동돌궐의 멸망으로 한꺼번에 1만여 가구나 이주해온 돌궐인들을 비롯해 소그드인으로 통하는 사마르칸트인나 부하라인도 많이 이주했다. 페르시아인도 이주해와 대부분 상인으로 장안의 시장을 활보하면서 페르시아 문화를 퍼뜨렸다. 인도인들은 대부분 불교승려로 활약하며 불교 전파나 불경 번역에 종사했다. 8세기 말 티베트가 오아시스비단길을 점령하자 돌아갈 길이 막혀버린 서역 사신 약 4,000명이 집단으로 중국에 남은 적도 있다. 이런 다양한 서역인들은 새로운 문명의 전달자로 중국문화를 변화시키는 데 큰 역할을 했다.

한편 7세기경 불교가 중앙아시아에서 쇠퇴하자 승려들이 당나라로 밀려왔고, 소그드인이 중국에 조로아스터교·마니교·경교 등 다양한 이국종교를 전파해 장안에는 이국사원이 즐비했다.

중국의 동남해안 일대에는 국제무역항들이 속속 등장했다. 특히 광저우와 양저우에 아랍상인들이 많이 왕래하며 정착했고, 외국인들의 집단거주구역인 번방*이 마련되었다. 신라인들도 집단 거주지인 신라방과 숙소인 신라관을 두고 당나라와 활발한 관계를 맺었다. 또 당나라의 과거시험에 신라나 발해인이 응시해 종종 실력을 겨루곤 했다.

번방은 송나라와 원나라 때가 전성기인데 이때 많은 외국인들이 이주해옴에 따라 점점 그 규모가 확대되고 역할도 커졌다. 북송시대 말엽에는 손꼽히는 다섯 부류의 외국인집단이란 뜻의 '5대번객'이라는 말이 생길 정도로 많은 외국인들이 중국땅에 뿌리를 내렸고 중국과 서역을 엮는 새로운 문화를 창조해갔다.

한편 중국인들의 해외 진출도 많았다. 중국인들은 이미 탈라스 강전투에서 약 2만 명이 포로가 된 채 이슬람 각지로 끌려가 비단과 종이 등을 만드는 기술을 전파했다. 또 당나라 때부터 중국인은 동남아 일대에 많이 진출했고 송나라 때는 대외무역을 권장하면서 남인도나 인도네시아 등으로 많은 사람들이 진출했다. 그때 이주한 중국인들의 후예들이 오늘날에도 화교로 불리며 각지에서 막강한 영향력을 행사하고 있다. 그 밖에 송나라사람들도 아랍의 여러 항구를 왕래하면서 장기간 머문 경우도 많았다.

4. 세계를 뒤흔든 몽골제국

1 | 가장 넓은 영토를 가진 제국

몽골족은 몽골고원에서 말을 타면서 사냥하고 유목을 하는 기마유목민족이었다. 1206년 '푸른 이리와 늑대의 후손' 테무친이 몽골고원의 여러 부족을 통일해 몽골제국을 건설했다. 몽골족은 그를 하늘처럼 떠받들어 '위대한 군주'라는 뜻의 칭기즈칸이라 불렀다.

당시 송나라는 북쪽의 여진족이 세운 금나라에 밀려 양쯔강 남쪽으로 쫓겨갔다. 그래서 그 시기의 송나라를 남송이라 부른다. 중국 서쪽의 비단길 연변에는 서하, 타림분지에는 위구르, 몽골고원 동서쪽으로는 거란족 등 유목민족들이 중앙아시아와 동아시아에 광범하게 퍼져 세력권을 형성하고 있었다. 몽골이 금나라를 공격하려고 나서기 시작할 무렵 거란족이 먼저 몽골 휘하로 들어왔다. 그 뒤를 이어 위구르족 등 여러 유목민족들이 몽골에 합류했다. 이들은 여러 나라에 대한 정보를 수집하는 정보원이었으며 치밀한 원정계획을 짜는 데 도움을 준 일등참모였다.

13세기 몽골의 세계 정복은 네 차례에 걸쳐 진행되었다. 이 정

적들을 추격하는 칭기즈칸.

복전쟁은 역사상 처음으로 있던 큰 규모의 전쟁이었다. 유라시아 전체를 말발굽소리로 뒤흔들었다고 해도 과장이 아니었다. 불과 30년 만에 이들이 정복한 지역은 유라시아 동쪽 끝에서 오스트리아의 빈 근처까지였다.

1차 원정(1215)

몽골고원을 통일한 칭기즈칸의 기마군대는 재물과 식량이 풍부한 금나라를 치기 위해 길목에 있던 서하를 공격했다. 1210년 서하의 항복을 받은 몽골군은 이듬해 금나라를 공격해 1214년 수도인 중도를 포위했다. 오랜 전쟁으로 물자 부족에 시달리던 금나라

조정은 화친을 요청했고, 칭기즈칸은 오늘날의 베이징인 중도에서 군사를 돌렸다. 1215년의 일이고, 이를 몽골의 1차 원정이라고 부른다.

2차 원정(1219~1225년, 1차 서방 원정)

칭기즈칸이 교역을 위해 호레즘왕국에 보낸 몽골 사신들이 호레즘왕국의 한 지방총독에게 살해된 사건이 일어났다. 분노한 칭기즈칸은 침공의 화살을 서쪽으로 돌렸다. 호레즘왕국은 아바스왕조가 약해지면서 이란지역에 세워진 정권으로 서아시아에 이슬람제국을 대체할 수 있는 세력으로 성장하던 나라였다. 몽골의 공격만 받지 않았다면 서아시아에 옛 페르시아의 영광을 재현했을지도 모른다.

우연한 사건으로 칭기즈칸이 공격을 했는지 아니면 공격할 구실을 찾고 있었는지는 확실치 않지만 파미르고원 서쪽 트란속사니아의 사마르칸트나 부하라 그리고 이란 동부의 오아시스도시들이 약탈당했다. 이것이 시작이었다. 칭기즈칸의 서방 원정은 유목민들의 뛰어난 전쟁전술이 빛을 발했던 원정이었다. 중앙아시아 일대의 넓은 지역을 전쟁터로 했으면서도 각 지역별로 나뉜 부대들은 기계의 톱니바퀴처럼 맡은 임무를 정확히 수행했다고 한다.

3차 원정(1235~1244년, 2차 서방 원정)

1227년에 칭기즈칸이 죽은 후 1229년 셋째아들 우구데이가 2대 칸으로 등극했다. 몽골초원을 출발한 원정대는 광활한 초원을 가로질러 러시아초원을 지나 1240년 당시 러시아 최대도시이자 오늘날에는 우크라이나의 수도인 키예프를 함락했다. "그들을 위해 울어줄 눈도 남아 있지 않았다"라고 할 정도로 몽골군은 완벽하

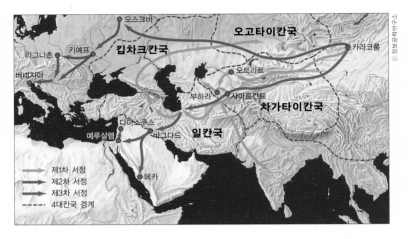

게 파괴했다.

그리고 1241년 폴란드의 리그니츠전투에서는 폴란드와 독일 연합군을 무찔렀다. 이어 헝가리와 루마니아를 공격하고 오스트리아와 오늘날 유고연방까지 진출하기도 했다. 서유럽의 공포감은 극에 달했고 공포에 가득 찬 유럽인들은 그들을 '지옥의 사람들'이라는 뜻의 '타타르'라고 불렀다. 이 원정으로 러시아에 킵차크칸국을 세웠다.

그러나 서유럽 정벌을 눈앞에 둔 어느 날 갑자기 이들은 말머리를 돌려 초원의 안개 속으로 사라졌다. 몽골의 수도 카라코룸에서 2대 칸인 우구데이가 사망했다는 소식이 전해졌기 때문이다. 지옥문 앞까지 갔던 유럽은 대책을 세우지 않으면 안 되는 위기의식에 사로잡히게 되었다.

4차 원정(1253~1260년, 3차 서방 원정)

남은 곳은 페르시아문명과 이슬람문명이 꽃핀 서아시아였다. 몽골군은 문명의 꽃이던 바그다드를 파괴하고 아바스왕조를 멸망시켰다. 또 비단길 서쪽 지중해지역의 교역중심지이자 우마이야왕

298

조의 수도였던 다마스쿠스까지 점령했다. 여기서 이란을 중심으로
한 서아시아에 일칸국을 세웠다. 또한 중앙아시아에 오고타이칸국
과 차가타이칸국을 세웠고, 오랫동안 항전하던 남송을 물리치고
중국에 원나라를 세웠다. 이렇게 다섯 개의 나라가 몽골제국을 구
성하게 되었다.

이렇게 해서 칭기즈칸과 그의 자손들은 동쪽으로는 중국의 금
나라와 남송, 서쪽으로는 이슬람제국, 서북쪽으로는 러시아를 정
복해 몽골제국을 건설하기에 이르렀다. 실로 엄청난 규모다. 어떻
게 몽골은 30년이라는 짧은 시간에 그런 거대제국을 건설했을까?

2 | 몽골제국의 힘은 어디에서 나왔나?

사냥이나 하고 이동하면서 말이나 양을 기르던 유목민들. 미개
하고 가난하며 적은 인구의 민족. 이들이 어떻게 강력한 문명국가
들을 정복하고 가장 넓은 영토를 차지할 수 있었을
까?

몽골족이 전쟁에서 이겼다고 해서 그렇게 큰 제
국을 지속적으로 운영할 수는 없었다. 다른 유목민
족들이 갖지 못한 무엇인가를 그들이 갖추었다고 봐
야 할 것이다. 그 무엇을 그들의 야만성에서 찾는 학
자도 있다. 너무나 야만적이기 때문에 철저히 학살
해서 반격의 싹을 잘라버렸다고 보는 것이다. 과연
그랬을까? 그렇다면 몽골이 얻고자 했던 부와 기술
은 누구를 통해 얻을 수 있었을까? 몽골은 기술을

몽골제국의 영웅 칭기즈칸.

몽골제국의 지휘관 갑옷. 갑옷 안쪽에 쇠붙이를 달아 적의 화살 공격에서 몸을 보호했다. 당시 유럽 기사의 갑옷에 비하면 무척 가벼웠다.

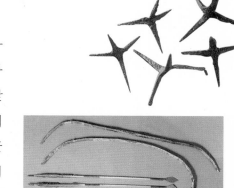

중요하게 여겼기 때문에 정복지에서 기술자들은 죽이지 않고 데려왔다. 살육과 파괴가 있었던 것은 사실이지만 그것은 일부분에 불과했다. 몽골이 가진 힘의 실체가 무엇인지 살펴보자.

몽골은 무엇보다 칭기즈칸 같은 탁월한 영웅을 가지고 있었다. 칭기즈칸은 인류역사에 이름을 남긴 정복자 중 가장 뛰어난 영웅으로 인정받고 있다. 칭기즈칸과 비교할 만한 정복자를 굳이 꼽는다면 알렉산드로스 정도가 될까? 훗날 몽골의 후계자로 자처하면서 중앙아시아를 호령한 티무르나 유럽의 나폴레옹 정도가 있지만 칭기즈칸에는 미치지 못한다.

칭기즈칸은 잔혹한 야만성을 가졌는가 하면 생각이 깊었고, 매우 엄격했으나 관대하고 자애로웠다. 그의 용맹성은 그를 가장 뛰어난 전쟁영웅으로 만들었다. 그는 병사들과 똑같은 게르에서 잤고 병사들과 똑같은 음식을 먹었기 때문에 병사들의 존경을 받았다. 또한 전쟁에서 얻은 전리품을 평등하게 분배했고 이 원칙에 조금이라도 어긋나면 가차 없는 벌을 내렸다. "가장 낮은 데를 보는 자가 가장 넓은 데를 어루만질 수 있다"라고 칭기즈칸은 말했다. 역사에서 그만큼 공포스러운 평을 받는 사람도 드물지만 몽골초원을 적시는 차디찬 강물처럼 매우 냉정한 이성을 가진 영웅이었다.

칭기즈칸 때의 군사용품들. 위부터 병사의 군화, 말 지뢰, 활과 화살, 화살촉, 철퇴.

14세기 초 그려진 세밀화의
한 장면. 칭기즈칸의 군대가
중국의 성을 포위해서 공격
하고 있다.

다음으로는 몽골의 전투력을 꼽을 수 있다. 기마전술과 활쏘기
술 등 완벽한 전투력, 어떤 군대보다 뛰어난 조직과 규율, 드높은
사기 등 이전까지 그 어느 군대도 갖지 못했던 전투력의 주요요소
를 갖추고 있었다. 몽골군은 이동하기에 쉽도록 그물갑옷을 입었
고 도망가는 말 위에서 뒤를 돌아 화살을 쏘는 유목민 특유의 전투
력으로 적들을 공포에 몰아넣었다.

점령지의 주민들을 전투병력으로 흡수한 점도 이들이 가진 크
나큰 지혜와 능력이었다. 몽골은 점령지의 포로를 적극적으로 전
투에 동원해서 병력을 늘려갔다. 민족에 따른 차별을 없애고 능력
에 따라 진급도 할 수 있었다. 정복을 할 때마다 병력은 눈덩이처

럼 늘어나고 힘도 강해졌다. 무조건 학살하고 불 질러 없앴다면 병력을 어떻게 충당할 수 있었을까? 특히 기술자를 우대해서 몽골제국에 이바지하게 했고 실제로 이들은 신무기를 개발해 몽골의 전투력에 도움을 주기도 했다.

그리고 지식과 정보로 도움을 준 여러 민족 출신의 재상들과 상인들은 몽골의 전투병력 못지않은 천군만마였다. 이들을 빼고 몽골제국을 말할 수는 없다. 게다가 몽골과 경쟁할 만한 상대가 없던 점도 유리한 조건 중 하나였다.

몽골의 파트너, 거란과 위구르

몽골이 세계사의 무대에 다시없이 큰 제국으로 등장하는 데 도움을 준 이들은 몽골제국 건설과 경영의 진정한 두뇌와 발이었다. 몽골족이 사냥과 말 타기에는 고수였을지 몰라도 상업을 하거나 행정조직을 만들고 유지하는 데는 별로 관심이 없었고 또 잘 알지도 못했다.

비단길의 상인으로 이름을 높였던 위구르인들과 거란인들이 문명의 교사 역할을 했다. 그리고 페르시아상인과 아랍상인도 결합했다. 이들은 몽골족이 파괴하고 불 지른 도시들에서 귀중한 서책들을 지키려 애썼고 농토를 갈아엎어 풀밭을 만들려는 시도도 막아서 농민들의 농토를 지켜주려 애쓰기도 했다.

"제국은 말 위에서 건설할 수 있을지라도 다스릴 수는 없다"라고 충고한 사람도 거란인 출신의 재상 야율초재였다. 항복을 받았다고 해서 나라가 저절로 다스려지는 것은 아니다. 제국을 유지할 수 있는 능력이 있어야 하기 때문이다.

몽골제국 초기인 1210년대 초반부터 중반까지 몽골고원의 동쪽과 서쪽으로 나뉘어 있던 거란족이 먼저 몽골에 합류했다. 동쪽의 거란족은 금나라의 지배 밑에 있었는데 최정예부대였다. 그러니 거란족의 이탈은 금나라의 힘이 약해지는 중요한 요인이 되었다. 이어서 톈산산맥 일대에 있던 위구르인이 합세했다.

이렇게 제국 초반기에 합류한 두 민족은 한때 중앙아시아와 동아시아에서 가장 주목할 만한 세력이었다. 거란은 이미 300년 전인 907년경에 유목국가와 중국식 국가체제를 결합해 제국을 경영한 경험이 있는 민족이었다. 몽골은 선배이자 교사인 거란을 통해 중국을 지배하고 경영할 수 있는 자신감을 배웠고 실제로 많은 노하우를 얻었다. 거란은 당나라가 멸망할 즈음에 베이징 주위에서 만주와 몽골고원에 이르는 거란제국, 즉 키타이제국을 건설한 바 있다. 발해도 926년 이들에게 망한다. 그리고 거란 남쪽에서 송나라가 건국했는데, 이를 북송이라 부른다. 북송은 줄곧 거란에 밀렸으며 이 지역에 거란에 이어 여진족이 금나라를 세웠을 때 북송은 남쪽으로 밀려 한참 쪼그라든 상태였다. 이를 남송이라고 부른다.

거란은 몽골보다 앞서 유목국가와 정주국가를 결합한 새로운 형식의 제국을 만들어 경영해본 경험이 있는 민족이었다. 요나라가 바로 거란이 세운 나라였다. 고려시대에 서희 장군과 강감찬 장군에게 패배한 적이 있던 그들이지만 중국의 동북지방에서 몽골고원, 서투르키스탄 위의 초원까지 장악한 제국이었다.

거란에 이어 합류한 위구르인들은 오아시스비단길과 초원비단길의 교통요충지인 톈산산맥 부근과 타림분지의 투루판을 중심으로 활약하고 있었다. 이들은 중국과 중앙아시아에 상인으로 이름을 날렸고, 투르크계 민족인 만큼 중앙아시아에 널리 퍼져 있는 투르크족을 통합하기에 적절했다. 몽골이 거란에서 중국 경영을 배웠다면 위구르인에게서는 중앙아시아를 지배할 수 있는 힘을 얻은 셈이다. 위구르인들은 여러 나라의 말에도 능통했고 지혜로운 민족이었다. 위구르인은 몽골제국 아래로 들어와서 능력에 따라 관료로, 상인으로 활약했고 지배층의 한 축을 이룬 교사였다.

그 외 여러 나라의 상인이 몽골제국이 유지되는 데 매우 중요한 역할을 했다. 몽골 지배자들은 일찍부터 비단길을 통해 무역을 하면 많은 이익이 생긴다는 것을 알고 있었다. 몽골족이 가지지 못했고 또 몽골족에게 필요한 것을 가진 사람들이 바로 상인이었다. 당시 비단길을 오가며 무역을 했던 국제상인들 중 페르시아와 아랍 출신의 무슬림상인들은 그 수도 가장 많고 장사수완도 좋았다. 중국에서는 푸른 눈빛을 가진 사람들이라는 뜻에서 이들을 색목인이라 불렀다.

이들은 비단길 주변의 나라들을 돌아다니며 장사를 했기 때문에 지리에도 밝았고 여러 나라들의 권력구조나 정치상황도 잘 알고 있었다. 호레즘왕국을 침공할 때 한 번도 가지 않은 길을 여러 부대들이 정확하게 움직일 수 있던 데는 바로 이 상인들이 준 정보가 있었다. 결국 몽골의 세계 지배는 무식한 유목민이 주먹구구로 이루어낸 것이 아니라 철저한 분석과 치밀한 작전에 따른 결과인 것이다. 요컨대 무슬림상인들은 핵심참모로 정보원으로 지리안내인으로 활약했고 전쟁비용까지 담당했으니 그 역할이 얼마나 컸는지 짐작할 수 있다. 그들의 본격적인 활동은 원나라 때에 빛을 발한다.

3 | 몽골의 평화, 비단길에 문명의 새 길을 열다

비단길에는 약 200년 만에 평화가 찾아왔다. 근대 이전까지 이때만큼 비단길을 통해 많은 사람과 물품이 오간 적은 없었다. 몽골은 여기저기에 도시를 건설했고 그 도시들을 이어줄 길을 만들었으며 있던 길은 새롭게 다듬었다.

몽골이 만든 역참제는 교통 발달에 중요한 기능을 했다. 역참제는 넓은 몽골제국을 효율적으로 통치하기 위해 만들어졌다. 그래서 40킬로미터마다 몽골말로 '잠'이라 부르는 '참'을 만들었다. 몽골말로 잠은 정류장이란 뜻이다. 식량과 가축의 먹이를 준비해 두어서 전령이나 사신이 쉴 공간을 만든 것이다. 역참은 길에만 설치되었던 것은 아니다. 초원이나 사막처럼 가도가도 마을이나 숙소가 없는 곳에도 만들어놓았다. 몽골제국 초기의 역참은 주로 군사용이었지만 전쟁이 끝나고 제국을 통치하면서는 조세와 현물을 거두고 실어 나르는 데 이용되었다.

역참은 특정한 허가증인 패자를 갖고 있는 정부관리나 사신이 이용할 수 있었고 일반상인들은 이용할 수 없었다. 나중에는 역참에 대상관이라는 대상들의 숙소도 지어 함께 이용할 수 있게 했다. 중국 안에만도 무려 1,500여 개의 역참*이 있었을 만큼 교통이 발달했다. 명령을 빨리 전달해야 할 경우 하루에 약 500킬로미터를 여러 전령이 이어달리기 하듯 달려서 카라코룸에서 유럽까지 보름 만에 도착할 정도였다고 한다.

몽골이 장악한 비단길에는 그 어떤 걸림돌도 없었다. 몽골이 비단길에 평화를 가져다준 것이다. 누구도 넘보지 못할 강력한 힘으로 유지한 평화, 이때를 '팍스몽골리카'라고 부른다. 팍스는 평화를 뜻하는 라틴어로 몽골의 힘으로 유지되는 평화라는 뜻이다. 히바칸국의 군주이자 역사가인 아불가지는 "누구든지 안전하게 황금쟁반을 머리에 이고 해가 뜨는 땅에서 해가 지는 땅까지 여행할 수 있을 만큼 평화를 누렸다"라고 말했다. 오아시스비단길·초원비단길·바다비단길, 이 세 길이 완벽하게 활짝 열려 동쪽과 서쪽이 비로소 완전히 만날 수 있게 된 것이다.

* 우리말에도 '한참'이라는 말이 있다. '한참 동안'이나 '한참을 가도' 따위로 쓰는 말로 시간적 의미를 갖고 있지만 사실은 한 참과 다른 참 사이의 거리를 가리키는 말이었다. 공간의 개념이 시간의 개념으로 바뀐 것이다.

학살과 파괴의 시대가 지나가고 잔혹했던 기억은 몽골제국이 주는 새로운 문명의 혜택으로 채워졌다. 농민을 보호하고 파괴된 도시를 건설하는 등 몽골은 비단길 전역을 지배하면서 세계의 모든 사람들이 하나라는 이념을 실현하기 위해서 노력했다. 실제로 철저히 파괴된 바 있던 사마르칸트도 1200년대 중반이 되면 전쟁 전 수준으로 복구되었다. 몽골은 모든 민족과 문화, 특히 종교를 차별하거나 압박하지 않았다. 칭기즈칸은 모든 종교에는 차별이 있어서는 안 되고 어떤 종교가 우위에 있어서도 안 된다고 생각했다. 몽골제국 때만큼 종교의 자유나 언론의 자유가 보장된 시대도 드물었을 것이다. 그래서 서방의 많은 여행가들이나 종교인들이 자유롭게 비단길을 따라 여행할 수 있었다. 마르코 폴로의 세계 여행도 이런 자유로운 분위기가 있었기 때문에 가능했다.

원나라와 쿠빌라이칸

원나라는 칭기즈칸의 손자인 쿠빌라이칸이 1271년 중국에 세운 몽골제국이다. 중국을 지배하기 위해 나라이름도 중국식으로 대원(大元)이라 했고 수도는 지금의 베이징인 대도였다.

원나라의 영토는 서북쪽으로 인산을 넘고 서쪽으로는 사막에 미쳤으며 동쪽으로는 랴오둥반도 끝까지 이르고 남쪽으로는 바다를 넘었다. 중국의 역대왕조 중 가장 넓은 영토를 가졌으며 당시 중국은 세계에서 가장 부유한 나라가 되었다. 원나라의 영향은 아시아는 물론 멀리 유럽과 아프리카까지 뻗어 있었다.

몽골제국이 네 개의 칸국과 원나라로 분열되었지만 원나라의 황제는 칸 중의 칸이었다. 특히 쿠빌라이칸의 동생인 훌레구가 통치한 일칸국과 원나라의 관계는 더욱 긴밀했다. 원나라와 일칸국은 끊임없이 사신이 왕래했고, 일칸국은 원나라의 영향을 많이 받

사냥길에 나선 쿠빌라이칸. 전체 그림 중 일부를 확대한 것이다.

앉다. 이런 긴밀한 관계는 인도양과 남중국해를 몽골의 바다로 만드는 데 결정적인 역할을 했다.

몽골제국 중 핵심인 원나라는 쿠빌라이칸이라는 유능한 황제가 통치하면서 중국에 몽골제국의 영향을 뿌리 깊게 심어놓은 계기가 되었다. 실제로 몽골을 무너뜨리고 들어선 명나라도 몽골의 세계제국 경영정책을 그대로 본받았으니 말이다. 칭기즈칸이 재위 21년 동안 원정을 통해 몽골제국의 건설과 기틀을 다졌다면, 쿠빌라이칸은 몽골제국의 세계제국 이념을 실현했다. 쿠빌라이칸은 중국 역사상 최초로 중국 전역을 정복한 이민족 출신 군주였다. 중국을 방문한 마르코 폴로는 "일찍이 세상에 나왔던 사람과 땅과 보물의 가장 강한 주인이자 가장 위대한 군주"라고 표현했다.

몽골제국의 특징을 한마디로 요약하라면 유라시아 대교역권의 완성이라고 할 수 있다. 원나라는 남송에 이어 접수한 바다비단길 무역을 장악하면서 더욱 발전시켰다. 이슬람제국을 접수한 일칸국과 인도양을 사이에 두고 하나로 묶은 것이다. 쿠빌라이칸의 정책이념은 철저한 중상주의였다. 유교적 국가이념은 상업을 천시해서 사농공상(士農工商)이라는 서열까지 매겼는데, 몽골은 이전의 제국과 확연히 달랐다. 몽골제국 초기에 '좌 거란 우 위구르'라고 부를 만한 제국 건설의 파트너가 있었다면 원나라에는 바다비단길의 패자인 무슬림상인이 있었다. 이 시대 무슬림상인들이 만든 오늘

308

날의 기업 같은 상인조직인 알탈은 몽골제국에서 가장 지배적인
영향력을 미친 세력이 되었다.

유라시아가 한 교역권으로

쿠빌라이칸 때부터 몽골제국은 본격적으로 번성했는데, 그는
몽골제국의 이념대로 국제무역을 발전시켰다. 송나라가 쓰던 지폐
를 발전시켜 중통원보교초라는 지폐를 만들어 전국적
인 통화수단으로 사용했다. 당시 원나라에 온 마르코
폴로는 베네치아에서 보지 못한 지폐를 보고 매우 놀
랐다. 베이징·항저우·취안저우는 모두 큰 상업도시
로 이름이 높았으며 특히 취안저우에는 금·은·도자
기·비단 등 수출품과 정향·후추 등의 수입품이 모여
들었다. 마르코 폴로는 당시 항저우를 보고 '하늘의 도
시 퀸사이'라고 불렀는데, 그 정도로 사치스럽고 부유
했다. 인구 100만이 넘는 화려한 도시 항저우는 당시
10만의 베네치아, 25만의 파리와는 비교가 되지 않을
정도였다.

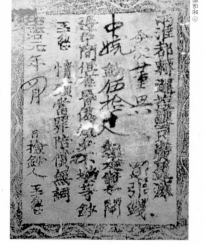

중통원보교초와 함께 원나라
에서 통용되던 지폐 지원통
행보초.

원나라로 몰려오는 서방인들

그 어느 시대보다 서방 여러 나라에서 사신·상
인·여행가·선교사 등 많은 사람이 중국으로 몰려들
었다. 또 중국이 발명한 나침반·화약·인쇄술이 아랍
을 거쳐 유럽으로 전해졌고 아랍의 천문학과 의학 등
이 중국에 전해졌다. 아랍의 무슬림상인들이 많았기
때문에 무슬림과 사원도 더욱 늘어났다. 송나라의 기
술을 이어받은 조선술도 발전해 중국이 만든 거대한

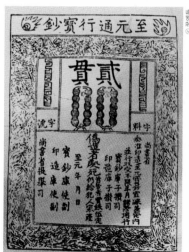

선박은 바다비단길을 지배하기에 손색이 없었다.

원나라가 명나라에 망하고 마지막 황제가 몽골고원으로 쫓겨났지만 몽골제국이 끝난 것은 아니었다. 단지 중원에서의 몽골왕조가 끝났을 뿐이었다. 특히 러시아는 몇백 년 더 몽골제국의 영향 아래 있었고 중국의 경우도 명나라와 청나라가 몽골제국의 계승자로 자처했다. 명나라의 3대 황제 영락제도 몽골이 이룩한 세계제국을 실현하고 싶었기 때문에 몽골제국 때의 국가체제를 계승했다. 정화의 대원정도 이런 꿈이 반영된 것이라 하겠다. 몽골이 남긴 세계제국의 유산은 이후 세계는 곧 하나의 무대라는 관점을 열게 해주었다.

 잠깐잠깐

오늘날의 몽골

오늘날의 몽골은 중부아시아에 위치하고 있는데 남동쪽으로는 중국, 북서쪽으로는 러시아와 맞닿아 있으며 면적은 한반도의 약 일곱 배다. 몽골 동쪽지방에서 신의주까지의 거리가 신의주에서 부산까지보다 짧은 것을 보면 우리나라와 그리 멀리 떨어진 나라는 아닌 셈이다. 몽골제국의 멸망 이후 유랑과 박해를 당해오던 몽골족은 오늘날 몽골고원에 돌아온 후 청나라의 오랜 말살정책과 외세의 이해관계로 중국의 네이멍구자치구와 몽골로 분단되는 역사를 맞았다. 통일국가를 건설하려던 그들의 오랜 꿈은 이루어지지 않았고 고비사막을 경계로 헤어지고 만 것이다.

1924년 군주제를 공화제로 고치면서 성립한 몽골은 1946년 중국에서 정식으로 분리 독립했으며 내몽골은 1948년 중국의 자치구로 되었다. 그 후 소련의 절대적인 영향력 아래 있었지만 냉전질서가 해체되면서 오늘날에는 새로운 변화를 모색하고 있다.

비단길에 이름을 남긴 사람들

정화와 하서양 대원정

15세기는 동양과 서양이 모두 바다로 적극 눈을 돌린 시기였다. 15세기 말 서양에서는 콜럼버스나 바스코 다 가마 같은 탐험가가 세계 정복을 위해 대항해시대의 문을 열었다. 그러나 동양에서는 그보다 앞선 15세기 초에 아프리카 동해안에 이르는 대항해가 있었다. 명나라 정화의 바다비단길 대원정이 그것이다.

정화의 조상은 몽골제국 때 중국으로 들어온 서역인이었고 정화는 무슬림이자 환관이었다. 세계 최대규모의 함대를 이끌고 원거리 항해를 장기간 수행한 정화의 업적은 세계를 놀라게 하고도 남을 만큼 컸다. 하지만 의외로 높이 평가받지 못한 면이 있다. 그것은 명나라가 쇄국정책으로 바다비단길 개척의 역사적 의미를 스스로 짓밟아버린 상황도 상황이려니와 환관이요 서역 출신이라는 정화의 개인적인 신분도 한 원인이었다고 역사가들은 말한다. 그러나 유례가 없는 대항해를 무사히 치러냈다는 점에서 정화의 능력은 높이 사지 않을 수 없다.

정화가 이끈 대항해의 목적은 명나라의 부진한 대외관계를 극복하고 중국이 전통적으로 이웃나라와 맺어왔던 조공무역 관계를

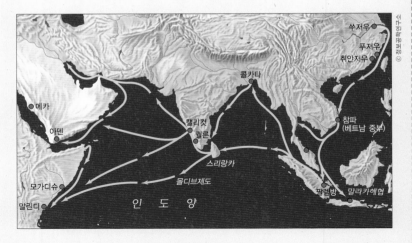

정화의 제7차 하서양 원정
(1431~33).

회복하려는 것이었다. 조공무역이란 중국이 천하의 중심이며, 주
변국은 신하국으로서 중국 중심의 질서에 복종해 조공을 바치는
것을 의미한다.

대항해에 나선 배를 보선 혹은 서양취보선이라고 불렀는데, 서
양취보선은 서양의 보물을 가져오는 배라는 뜻이다. 또 보선이란
각국에 나눠줄 보물이나 교역품을 싣고 가거나 각국에서 바치는
보물을 싣고 오는 배라는 뜻이다. 배의 이름에서도 이미 대원정의
의의와 한계가 드러난다.

영락제는 몽골제국의 중심이던 쿠빌라이칸을 선망해 그를 본받
으려 애썼다. 그래서 영락제는 다른 황제들처럼 보수적인 쇄국정
책을 쓰지 않고 적극적인 팽창정책을 감행했다. 실제로 그는 다섯
차례에 걸쳐 몽골을 정복하며 주변 여러 나라와 조공질서를 회복
했고 티베트를 복속시켰으며 티무르제국과 맞선 적도 있다. 정화
의 대원정은 영락제의 이런 대외정책의 하나로 시도되었던 것이다.

그리하여 정화는 일곱 차례에 걸친 하서양 항해의 돛을 올렸
다. 하서양이란 높은 위치의 중국에서 서양으로 내려간다는 뜻으
로 중화사상이 담긴 표현이다. 이때 서양이란 오늘날의 서양 개념

과 달리 보르네오섬 서쪽에서 아프리카 동해안까지의 바다를 의미
했다. 실제로 항해는 중국 동남해안에서 말라카해협을 지나 인도
양을 횡단해 페르시아만으로 들어가거나 아니면 홍해나 아프리카
동해안으로 진행되었다.

　　원정기간은 모두 28년으로 그 가운데 약 11년간을 바다에서 보
냈다. 원정대는 대형선박 60여 척을 포함해 약 200척의 선박으로
구성되었고 배에 탄 인원만도 2만 명이 넘었다. 선원은 물론 병
사·서기·의사·통역관 등 다양한 사람들이 동승했다. 1차에서 7

정화가 아프리카에서 들여온
기린. 15세기에 한 궁정화가
가 그린 그림이다.

정화의 동상과 재현한 정화의 보선.

차까지 거의 비슷한 규모로 출발한 정화의 선박들은 실로 바다를 놀라게 한 거대한 함대였다. 콜럼버스의 항해는 고작 범선 세 척에 선원 약 90명 규모였고, 바스코 다 가마의 함대는 범선 네 척에 승선인원 170명에 불과했다고 하니 정화 선단의 엄청난 규모와는 아예 비교가 불가능하다.

세계항해사에서 볼 때 정화의 원정은 모든 면에서 기록적이었다. 항해기간이나 항해거리는 물론 선박규모, 화물 적재량, 승선인원, 항해술 등 여러모로 15세기 당시로는 감히 상상하기조차 어려운 것들이었다. 특히 평화적인 왕래였다는 점에서 무력으로 원주민을 정복하고 피로 식민지시대를 개척한 유럽의 대항해시대와는 차원을 달리한다.

하지만 이런 경이로운 업적에도 불구하고 정화의 대규모 함대는 실질적인 면에서 비효율적이고 소득이 불분명했다. 단지 중국의 지위를 과시하고 그 질서에 동참하도록 강요한 일종의 사신행차에 그쳤다. 그런 면에서 돈과 시장이라는 냉정한 목표를 향해 날렵하게 짐을 꾸린 서양의 탐험가들과는 큰 대조를 이룬다. 결국 정화의 원정은 일회적인 사건으로 끝나고 말았다. 뒤늦게 출발한 서양은 총과 약탈이라는 무자비한 방법을 동원하긴 했지만 서양 주도의 세계사를 열며 시대의 주인공으로 탈바꿈했다. 반면 중국은 정화의 원정 이후 약 300년간 외국과의 교역을 금지하는 쇄국정책을 시행했다. 동서양 역사의 빛과 그림자는 이때부터 크게 엇갈리게 된 것이다.

이슬람의 영원한 등불, 무함마드

무함마드는 일생의 3분의 2는 보통인간으로, 나머지 3분의 1은 성인이자 예언자로 살았다. 무함마드는 위대한 사람이란 뜻이다.

『꾸란』에서도 "나는 너희와 똑같은 인간"이라
고 했듯이 보통사람으로 충실했던 무함마드의
삶은 훗날 성인이 되는 굳건한 발판이 되었다.

무함마드의 증조할아버지 하심은 시리아와
의 대상무역으로 부자가 되었고 그 기반으로
명문 하심가를 일궈냈다. 아버지 압둘라는 대
상을 따라 여행하던 중 무함마드가 태어나기
두 달 전 여행지에서 세상을 떠났다. 아버지의
얼굴도 모르는 유복자로 태어난 무함마드는
어린 시절에 어머니까지 여의고 고아로 할아
버지와 삼촌의 손에서 자랐다. 무함마드는 낙
타몰이꾼으로 대상에 참가해 북쪽 시리아까지
자주 여행을 다니면서 어릴 때부터 세파에 부
딪혔고 여행을 통해 기독교나 여러 새로운 문
물을 접할 기회를 얻었다. 그러나 물려받은 유산이 없어 제대로 교

천사 가브리엘을 통해 알라의
계시를 받고 있는 무함마드.

육받을 기회는 없었다. 젊은 날의 고독하고 힘겨운 삶은 훗날 그를
성인의 반열에 올려놓는 든든한 밑거름이 되었다.

스물다섯 살의 청년 무함마드는 열다섯 살 연상의 부유한 미망
인 하디자와 결혼해 2남 4녀를 두었고 하디자의 대리인으로 당시
활발해진 홍해무역에 참여하여 상인으로 활약한 적도 있다. 결혼
후 생활이 안정되자 무함마드는 메카 근교의 히라동굴에 들어가
깊은 명상과 수행에 잠기곤 했다. 아랍사회의 갈등과 모순, 인간의
부조리와 고통을 되새기며 15년간 수행정진한 끝에 무함마드는 마
침내 마흔 살에 깨달음에 이른다. 천사 가브리엘을 통해 사망할 때
까지 약 20년간 알라의 계시를 지속적으로 받고 이를 인간들에게
전했다. 처음 2년 동안은 포교에 고민과 망설임이 있었지만 마침

내 하늘이 내린 사명임을 자각하고 이를 실천하기 위해 이슬람교를 열어 공개적인 포교를 시작했다고 한다. 그의 아내는 첫번째 신자가 되어 무함마드를 따랐다.

인간 무함마드는 소박하고 근면하고 절제된 사람이었다. 성인으로 추앙받으면서도 자기 옷을 손수 꿰매 입었고 오막살이 흙집에 살면서 자기 집안의 노예들을 해방했다. 이슬람교의 특징인 관용의 미덕은 무함마드에서 비롯되었다. 그는 자신을 박해한 메카인들마저 모두 용서하고 관대히 받아들임으로써 이에 감명을 받은 메카인들이 무리를 지어 이슬람교에 귀의했다고 한다. 보통사람들과 똑같이 먹고 입고 사는 소박한 삶을 살았지만 그는 정치·경제·사회·군사 등 모든 방면을 넘나드는 지도자로 이슬람사회를 변혁했고 평등과 정의를 실천했다. 메디나를 거점으로 여러 부족과 이교도를 망라하는 이슬람공동체를 건설한 뒤 정치적·종교적 지도자로 세계를 무대로 이슬람교와 이슬람문명을 일으키는 업적을 남겼다.

역사상 대부분의 성인들이 자신에게 주어진 사명을 자신의 시대에 실현해보지 못하고 세상을 떠났으나 무함마드는 알라의 말을 생전에 직접 실현했다. 평범한 인간이자 탁월한 정치가로 또 유능한 지휘관이자 위대한 종교적 지도자로 성스러움과 세속을 자유자재로 넘나든 무함마드는 동서고금을 초월해 세계를 이끈 위인으로 남아 있다.

칭기즈칸의 후예를 자처한 중앙아시아의 지배자, 티무르

티무르제국은 몽골제국에 이어 중앙아시아와 서아시아의 넓은 지역을 장악한 대제국이다. 1369년부터 1500년까지 비록 150년이 채 안 되는 짧은 영화를 누리고 역사의 무대에서 사라졌지만, 티무르제국은 동서로 파미르고원에서 지중해까지, 남북으로 볼가강에서 페르시아만까지 광활한 영토를 지배하며 이슬람문명의 새로운 도약을 시도했다.

사마르칸트는 티무르제국의 수도로 이 시절에 최고의 전성기를 누렸다. 티무르는 사마르칸트를 세계의 중심으로 만들기 위해 웅장한 사원과 학교를 건축하고 길과 숙박지를 정비하는 등 대대적인 사업을 벌였다. 울루그베그천문대나 비비코눔대사원 등 지금까지 남아 있는 화려한 유적들은 대부분 티무르제국 시절에 만든 것이다. 도시 창건 2,500주년 행사를 개최할 만큼 유서 깊은 푸른 도시 사마르칸트는 오아시스비단길에서 가장 번영한 국제도시가 되었다. 티무르제국의 부흥과 함

중앙아시아의 정복자 티무르.

께 비단길은 제2의 전성기를 맞이했지만 제국의 멸망과 더불어 다시 쇠퇴해 티무르제국과 그 운명을 같이했다.

14세기 중앙아시아의 정복자이며 티무르제국의 창시자인 티무르는 투르크인이었다. 티무르는 투르크어로 철인이란 뜻이다. 티무르의 역사가들은 그의 출신을 칭기즈칸과 연결하기 위해 몽골족이라고 하지만 사실은 아니라고 한다. 변화무쌍한 성격으로 임기응변에 능한 티무르는 젊은 시절에 여러 세력 사이를 오가면서 자신의 기반을 널리 구축했다.

언제나 칼에서 손을 떼지 않고 귀까지 활시위를 당겨 정확히 활을 쏘던 티무르는 칭기즈칸처럼 자기 시대를 지배한 영웅이었다. 시스탄전투에서 오른손과 오른다리에 심한 부상을 입고 평생

절름발이 티무르란 뜻의 '티무르 이랑'이라고 불렸다. 그 별명은 유럽에도 퍼져 서양에서도 그를 타메를란으로 불렀다.

그는 제국의 왕위에 오르긴 했으나 칭기즈칸의 직계자손이 아니었기 때문에 '칸'이라는 호칭을 쓰지 못했고 칭기즈칸 후예의 딸과 결혼해 그 사위가 되는 데 만족했다. 칭기즈칸이 유목민으로 일생을 보낸 데 비해 티무르는 유목민의 전통 위에 정주민의 안정과 경제력을 받아들여 사마르칸트같이 아름답고 화려한 도시를 건설했다.

티무르는 강력한 친위부대를 만들어 철권통치를 실시하면서 정복에 나섰다. 킵차크칸국을 제압하고 카스피해 남쪽의 옛 페르시아 도시들을 하나씩 정복했다. 인도에 대한 원정도 세 차례나 단행해 수도 델리를 점령하기도 했다. 1402년 오스만투르크제국 군대를 완전히 패배시켰고 1404년 일흔 살의 늙은 몸을 이끌고 명나라 원정을 시도했다. 그러나 이듬해 오트라르에서 병에 걸려 갑자기 사망하고 말았다.

티무르는 두 얼굴의 사나이로 알려져 있다. 바그다드를 침략할 때 9만여 구의 해골로 피라미드를 쌓을 만큼 잔인함이 극에 달했던 무시무시한 학살자이자, 예술과 학문을 장려하고 비단길의 신화를 창조한 위대한 영웅으로 기억된다. 중세 유럽문학에서 몽골족과 티무르인, 그리고 터키인으로 이어지는 동방민족들은 공포의 대상이요 무시무시한 인종으로 종종 그려져 있다.

한편 티무르는 죽을 때 자신의 관을 절대 열지 말 것이며, 만약 연다면 엄청난 재앙이 닥치리라 유언했다고 한다. 그런데 1941년 스탈린이 강제로 관을 열게 했고 곧이어 스탈린은 독일이 소련을 침공했다는 엄청난 소식을 듣게 되었다는 유명한 일화가 전한다.

제6장

비단길과 우리나라

더 넓고 깊은 눈으로 다시 한 번 우리의 역사를 들여다보자. 중국을 넘어 멀리 로마제국과 페르시아, 이슬람제국, 그리고 중앙아시아 일대의 여러 오아시스도시국가들과 손잡고 살아온 우리 선조들의 열린 삶이 세계사의 한편을 당당히 채우고 있음을 보게 될 것이다. 비단길의 동쪽 끝자락에 자리한 우리나라는 유라시아와 함께 호흡하며 살아왔다. 그 유구한 역사를 만나려면 아득히 먼 선사시대까지 거슬러 가야 한다. 하지만 남아 있는 자료나 연구가 부족해 아직 그 내용이 충분히 밝혀지지 않았다.

여기서는 연구가 진행된 고구려와 통일신라, 고려를 중심으로 비단길과 우리나라의 관계를 살펴보겠다. 다른 시대는 실마리를 푸는 정도에서 조망해볼 것이다. 삼국시대부터 고려시대까지 우리는 문을 활짝 열고 살아왔다. 그러나 조선시대에 들어와 중국이 북쪽 경계를 거의 막으면서 우리 역사의 무대는 좁아졌다. 그런 흐름을 새기면서 세계로 나아간 우리 민족의 발자취를 따라가보자.

1. 한반도에 이르는 비단길

1 | 유목민의 발자국이 이어 준 초원비단길

　장건이 세계의 지붕인 파미르고원을 넘어 오아시스비단길을 개척하기 전에 동서 교류는 주로 초원비단길을 통해 이루어졌다. 초원비단길 주변에는 고대부터 기마유목민족의 문화가 발전해 동서 양방향으로 흘러갔다. 우리나라에도 북방 기마유목민족의 영향을 받은 흔적들이 발견되는데, 일찍부터 초원비단길을 통해 그들과 교류했던 것으로 보인다.

　신석기시대 때 사용하던 밑이 뾰족한 빗살무늬토기는 북유럽에서 시베리아초원 일대를 거쳐 우리나라까지 분포한다. 한반도의 빗살무늬토기는 북방유라시아 쪽 신석기문화의 맥을 잇고 있다. 시베리아초원 일대에서 활약하던 투르크인이나 몽골족의 옛 조상이 우리 민족의 선사문화를 북유럽 쪽과 연결해준 것이라고 한다.

　또 청동기시대에는 시베리아 일대 카라수크문화의 흔적도 보인다. 동방문화란 뜻을 지닌 카라수크문화는 돌널무덤이 특징인데, 이 무덤이 우리나라 곳곳에서 청동기유물과 함께 출토되었다.

부여에서 출토된 세형동검.

이는 우리나라의 청동기문화가 중국 쪽보다는 북방의 시베리아나 몽골 쪽과 교류했다는 증거다. 또 새모양 안테나식동검은 유럽에서 안테나식으로 시작된 동검이 중앙아시아와 시베리아의 스키타이문화와 결합해 칼자루 끝에 새모양 장식이 첨가되었고 몽골과 중국을 거쳐 우리나라에 들어오면서 호리호리한 몸매의 세형동검으로 발전한 것이라고 한다. 일본까지 전파된 이 동검의 이동경로를 통해 유라시아에서 한반도로 이어진 교류의 뿌리를 확인할 수 있다.

초원비단길은 유목문화를 고구려는 물론 신라나 가야까지 전파했다. 신라왕릉인 돌무지덧널무덤에서는 북방 기마유목민족적 요소가 두드러진 말 타기 도구들이나 황금유물이 대량으로 나왔다. 가야에서는 유목민의 전형적인 도구인 청동솥이나 뿔잔이 출토되어 한반도 남쪽 깊숙이 내려온 유목문화를 보여준다. 가야나 신라 유적에서 발견된 다양한 뿔잔은 중국이나 일본은 물론 이웃한 고구려나 백제에서도 발견된 적이 없다. 뿔잔은 스키타이를 비롯한 유목민족들이 술잔으로 쓰던 것인데, 신라나 가야에서 발견되어 더욱 흥미롭다. 또 유명한 로마유리도 초원비단길을 따라 로마에서 동으로 동으로 건너와 신라에서 유행했다.

초원비단길이 한반도로 연결되는 구체적인 여정은 아직 연구가 부족해 명확하게 밝혀내지 못했다. 이제까지의 논의에 따르면 초원비단길은 고구려와 서역의 관계를 통해 그 경로를 추측할 수 있다. 유라시아에 펼쳐진 끝없는 초원지대를 가로질러 중국 화베이지방에 도달한 초원비단길은 중국 차오양에서 고구려와 이어진다. 고구려에서 보자면 차오양은 초원비단길이나 오아시스비단길로 나가는 서쪽 출구이며 한반도와 비단길을 잇는 중요한 기점이다. 차오양에서 초원비단길로 나가는 통로는 두 가지인데 하나는 차오양에서 베이징을 지나 오르혼강으로 이어지는 길을 따라 초원비단길과 연결된다. 이 길은 중국과 유목민족이 견마무역을 하던 길이다. 다른 하나는 차오양에서 북쪽으로 올라가 외몽골 동쪽의 초원비단길과 연결된다. 이 두 갈래 길을 통해 고대 한반도는 유라시아 북쪽의 드넓은 초원지대와 연결되어 있던 것이다.

2 | 평양에서 떠날 수 있는 오아시스비단길

명도전길은 우리나라와 고대 중국을 이어주는 가장 오래된 육지길이라고 추측한다. 명도전은 중국 연나라와 제나라의 청동화폐로 중국과 한반도 북북지역에서 교역수단으로 사용된 것이다. 명도전이 출토되는 곳을 이어보면 고조선과 중국 사이에 통교했던 육지길을 짐작할 수 있다. 이 길이 우리나라로 이어진 오아시스비단길의 시조인 셈이다. 오아시스가 없는 우리에게는 그다지 어울리지 않는 이름이지만 광활한 대륙을 관통해온 오아시스비단길은 이렇게 한반도와 연결된다.

삼국시대에 한반도 북쪽은 고구려가 있었기 때문에 신라와 백제는 육로를 이용하지 못하고 바다비단길로 중국과 교류했다. 육로는 고구려가 독점했는데 이 길에 대해 『삼국사기』는 이렇게 쓰고 있다.

명도전.

"고구려에는 두 길이 있으니, 북쪽길은 평탄하고 남쪽길은 험하고 좁아 군인들은 북쪽길로 가기를 좋아했다."

초원비단길의 기점이기도 한 차오양에서 고구려의 수도인 국내성까지 도달하는 길은 두 갈래가 있다. 그중 북쪽길은 대체로 험한 산이나 강이 없어 오가기가 쉬운 평원이었다. 반면 남쪽길은 험준한 고개가 많고 내몽골사막에서 흘러온 모래가 강가에 펼쳐진 습지라 통행하기 어려웠다. 통행은 불편했지만, 남쪽길은 명도전길과 대체로 일치하며 랴오둥지역으로 통하는 이 길이 주로 한반도에서 중국으로 통하는 오아시스길로 이용되었다. 고구려가 수도를 국내성에서 평양으로 옮긴 뒤 이 길은 평양까지 연장되었다. 그러므로 평양에서 국내성이 있던 퉁거우를 거쳐 차오양에 이르고 거기서 베이징을 지나 뤄양과 장안에 이른다. 그곳에서 오아시스비단길에 접어들면 고구려는 서역 일대와 막히지 않고 연결되었던 것이다. 평양에서 사마르칸트까지 약 7,000킬로미터인데, 하루 40킬로미터를 걸어간다 해도 여섯 달 남짓 걸리는 거리였다.

통일신라시대에는 그전보다 잘 이어진 길을 따라 오아시스비단길을 통한 왕래가 더욱 많아졌다. 수도인 경주에서 서울과 평양, 압록강 중류의 퉁거우로 연결되고, 거기서 랴오둥지역을 지나 차오양까지 남북길을 이용했다. 차오양에서 오아시스비단길을 따라 장안에 이르고 로마제국으로 계속 이어지는 여정이다. 경주에서 로마까지는 약 1만 4500킬로미터로 평양에서 사마르칸트까지 거리의 두 배쯤 된다. 비단길 중에서도 핵심동맥인 이 길을 통해 우리나라는 불교를 비롯한 다양한 서역문물을 받아들였다.

3 | 가장 빠른 지름길, 바다비단길

우리나라는 일찍부터 바다비단길을 통해 중국은 물론 동남아시아나 서역국가와 교류해왔다. 중국으로 가는 바다비단길은 기록으로만 보아도 기원전 3세기까지 거슬러 가는 오래된 통로다. 『삼국지』 위지 동이전에는 고조선 때 서해안 바다비단길이 개통되었으며 마한 때 서남해상에서 교역이 이루어졌다고 씌어 있다.

한나라 무제가 고조선을 침공할 때도 바다비단길을 이용했다. 한나라는 군대를 두 패로 나눠 침공했는데 한 부대는 육지를 통해 랴오둥지역에 침투했고, 다른 한 부대는 산둥반도에서 출발해 바다를 건너 고조선의 수도인 왕검성, 즉 평양으로 침투했다. 이때 랴오둥반도 앞의 발해만을 건넜다는 기록이 처음으로 사마천의 『사기』에 나온다.

한편 공자는 『논어』에서 이미 "뗏목을 타고 바다를 건너 현자들이 사는 동이(고조선)에 가서 살고 싶다"라고 말했다. 그렇다면 한나라보다 앞선 시대에 이미 산둥반도(제나라)에서 랴오둥반도(고조선)로 바다비단길이 열려 있었다는 말이다. 그래서 이미 알려져 있던 바다비단길을 이용해 한나라 무제가 군사를 파견했다는 설명이 가능하다.

또 처용이 동해 바다용의 아들로 개운포에 나타난 이야기나 가야 수로왕의 왕비 허황옥이 배를 타고 인도에서 남해안으로 들어왔다는 이야기도 모두 바다비단길이 열렸기 때문에 가능한 것들이다.

바다비단길은 이슬람상인들의 활약과 항해술의 발달로 그 역할이 갈수록 늘어났다. 지중해 근처에서 아라비아반도와 인도양을 지나 중국 동남해안까지 풍랑을 헤치고 달려온 바다비단길은 거기서 멈추지 않고 자연스럽게 우리나라와 일본으로 이어졌다. 꿈과 의욕에 넘친 이슬람상인들이 오랫동안 힘든 항해를 감수하고 중국 동남해안에 도달했다면 겨우 며칠 내에 닿을 수 있는 황금의 나라 신라를 당연히 찾았을 것이다.

바다비단길도 남북 두 방향으로 열렸으며 연안항로와 직항로를 이용하는 방법이 있었다.

북쪽 바다비단길의 연안항로는 한반도 북서해안을 따라 위로 올라가 랴오둥반도에 이르고 여기서 발해만을 지나 중국 해안에 닿는 길이다. 당나라와 신라 사이의 북쪽 연안항로를 보면 경기도 남양만에 있던 당항성, 강화도, 대동강 하구, 압록강 하구, 발해만을 지나 산둥반도에 도착했다. 이렇게 에둘러 가지 않고 황해를 건너 곧장 중국 산둥반도에 이르는 직항로도 위험을 무릅쓰고 많이 이용했다.

남쪽 바다비단길도 연안항로와 직항로를 함께 이용했다. 한반도 서남해안에서 육지를 끼고 북쪽으로 올라가 한 바퀴 돌아서 산둥반도를 넘어 중국 동남해안까지 내려오는 오래된 연안항로와 동중국해를 바로 건너서 중국 동남해안에 이르는 직항로가 있었다. 세찬 파도와 싸우며 깊고 험한 바다를 가로지르는 남방직항로는 수준 높은 항해술과 조선술이 필요했기 때문에 통일신라시대 이후에야 본격적으로 이용되었고 삼국시대까지는 비교적 항해가 수월한 북쪽 바다비단길을 많이 이용했다.

삼국이 통일될 무렵 신라가 고구려를 피해 당나라와 연락할 때는 북쪽의 직항로를 이용했다. 나당연합군을 형성하기 위해 태종무열왕이 당나라에 구원병을 요청했을 때 당나라 장군 소정방은 수많은 함선을 이끌고 산둥반도에서 우리나라 서해안에 도착했다. 바다비단길의 북쪽 직항로를 따라 한반도에 도착한 소정방을 경주에서 마중 나온 태자가 극진히 영접하기도 했다.

통일신라시대에도 고구려 옛 땅에 발해가 건국되었기 때문에 신라는 주로 육지보다 바다비단길을 이용해 당나라와 왕래했다. 신라는 뛰어난 항해술과 항해경험으로 위험한 남방직항로도 비교적 안전하게 빈번히 이용할 수 있었다. 신라의 불교승려들이 당나라나 인도에 오갈 때도 남방직항로를 이용해 광저우·닝보 등에 도착했다. 흑산도에서 당나라와 송나라 때의 국제무역항인 닝보까지 항해하는 데 계절풍을 이용할 경우 네댓새밖에 안 걸렸다니 바다비단길의 발달로 중국과의 거리는 그야말로 엎어지면 코 닿을 만큼 가까워졌다.

9세기 장보고의 활약으로 한반도 주변의 바다비단길은 최고 전성기를 누린다. 바다의 제왕, 장보고는 당·신라·일본을 잇는 동북아 해상무역을 주도하며 국제무역의 절대강자로 군림했다. 그는 한·중·일 삼국을 잇는 바다비단길을 다양하게 개척해 동북아시아 국제무역시대의 새로운 장을 열었다.

고려시대에 오면 남방직항로에 관한 기록이 구체적으로 보인다. 닝보에서 배를 타고 북상하면 양쯔강 하구에 이르는데 거기서 황해를 횡단해 흑산도에 이르렀다. 흑산도에서 서해안을 따라 군산·인천·강화도를 지나 예성강 하구의 벽란도에 이르면 고려의 수도 개경으로 연결되었다. 한반도에서 서역으로 떠나려면 그 반대로 지나갔다. 황해를 횡단해 중국 동남해안에 이르고 거기서 육로로 장안에 간 뒤, 오아시스비단길을 이용해 서역으로 가거나 아니면 계속 바다비단길을 이용해 인도양을 지나 아라비아반도와 지중해 연안에 도착했을 것이다. 바다비단길은 우리나라와 서역 각지의 문물을 가장 빨리 이어주는 지름길이었다.

4 | 불교를 통해 서역과 만나다

우리나라에 들어온 서역 계통의 문물 중에서 우리의 삶에 가장 깊이, 또 가장 오랫동안 영향을 미친 것이 바로 불교다. 삼국시대에 전래된 이래 오늘날까지 불교는 우리 민족의 역사와 문화를 일구는 정신적 바탕으로 깊숙이 자리하고 있다.

불교의 전래과정

인도에서 시작된 불교는 서역 일대와 중국을 거쳐 우리나라에 들어왔다. 삼국 중에서도 고구려가 4세기 소수림왕 때 가장 먼저 국가 차원에서 불교를 받아들이고 그 후 백제와 신라도 차례로 불교를 공인했다.

『삼국유사』에는 "순도가 고구려불교를 창시하고 마라난타가 백제불교를 개척했으며 아도는 신라불교의 기반을 닦았다"라고 씌어 있다. 『삼국사기』에는 아도를 묵호자라고 불렀다.

중국 전진의 왕이 불교승려 순도를 고구려에 보내 불상과 경전을 전하면서 불교는 고구려와 공식적으로 인연을 맺었다. 백제나 신라에는 우리에게 낯선 이름인 마나란타나 묵호자 같은 서역승려들이 불교를 전하러 왔다. 묵호자란 검은 얼굴의 서역인이란 뜻이다. 신라는 고구려나 백제보다 약 100년 뒤에야 불교를 공인하지만 불교가 광범위하게 퍼진 뒤로는 오히려 더 많은 서역승려들이 신라를 오갔다.

그런데 삼국이 국가 차원에서 불교를 공인하기 전에 이미 민간에는 불교가 널리 퍼져 있었다고 한다. 그 배후에는 불교 전파의 다른 경로를 알려주는 실마리가 있다.

중국을 거쳐 불교가 들어왔고 이를 삼국이 공인했다는 사실은 우리가 익히 배워왔던 바다. 하지만 삼국이 불교를 공인하기 전에 이미 불교는 신앙의 대상으로 민중들의 일상생활 속에 자리하고 있었다. 게다가 인도에서 바다비단길을 이용해 신라나 가야로 직접 전해진 불교의 역사도 엄연히 숨어 있다. 아직 낯선 주장이지만 숨은 그림 찾기처럼 유심히 들여다보면 발견할 수 있는 불교 전파의 새로운 면이다. 생활 속으로 먼저 밀려들어온 불교, 바다비단길을 통해 파도와 함께 밀려온 불교. 궁금하지 않은가?

민간에 알려져 있던 불교의 모습은 아도화상의 어머니를 통해 엿볼 수 있다. 신라에 불교를 전했다는 아도는 고구려인 어머니와 고구려에 온 위나라 사신 사이에서 태어나 유목민의 피가 흐르는 인물이다. 아도는 불심이 깊은 어머니의 뜻에 따라 다섯 살에 출가해 불교에 귀의했다. 그는 열여섯 살에 아버지가 사는 위나라에 가서 3년 동안 불도를 닦고 고구려에 돌아왔는데 그때는 순도가 고구려에 불교를 전한 지 2년 뒤였다.

아도의 어머니 고도녕은 순도가 고구려에 불교를 전하기 훨씬 전부터 불교를 신봉하고 있었고 그래서 어린 아들을 일찍 출가시킨 것이다. 다시 말해 당시 민간에서는 이미 불교를 신앙으로 삼고 있었다는 말이다. 돌아온 아도에게 어머니는 신라에 가서 불교를 크게 일으킬 것을 권하면서 이미 신라에는 절터 일곱 곳이 있다고 말해주었다. 신라에도 아도화상이 불교를 전하기 전부터 이미 불교신자와 사원이 있었음을 암시하는 대목이다.

낙동강 일대에 자리한 가야도 불교가 남쪽 바다비단길을 통해 인도에서 직접 들어온 이야기를 간직하고 있다. 가야의 설화에 따르면 가야를 세운 수로왕의 아내 허황옥은 인도 아유타국의 공주였다. 아유타국의 왕은 꿈에서 딸을 수로왕의 비로 삼으라는 하늘

김수로왕릉 앞의 납릉 정문
에 있는 신어문양(위)과 파
사석탑(아래).

의 계시를 받고 멀고 먼 바다 너머 가야로 딸을 보
냈다. 허황옥은 풍랑을 막고 항해의 안전을 빌기 위
해 배에 파사석탑을 싣고 가야 해안에 도착했다. 이
석탑은 고려 중엽까지 김해 호계사에 보존되었다가
지금은 허황옥릉에 안치되어 있다. 우리나라 최초
의 불탑인 셈이다. 또 허황옥의 고국인 아유타국에
서 보이는 건축물의 장식들이 수로왕릉의 정문이
나 비석에도 비슷하게 새겨져 있다. 그래서 가야에
전해진 불교이야기는 단순한 설화가 아니라 남쪽에
서 바다를 통해 들어온 불교 전래설을 너무도 구체
적으로 입증하고 있다. 최근 어떤 학자는 DNA 분
석을 통해 허황옥이 인도에서 왔다는 설화가 사실
일 수 있음을 입증하는 과학적 증거를 제시하기도
했다.

또 수로왕의 아들 열 중 일곱이 입산해 부처가
되었다는 성불이야기도 가야에 불교가 일찍이 자리
했음을 말해준다. 지리산 반야봉 남쪽에 자리한 칠
불암은 수로왕의 일곱 아들이 입산수도해 부처가 되었다는 곳이
다. 입산한 왕자들이 너무나 보고 싶어 왕과 왕비가 지리산을 찾았
는데 왕이 머문 곳은 범왕촌, 왕비가 머문 곳은 천비촌이라 했다는
지명 유래가 오늘날까지 전한다. 가야라는 이름도 불교와 관련된
인도말에서 온 것이다. 가야는 부처님이 도를 깨친 인도 비하르지
방의 지명으로 지금은 부다가야라고 불린다. 원래 가야란 비하르
지방에 있는 성지, 상두산을 가리키는 말인데 불교의 성스러운 동
물인 코끼리를 지칭하기도 한다.

이를 통해 우리는 불교가 국가적으로 공인되기 이전에 민간에

이미 유포되고 있었으며, 바다비단길을 통해 인도에서 우리나라로 직접 유입된 과정도 고려해야 함을 알 수 있다.

중국과 인도로 떠난 신라승려들

불교가 널리 퍼지자 중국이나 인도로 불법을 구하러 떠나는 승려들의 발길도 잦아졌다. 중국에서는 법현이나 현장이 인도를 무사히 순례하고 돌아오자 인도로 구법여행을 떠나는 일이 유행처럼 번졌다. 신라도 마찬가지였다. 최치원이 지적했듯이 "무릇 길이 멀다 해도 사람이 못 갈 나라가 없어 서쪽으로 대양을 건너 몇 겹의 통역을 거쳐 말을 통하면서" 앞 다투어 떠나는 불교승려들이 줄을 이었다.

신라에서 직접 인도로 건너간 승려들도 있었지만 대부분 당나라에 유학한 뒤 중국에서 인도로 향했다. 신라가 멸망할 때까지 약 400년 동안 당나라에 들어간 신라 승려는 수백 명이나 되었다. 이들 중 고국에 돌아온 사람은 극소수였고 대부분 이역만리 타향에서 세상을 떠났다. 인도로 간 승려 중 중국 승려가 백에 열 정도 돌아왔다면 우리나라 승려는 백에 하나도 살아오는 자가 없을 지경이었다고 한다. 혜초는 그 두려운 심정을 『왕오천축국전』에서 이렇게 밝혔다. "가파르고 높은 산에 나는 새도 놀라고 사람은 외나무다리에 의지해야 하는데 어떻게 파미르고원을 넘어갈 것인가!" 천축이란 인도를 말하는데 인도를 동·서·남·북·중앙 등 다섯 지역으로 나눠 오천축국이라고 불렀다.

불법을 깊이 공부하고 무사히 돌아온 승려들은 진귀한 불경들을 가지고 와 우리나라의 불교 발전에 크게 이바지했다. 그뿐 아니라 서역문물의 교류에도 선구적인 역할을 했다.

6세기에 백제의 겸익은 바다비단길을 통해 중천국에 가서 5년

둔황에서 발견한 구법승 그림. 9세기 때 그린 것으로 추정한다.

간 구법여행을 하고 인도인 승려와 함께 불경을 싣고 귀국했다. 당시 인도로 가는 길은 중국을 거쳐 오아시스비단길이나 바다비단길을 이용하는 것이 보통이었지만 겸익은 우리나라와 인도를 직접 왕래하는 어려운 여행에 성공한 것이다.

인도와 서역 일대를 순례한 뒤에 당나라에 돌아와 중국불교사에 커다란 공헌을 한 혜초는 우리나라 역사상 최초의 세계인으로 칭송받을 만큼 그 자취가 빛난다. 그 외에도 대범, 원표 등 수많은 신라승려들이 인도로 향했다.

고구려의 현유는 당나라에 들어간 뒤 바다로 인도에 갔는데 성지순례를 마치고 동천축으로 돌아오다 그곳에 영영 머물렀다. 7세기 말경 인도에서 18년간이나 구법활동을 벌이다 당나라에 돌아온 승려 의정은 그의 여행기 『대당서역구법고승전』에 동방승려 55명의 전기를 실었다. 그 가운데는 인도와 서역을 방문한 신라승려 일곱 명의 전기도 실려 있다. 의정에 따르면 인도불교의 중심지인 날란다사에만 고구려와 신라의 승려 아홉 명이 머물러 있었다고 하니 인도 전역과 중국에 머무른 승려들을 모두 합하면 그 수는 상당했으리라 짐작할 수 있다.

불교의 전래에서도 보았듯이 서역승려들이 우리나라를 찾아온 경우도 많았다. 통일신라 때는 서역승려들이 특히 많이 들어와 진평왕 말기에는 비마라진제·농가타·불타승가 등 인도승려들이 경주까지 왔다고 한다.

2. 삼국과 통일신라의 서역관계

1 | 고구려

랴오둥지역까지 아우르는 거대한 북방영토를 개척하며 천하의 중심이라고 자부한 고구려. 동아시아를 호령한 강대국답게 고구려는 주변국들뿐 아니라 멀리 떨어진 서역국가들과도 폭넓고 다양한 관계를 유지하며 대외관계를 주도했다.

서역국가들과 고구려의 정치관계

돌궐제국의 중심지였던 오르혼강 기슭에는 두 개의 옛 돌궐비가 남아 있다. 6세기 후반 우리 역사의 흐름에 커다란 영향을 미친 돌궐과 고구려의 관계를 상징적으로 보여주는 비석이다.

그중 한 비문에는 553년 돌궐제국의 시조 부믄카간의 장례식때 조문사절을 보낸 나라들이 열거되어 있는데 그중에 고구려의 조문단도 표기되어 있다. 당시 고구려는 북쪽으로 유목민족 유연과 긴밀한 관계를 맺고 있었다. 하지만 돌궐이 몽골고원의 강자로 떠오르며 유연을 격파하자 이후의 국세정세를 예견하고 북방세력과 제휴하기 위해 사절을 보낸 것이다.

고구려는 한때 랴오둥지역을 공격해온 돌궐군을 격파한 적도 있었다. 하지만 고구려는 중국을 견제해야 했기 때문에 6~7세기 동북아 3대 세력 중 하나로 떠오른 돌궐과 우호적인 관계를 유지하려고 애썼다. 한편 고구려가 주변 민족들의 침략을 막아내며 국력을 소진하는 동안 신라가 함경도 일대까지 세력을 확장하며 올라와 고구려의 국운은 점점 기울어갔다. 6세기 말 수나라가 팽창하자 고구려는 돌궐과 동맹을 맺고 대규모 교역까지 하면서 수나라에 함께 맞섰다. 그러나 고구려의 노력은 돌궐이 수나라에 복속되면서 물거품이 되고 말았다.

그 뒤에도 고구려는 수나라와 당나라에 대항하기 위해 중앙아시아 국가들과 동맹을 계속 추구했다. 당나라 태종의 침입 때 연개소문은 몽골고원의 새로운 강자 설연타에게 사절을 보내 동맹을 맺으려 했고, 당나라를 함께 견제할 지원군을 얻기 위해 파미르고원을 넘어 서역으로 사신을 보내기도 했다.

1965년 우즈베키스탄의 중심도시 사마르칸트 교외에서 옛 궁전터가 발굴되었다. 거기서 발견된 벽화에는 당시 고구려사신으로 보이는 두 사람이 각국의 사절단 행렬 속에 그려져 있었다. 이들이 바로 연개소문이 파견한 고구려사신이다. 몽골인종의 얼굴모양, 상투머리에 새의 깃털을 꽂은 모자인 조우관을 쓴 모습, 허리에 차고 있는 긴 칼 등을 보면 영락없는 고구려사절임을 알 수 있다.

비단길까지 고구려인이 진출했음을 보여주는 사마르칸트 아프라시압 궁전벽화와 복원도. 오른쪽 끝에 조우관을 쓴 이들이 고구려인이다.

당시 삼국인들은 새 깃털이 달린 조우관을 쓰곤 했는데 쌍영총 등 고구려 고분벽화에서 조우관을 쓴 모습을 종종 볼 수 있다.

당시 고구려와 중앙아시아의 여러 나라들은 이웃한 당나라의 침략을 받아 힘든 처지에 놓여 있었다. 7세기 들어 이런 위협은 더욱 커져 당나라는 투루판이나 서돌궐을 공격하며 서역으로 계속 세력을 넓혀갔다. 고구려는 수나라와 당나라를 여러 번 물리쳤지만 그 위협은 사라지지 않았다. 결국 고구려는 돌궐이나 서역제국들과 힘을 합쳐 동서 양방향에서 당나라를 공격하기 위해 사마르칸트까지 사신을 파견한 것이다. 동병상련의 처지에 있는 먼 나라와 사귀어 가까운 곳을 공격하는 고구려의 탁월한 외교정책이었다. 그러므로 이 벽화는 7세기 후반 점점 치열해지는 대당전쟁에서 동맹세력을 찾아 나선 고구려의 지략이 담긴 유물이다. 하루 40킬로미터씩 간다 해도 평양에서 반년 남짓 걸린다는 그 먼 사마르칸트까지 말이다.

마침내 당나라가 668년 고구려의 평양성을 함락하자, 일부 고구려유민들은 중앙아시아 일대로 흘러들어가 새로운 삶을 일구었다. 이 또한 고구려가 서역국가들과 유대를 가지고 있었음을 말해주는 대목이다. 일부 유민들은 당나라에 무릎 꿇기를 거부하고 몽골고원 쪽으로 이주해서 몇 개의 집단을 이루어 돌궐제국에 귀속했다. 그중 어떤 고구려인 우두머리는 당시 돌궐 군주의 사위가 되었다는 이야기도 있다.

또 다른 고구려유민들은 당나라에 강제로 끌려가 오늘날 간쑤성 일대에 정착했다. 이곳은 서역으로 통하는 길목이자 군사적 요충지로 고구려인들은 이 지역의 주요한 군사력으로 활용되었다. 세계의 주목을 한 몸에 받으며 비단길의 주인공이 되었던 고선지 장군도 이런 배경에서 등장한 고구려유민이다.

고구려에서 찾을 수 있는 서역 흔적들

고구려와 서역국가들 사이에 가로놓인 지리적·정치적 장벽에도 불구하고 서로 문물을 교류한 흔적들은 곳곳에서 발견된다. 고구려의 복식이나 악기, 문양 등에서 서역의 냄새가 물씬 풍긴다.

고구려 복식은 고대 아시아 기마유목민족의 복식에 그 기원을 두고 있다. 중앙아시아나 서아시아 일대에서 널리 착용하던 전통 복장을 고구려인들은 자신의 환경에 알맞게 약간 변형해 입었다. 저고리와 바지를 입고 옷의 깃이나 소매 끝에 덧단을 두른 채 고깔형 모자나 조우관을 쓴 고구려인들의 모습은 서역인의 복장과 매우 비슷하다.

서역의 악기나 춤도 중국을 거쳐 고구려에 전래되었고 다시 신라나 백제로 심지어 일본까지 퍼졌다. 가로로 부는 대금이나 중금, 세로로 부는 소(簫) 같은 피리 종류는 중앙아시아의 카스나 쿠처 등에서 널리 사용되던 악기로 공후나 비파 같은 서역악기와 함께 고구려와 신라에서 널리 애용되었다.

고구려 고분벽화를 아름답게 수놓고 있는 연꽃무늬도 서역에서 들어온 것이다. 흔히 불교의 상징이라고 생각하는 연꽃무늬는 고대 이집트에서 그 기원을 찾을 수 있다. 이집트인들은 나일강이 범람한 뒤에 수려하게 피어나는 연꽃에 부활, 불멸의 의미를 부여했고 고대 이집트를 상징하는 꽃으로 여겼다. 고대 인도에서도 연꽃을 숭배하고 신성시하던 전통이 오래전부터 있었기 때문에 두 나라는 서로 다른 색과 모양의 연꽃을 교류했다고 한다. 인도에서 불교가 일어나자 연꽃의 상징성이 불교

중국 지린성에 있는 고구려의 고분 각저총에 그려진 씨름도.

의 교리와 잘 맞아 대표적인 불교문양으로 자리했다. 우리나라에도 불교가 들어오면서 고구려에 가장 먼저 연꽃이 장식무늬로 들어왔다.

　고구려 고분벽화 곳곳에는 서역인들이 고구려에 들어와 함께 살며 문화를 주고받은 흔적들이 보인다. 각저총 「씨름도」에는 큰 눈에 높은 코를 한 서역인이 고구려인의 샅바를 거머쥐고 있다.

잠깐잠깐

파르티아와 고구려가 활쏘기 시합을 한다면?

　말을 타고 가면서 뒤를 돌아보며 활을 쏘는 기술은 파르티아의 전유물이라고 한다. 유목국가 스키타이에서 배웠다는 그 기술 말이다. 그런데 파르티아식 활쏘기는 중앙아시아를 건너 기마민족 고구려까지 왔나보다. 고구려사람들도 말 타고 활 쏘는 데는 둘째가라면 서러운 사람들이라고 하지 않는가? 평안남도 대동군 덕흥리에 있는 무용총 고분벽화를 보면 어쩌면 이렇게 파르티아식 활쏘기와 똑같을까 놀라게 된다.

(왼쪽)유목민들은 전속력으로 달리는 말 위에서 이런 자세로 활을 쏠 수 있었다.

(오른쪽)말을 타고 달리면서도 뒤로 활을 쏘는 고구려 무사. 무용총 벽화그림이다.

338

2 | 신라

이슬람인의 눈에 비친 아름다운 황금의 나라

아랍과 이슬람의 문헌에서는 통일신라에 관한 기록이 제법 보인다. 중세 이슬람문화가 발전한 8~9세기는 통일신라가 발전하던 시기였고 당시 이슬람인들의 신라에 대한 관심은 사뭇 뜨거웠다. 이들은 비록 단편적이긴 하지만 신라의 자연환경, 인문지리, 무슬림의 신라 왕래 등에 대해 대체로 사실에 가깝게 서술하고 있어 아주 흥미롭다.

이름난 여러 이슬람학자들이 자신들의 저서에서 신라에 대해 조금씩 언급했는데 이들은 공통적으로 신라를 자연환경이 아름답고 토지가 비옥하며 황금이 많이 나는 살기 좋은 나라로 묘사했다.

중세 이슬람제국이 낳은 세계적인 지리학자 알 이드리시는 1154년에 저술한 『지리학 총서』에서 "신라를 방문한 여행자는 누구나 정착해 다시 나오고 싶어 하지 않는다. 그곳이 매우 풍족하고 이로운 것들이 많기 때문이다. 신라사람들은 개나 원숭이의 목줄도 금으로 만든다"라고 했다. 지리학자 알 마크디시도 "신라인들은 가옥을 비단과 금실로 수놓은 천으로 단장하며 금으로 만든 그릇을 사용한다"라고 말해 황금이 풍부한 신라의 특징을 강조했다. 황금의 나라라는 이미지에 걸맞게 신라의 수도도 금성(金城)이었다.

알 이드리시가 만든 세계지도.

많은 이슬람문헌들이 공통적으로 신라를 황금의 나라로 묘사했는데, 이는 황금이 많이 난다는 뜻도 되겠지만 높은 금공예 수준을 말하는 것이기

신라의 고분 서봉총에서 발굴된 곡옥이 달린 금관.

도 하다. 5~6세기 신라와 백제 고분에서 출토된 화려하고 다채로운 금은세공품들은 신라의 수준 높은 공예술을 확실히 보여주며 황금의 나라라는 이미지를 뒷받침하고 있다.

대부분의 이슬람 지리학자들은 신라의 지리적 위치에 대해서도 비교적 정확하게 알고 있었다. 신라가 중국의 동쪽이자 지구의 동쪽 끝에 자리하고 있으며 바다로 둘러싸여 있다고 이구동성으로 말했다. 여기서 말하는 바다는 태평양을 의미한다. 알 이드리시가 제작한 세계지도에는 신라가 표시되어 있어 이슬람에서 만든 세계지도에 우리나라가 최초로 등장했다.

또한 신라를 신비의 이상향으로 그리며 선망의 눈길로 바라보는 구절도 흥미롭다. 알 카즈위니는 "신라는 공기가 순수하고 물이 맑고 토질이 비옥해서 불구자를 볼 수 없다. 그들의 집에 물을 뿌리면 용연향의 향기가 풍긴다. 다른 곳에서 병에 걸린 사람도 그곳에 오면 곧 완치된다. 일단 그곳에 들어간 사람은 정착해서 떠나지 않는다"라고 찬탄을 아끼지 않았다. 과장된 느낌마저 들지만 이슬람인들이 신라에 대해 가진 깊은 호감을 분명히 느낄 수 있다.

장안을 좇는 경주, 서역문물이 유행하다

통일신라시대에는 페르시아의 문물을 비롯한 다양한 서역문물이 밀려왔다. 대부분 당나라를 거쳐 오아시스비단길이나 바다비단길을 통해 들어왔으며 고대 초원비단길을 통한 교류는 거의 자취를 감추었다. 당나라의 수도 장안은 그 시대 최고의 국제도시요, 빛나는 문명의 중심지였다. 세계의 온갖 종교와 사상과 물질이 넘치는 풍요롭고 화려한 도시 장안을 신라의 귀족들은 무척 동경했다. 그래서 신라 귀족들은 당나라에서 유행하는 옷을 입고, 당나라에서 유행하는 서역악기로 노래를 부르며, 새로운 서역문화를 받아들이는 데 열을 올렸다.

동북아시아의 국제무역을 완전히 장악한 장보고의 위력 때문에 서역상인들은 8세기까지는 신라에 쉽게 들어올 수 없었다. 9세기 중엽 장보고가 몰락하고부터 아랍상인이나 페르시아상인들이 신라에 본격적으로 왕래했다. 이들은 콘스탄티노플·바그다드·사마르칸트 등에서 유행하던 유명상품이나 호화사치품을 신라에 그대로 가져왔고 빠르면 6~7개월 만에 경주에서도 같은 유행이 일어났다. 물론 귀족들 사이에만 해당되는 이야기지만 1,000여 년 전에 지구촌의 양 끝에서 동시에 같은 패션과 감각의 물결이 일렁이고 있었다니 가히 놀라울 따름이다. 다양한 통로를 거쳐 신라에 유입된 서역물품들은 경주의 서시와 남시 등 시장에서 활발히 거래되었고 신라귀족들은 앞을 다투어 진귀한 외래물품을 사려고 몰려들었다. 마침내 호화사치가 극에 이르자 흥덕왕은 834년 사치를 금하는 칙령을 내려 신분에 맞게 옷, 집, 수레 심지어 향료나 보석까지도 일일이 규제하는 긴급조치를 발동했다.

이슬람인들의 신라 왕래에 대해 최초로 기록을 남긴 이븐 쿠르다지바는 신라에서 이슬람상인들이 사 간 물품으로 비단·칼·사향·침향·계피·도기·말안장 등을 들고 있다. 칼은 신라의 국제무역항 울산의 특산품으로 울산의 은장도는 특히 보검으로 알려져 있었다. 사향·침향·계피 같은 향료는 일본에도 수출했는데, 이 물품들은 원산지가 아프리카나 중앙아시아 일대로 신라에서 나지 않는 물품이다. 외국산 향료의 종자를 가져온 뒤, 이를 재배해 일본이나 이슬람지역에 다시 수출한 것으로 보인다.

불국사 석가탑에서 발견된 유향 세 봉지는 서역에서 생산된 것

미추왕릉지구에서 발굴된 계림로단검.

이다. 유향은 아기예수가 탄생했을 때 동방에서 온 현자들이 몰약과 함께 바친 향료인데, 아랍상인이나 페르시아상인이 신라에 가져온 것으로 보인다. 유향 외에 안식향·단향·침향 등 각종 향료가 신라에서도 애용되었다. '신의 음식'이라 불리는 향료는 기원전 5000년경 아라비아반도 남부지방에서 쓰던 것이다. 이런 서역의 향료가 오아시스비단길을 따라 중국에 알려졌고, 우리나라에까지 전해진 것이다.

향료 외에도 신라에 들어온 서역문물로는 화려한 유리공예품, 옥이나 에메랄드 같은 보석류, 고급 모직옷감, 희귀한 새깃털 장식품 등이 있는데 주로 귀족들이 열망하는 호화사치품이다. 또 비파·피리·공후 등 악기류, 북청사자놀이 같은 놀이, 연꽃무늬를 새기는 공예기법 등 신라에서 유행한 예술과 놀이 분야에도 서역의 영향이 보인다.

특히 유리제품에는 로마나 서역과 교류한 흔적이 뚜렷하다. 통일 이전에는 후기 로마유리가 주류를 이루었지만 통일신라시대에는 당나라에서 유행한 페르시아계 문물이 유입되면서 유리도 사산왕조페르시아 계통으로 바뀌었다.

미추왕릉지구에서 발굴된 '미소 짓는 상감옥' 목걸이는 작은 유리구슬 속에 여러 조형물이 놀랍도록 정교하게 상감되어 있다. 구슬에서 보이는 인물은 로마제국의 식민지였던 흑해 부근의 한 백인종과 닮았다. 로마제국은 1세기경 이런 모자이크무늬의 상감옥을 만들기 시작했고 그것이 중국을 거치지 않고 멀리 신라까지 전해진 것이다. 또 송림사 5층 전탑에서 나온 유리잔과 유리사리병은 사산왕조페르시아풍의 매우 희귀하고 아름다운 공예품으로 주목받고 있다.

그 외에 미추왕릉지구에서 발굴된 계림로단검은 독특한 장식에 화려한 옥이 박힌 짧은 칼인데, 이는 지중해 연안이나 중앙아시아, 이란 일대에서 한때 유행한 것이다. 계림로단검은 동아시아권의 유물들과는 완전히 다른 것으로 서역에서 수입된 물품이 분명하다.

괘릉에 서 있는 무인석상.

게다가 괘릉이나 흥덕왕릉 앞에 서 있는 무인석상은 깊은 눈, 높은 코의 전형적인 서역인상이다. 기골이 장대하고 우락부락한 서역인 무사를 앞세워 무덤을 수호하게 한 것을 보면 서역풍이 유행하던 시대에 살던 신라인들의 사고방식이 엿보인다.

신라를 오간 이방인들

무슬림을 비롯한 다양한 이방인들이 신라를 오갔다는 사실은 이슬람의 기록에서 확인된다. 중세 이슬람역사학의 최고봉으로 인정받는 알 마스오디를 비롯해 많은 이슬람학자들이 신라를 오간 무슬림들의 활동상황을 말하고 있다.

일찍이 우마이야왕조·아바스왕조 시절부터 아라비아반도나 이라크 등에서 무슬림들이나 다른 이방인들이 중국을 거쳐 신라에 왔다. 잠시 머물며 일이나 여행을 마치고 떠난 자들도 많았지만 신라의 맑은 자연환경과 풍부한 금 때문에 장기간 머물며 정착한 사람도 있었다. 바드룻 딘이라는 이슬람학자는 "신라는 부유한 나라

처용설화에서 유래한 무형문
화재 처용무.

이므로 무슬림들이 들어가기만 하
면 아름다움에 현혹되어 끝내 떠나
려 하지 않았다"라고 전한다. 신라
에 올 수 있던 무슬림들은 대체로
중국을 발판으로 교역에 종사하던
상인들이었다. 이들은 바다비단길
을 장악하고 유라시아와 아프리카
를 망라한 온 세계를 누비며 상업활동을 펼치고 있었다. 따라서 황
금이 넘치는 신라를 교역대상에서 빼놓았을 리 없다.

처용설화에 나오는 처용의 정체를 밝히면 이런 가능성은 더욱
분명히 드러난다. 신라 헌강왕 때인 879년 오늘날의 울산인 개운
포에 출현했다는 처용은 과연 누구였을까? 처용의 정체에 대해서
는 의견이 분분하다. 그런데 처용이 나타났다는 울산은 신라의 수
도 경주까지 걸어서 하루 만에 닿을 만큼 가까운 거리에 있었고 물
자도 풍부해 일찍부터 국제무역항으로 발달했다. 일본이나 중국이
신라와 교역할 때는 물론이고 이슬람상인들도 예외 없이 울산을
통해 신라에 들어와 교역했다. 게다가 처용의 모습은 "우뚝 솟은
코, 무성한 눈썹, 밀려나온 턱, 붉은 얼굴색"이라고 묘사되어 있는
데 이는 전형적인 서역인의 외모다. 낯선 이방인의 행색으로 신라
에 불쑥 나타난 처용을 보고 그의 출신지를 간파할 수 없는 낯섦
때문에 동해용의 아들이라는 신화 같은 이야기가 생긴 게 아닐까?
바다비단길을 따라 불현듯 울산항에 상륙한 이 이방인은 무슬림상
인이 아니었을까? 그러므로 무슬림의 신라 왕래를 말해주는 우리
쪽 자료가 바로 처용설화라는 말이다. 감정 표현이 솔직대담한
「처용가」 역시 중세 페르시아문학이나 아랍문학의 영향이라고 한
다. 당시 신라의 향가는 완곡하고 내면적인 표현을 썼기 때문이다.

『삼국유사』는 처용설화를 이렇게 전한다.

신라 제49대 헌강왕은 어느 날씨 좋은 날 울산에 놀러 갔다 구름과 안개로 길을 잃었다. 동해의 용이 부린 조화이므로 좋은 일을 해서 풀어야 한다는 신하의 말을 듣고 근처에 절을 세우라고 명했다. 그러자 구름과 안개가 걷혔고, 왕은 이곳을 구름이 걷힌 항구라 하여 개운포(開雲浦)라 이름 지었다. 동해용이 기뻐하며 아들 일곱을 데리고 왕 앞에 나타나 덕을 찬양하고 춤추며 노래 불렀다. 아들 가운데 한 명이 왕을 따라 서울에 와서 정사를 도왔는데, 그가 처용이었다. 왕은 그를 머물게 하려고 미모의 아내를 맞게 하고 관직도 주었다. 처용 처의 미모를 흠모하던 역신이 사람으로 변해 아내와 몰래 동침했다. 처용이 그 현장을 보고 노래 「처용가」를 부르고 춤을 추며 물러나자, 역신은 처용의 너그러움에 감복해 본 모습을 드러내고 사죄하면서 앞으로는 처용의 형상만 봐도 그 집 안에 들어가지 않겠다고 맹세했다. 이 일로 백성들은 처용의 형상을 문에 붙여 사악함을 물리치고 경사를 맞이했다.

3 | 백제

백제도 중국을 마주보며 바다를 접한 지정학적 조건 때문에 진작부터 해상왕국으로 발전했다. 4세기 근초고왕 시절, 수군을 강화해 중국의 랴오시·산둥, 그리고 일본의 규슈까지 세력을 확대했고 특히 일본과 긴밀한 관계를 유지했다.

백제는 잠자고 있던 일본의 고대문화를 깨운 일등공신이다. 왕인박사와 오경박사는 일본의 황태자와 귀족에게 한자와 경전을 가르쳐 일본인들의 눈을 뜨게 해주었다. 일본 최초의 해시계와 물시계를 제작한 이도, 최초의 국립대학을 세워 이들을 교육한 이도 모두 백제인이다. 일본의 고대문화 중 백제인의 손길이 닿지 않은 것이 없다고 해도 과언이 아니다.

하지만 백제와 서역의 관계는 충분히 알기 어렵다. 이에 대한 연구도 신라나 고구려에 비해 미미하다. 여기서는 몇몇 유물을 통해 그 실마리를 찾아보도록 하겠다.

'세기의 발견'으로 평가받는 무령왕릉에서 출토된 유물들은 백제문화의 국제성과 다양성을 보여준다. 무령왕은 수도를 한성에서 공주로 옮긴 뒤 대외교류를 적극 권장하며 백제를 부흥시켰다. 그의 무덤에서 나온 갖가지 화려한 유물들은 백제가 이웃나라와 얼마나 폭넓게 교류하며 살았는지 말해준다. 백제는 부여와 고구려를 거쳐 온 선조들의 영향으로 북방대륙문화에 뿌리를 두고 마한시대부터 내려온 남방해양문화를 수용했다. 또 일본이나 중국과의 교류는 물론 멀리 그리스·로마 문화나 서역문화까지 받아들였다. 그래서, 어떤 학자는 백제문화를 '문명의 용광로'라고 표현한 적도 있다.

국보 제154호 금제관식 한 쌍은 유라시아대륙 북방에서 유행한 황금문화의 영향을 받은 것으로 신라의 금관 못지않게 빛나는 걸작이다. 국보 제157호로 지정된 왕비의 귀고리는 금테두리 안에 여러 색깔의 옥을 박아 넣는 감옥(嵌玉)기법으로 만들었다. 이 기법은 원래 그리스와 로마 등지에서 유행하다가 페르시아, 중앙아시아, 중국을 거쳐 신라와 백제에 들어왔는데 주로 귀족들의 장신구를 제작하는 데 이용했다. 또 백제의 연꽃무늬 벽돌에는 고대 유럽의 전형적인 식물문양인 인동무늬까지 보인다.

백제의 유리공예품들 중에는 인도나 동남아시아 등지의 것도

346

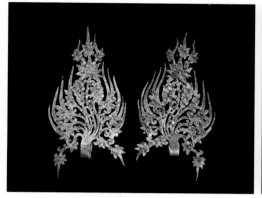 

간혹 보인다. 무령왕릉에서 나온 화려한 유리구슬들은 크기나 색깔, 형태가 무척 다양한데 그중 금박구슬은 흑해 연안에서 시작되어 이집트·서아시아·이란·인도·중국·동남아시아 등지에서 유행하던 것이다. 이는 백제가 바다비단길을 통해 서역 문물을 수용했을 가능성을 말해주기 때문에 특히 앞으로의 연구가 주목된다.

또한 세계 향로사의 백미로 기록될 '백제금동대향로'는 발견 이후 아직까지 풀리지 않은 수수께끼가 많아 여전히 신비로운 연구대상이다. 전통문화와 외래문화를 잘 융합한 걸작으로 평가받는 이 향로는 백제인의 수준 높은 정신세계를 담고 있다. 특히 뚜껑에 장식된 다섯 악사들은 거문고를 제외하면 모두 서역악기들을 연주하고 있다. 완함을 비롯해, 쿠처에서 들어온 피리, 대나무를 옆으로 나란히 묶은 북방유목민들의 악기 배소, 동남아 계통의 항아리 모양 북 등은 모두 백제인들의 폭넓은 국제교류를 말해주고 있다. 또 향로의 몸체에 장식된 연꽃무늬는 이집트나 고대 그리스·로마에서 유행하던 수련과 흡사해 외래문화를 백제의 혼으로 승화한 흔적이 엿보인다.

백제는 전통문화의 토대 위에 다양한 외래문화를 흡수해 우아하고 섬세한 문명을 창조했다. 백제와 서역 관계에 대한 연구가 본격적으로 이루어져 교류를 통해 완성된 백제문화의 진수를 맛볼 수 있기를 바란다.

4 | 발해

고구려의 옛 터전에 세워진 발해는 698년에서 926년까지 약 200년이라는 짧은 역사를 지녔지만 우리 역사상 가장 넓은 영토를 갖춘 '해동성국'이었다. 해동성국은 중국이 발해를 가리킨 말로 동방의 번성한 나라라는 뜻이다. 전성기 때는 영토가 사방 5,000리에 달하는 대제국을 건설해 우리나라는 물론 중국과 러시아 일대까지 그 영역이 걸쳐 있었다.

발해는 고구려문화를 기본으로 중국과 말갈의 문화를 수용하고 중앙아시아와 남부시베리아 문화까지 흡수한 아주 다양한 성격의 문화를 지녔다.

발해는 지리적 위치나 활발한 대외관계로 보아 북방유목국가나 서역국가들과 다양하게 교류하며 살았으리라 짐작된다. 하지만 자료나 연구가 미비해 발해와 비단길의 관계를 제대로 알기는 어렵다. 여기서는 발해의 대외교류와 관련해 간략히 살펴보겠다.

발해도 신라처럼 당나라와 밀접한 관계를 가졌다. 수도 상경은 장안을 그대로 본떠 만들어 주작대로가 뻗어 있었고, 네스토리우스교 등 각종 종교와 이방의 문물들이 들어와 활기가 넘쳤다. 격구가 장안에서 유행할 때 발해에도 동시에 유행해 발해인들의 놀이와 군사 훈련용으로 널리 인기를 모았다. 격구나 활쏘기로 체력을 단련한 발해인은 "발해인 세 사람이 호랑이 한 마리를 당해낸다"라는 말을 들을 만큼 뛰어난 용맹성을 자랑했다.

장사수완이 좋기로 유명한 소그드상인이 발
해에서도 그 실력을 발휘한 듯 발해영토에서는
소그드인이 사용하던 은화가 발견되었다. 소그
드문자와 아랍문자가 함께 새겨진 이 은화는 발
해와 중앙아시아 일대의 교역을 말해주는 중요
한 단서다. 소그드인이 발해의 연해주 일대에
집단거주지를 이루고 살았다는 주장까지 나오고 있지만 더 많은
연구가 필요하다.

발해 상경용천부 유적.

또 동쪽으로 흘러간 동방기독교가 발해까지 이르렀음을 말해
주는 유물도 발견되었다. 한때 발해의 수도였던 동경에서 발굴된
삼존불상에는 십자가를 목에 건 보살이 조각되어 있다. 신라의 경
주에서도 돌십자가와 성모마리아상이 발견된 적이 있는데, 이는
동방기독교의 일파인 네스토리우스파 기독교, 즉 경교가 발해와
신라까지 전파되어 불교와 융합된 결과로 이해할 수 있다.

발해의 무역로와 담비의 길

발해에는 외국으로 통하는 무역로가 사방으로 나 있었다. 바다
를 통해 일본과 왕래하던 일본길, 함경도 동해 연안을 따라 남쪽으
로 연결되는 신라길, 랴오허강 상류로 뻗어 북방의 유목국가로 나
아간 거란길, 그리고 당나라로 통하는 두 갈래 길, 이렇게 모두 다
섯 개의 무역로가 있었다. 당나라로 가는 길 중 하나는 랴오둥반도
에서 산둥반도로 이어지는 바다비단길이고 다른 하나는 내륙에서
이어지는 오아시스비단길이다. 이렇게 사방팔방으로 열린 교역로
를 통해 길목마다 물류기지를 설치하고 발해의 특산물을 수송했
다. 다양한 무역로를 통해 발해가 얼마나 개방적이고 활기차게 국
제무역을 이끌어갔는지 짐작할 수 있다.

그런데 최근 한 러시아학자는 다섯 개의 길 외에 제6의 무역길이 있다고 주장했다. 이 새로운 길은 담비의 털가죽을 교류한 길이라 해서 '담비의 길'로 불린다. 사마르칸트에서 러시아의 치타를 거쳐 발해에 이른다는 이 길은 발해와 비단길의 긴밀했던 역사를 말해주는 중요한 증거이기 때문에 우리에게 큰 관심을 불러일으킨다.

발해는 원래 담비의 털가죽으로 유명한 세계적인 모피 생산국이었다. 요즘도 발해지역의 자색 담비는 인삼, 녹용과 함께 만주의 3대 보배로 손꼽히며, 여전히 담비를 사냥하기 때문에 중국은 만주의 담비를 국가보호동물로 지정하고 있다. 담비의 털가죽은 매서운 추위를 막아주는 값비싼 옷감으로 당시 지배귀족들 사이에 널리 애용되었다.

920년 5월, 일본에 발해사신으로 갔던 배구가 담비옷을 한 벌 입고 진귀한 물건이라 자랑했다. 이에 질세라 일본관리는 검은 담비옷 여덟 벌을 입고 오리털 수레를 탄 채 여봐란 듯이 회의에 참석해 배구의 코를 납작하게 만들었다는 재미있는 이야기도 있다. 소그드상인 역시 당시 통치자들이 즐겨 입던 담비가죽을 구하기 위해 낙타와 말을 타고 발해로 몰려왔을 가능성이 크다. 담비의 길을 따라서 말이다.

우리는 앞서 초원비단길의 또 다른 이름으로 '모피의 길'을 확인한 적이 있다. 그런데 러시아의 '모피의 길'보다 훨씬 앞선 10세기 전후에 발해의 '모피의 길'이 열린 것이다. 발해는 모피를 통해 중앙아시아나 시베리아와 교역했다. 담비의 길은 발해와 비단길, 나아가 우리나라와 비단길의 관계를 알려주는 중요한 단서이므로 앞으로 더 깊은 연구가 이루어지길 바란다.

3. 고려와 조선의 서역관계

1 | 고려

이슬람상인들의 고려 왕래

고려시대에는 우리나라와 이슬람문명의 만남에 일대 변화가 일어났다. 고려 초기에는 이슬람상인들이 직접 고려에 몰려와 활발히 교역했지만 고려 말기에는 몽골의 침략을 받아 몽골을 통해 간접적으로 이슬람과 접촉했다.

고려 초 이슬람상인들은 집단적으로 고려의 수도 개경을 왕래했다. 고려시대에 와서야 대식국, 즉 이슬람제국과 대식상인들에 대한 우리측 기록이 보인다. 『고려사』에는 고려 초기에 대식상인들이 100여 명씩 무리를 지어 들어와 수은이나 몰약 같은 향료를 바쳤고 고려는 이들을 후하게 대접한 뒤 비단을 주어 보냈다는 기록이 있다. 100여 명이나 되는 대규모상인들이 왕래했다면 첫 방문이거나 우연한 방문이 아니라 이미 서로 익숙하게 왕래하고 있었으리라 짐작된다.

고려에는 각종 생산물이 집중되는 개경에 시장과 상점이 들어섰고 국내상업의 발전과 함께 대외무역도 활발하게 이루어졌다. 예성강 어귀의 벽란도는 수도 개경에서 가까운 국제무역항으로 번창했다. 개경시장은 이웃나라에서 들여온 새로운 물품들이 낯설지 않았고 자유분방한 분위기가 넘쳤다. 고려는 특히 송나라와 많이 거래했고 일본이나 거란족, 여진족과도 문물을 주고받았다. 송나라의 무역장려책에 힘입은 이슬람상인들도 수은·향료·산호 등을 직접 가지고 와서 고려와 활발히 교역했다. 이들을 통해 고려라는 이름이 널리 서방에 알려지게 되었다.

고려에 관한 이슬람측 기록은 라시드 앗 딘이 저술한 『집사』에서 대표적으로 볼 수 있다. 라시드 앗 딘은 몽골이 중앙아시아 일대를 정복하고 세운 일칸국의 재상직을 약 20년간이나 역임한 정치가이자 유명한 역사학자다. 『집사』에서 그는 원나라 치하의 12개 성(省)을 소개하면서 세번째 성을 고려라 했고 우리나라를 '카올리'라고 불러 신라가 아닌 고려라는 이름을 처음으로 쓰고 있다. 그리고 몽골족과의 혼인관계도 소개해 몽골의 지배 아래 놓인 고려의 상황을 기록했다.

오스만투르크제국 출신의 학자 알리 아크바르도 그의 책 『키타이 서』에서 카올리, 즉 고려는 중국의 12개 행정지역 중 하나라고 소개하며 은화로 여러 상품을 구입할 수 있는 굉장히 부유한 지역이라고 했다. 아마 몽골 치하의 고려 상황을 언급한 라시드 앗 딘과 비슷한 맥락에서 고려를 중국의 일부로 소개한 것 같다.

몽골의 침략과 그 영향

유라시아 대부분을 장악한 몽골제국의 압박에서 고려도 자유로울 수 없었다. 원나라의 침입을 받은 뒤, 고려의 왕은 원나라 황제의 딸과 결혼해 사위가 되었고 고려는 부마국, 즉 사위의 나라가 되어 원나라의 간섭을 받았다.

이슬람상인들은 통일신라부터 고려 중기까지 바다비단길을 통해 우리와 직접 활발히 교류했다. 하지만 고려 후기 몽골 침략 이후부터 이슬람상인들의 활약은 상당히 위축되었고 대신 몽골을 통해 들어온 중앙아시아계 무슬림들의 활약이 두드러졌다.

이들은 주로 원나라의 지배층으로 일하던 색목인들로서 사신·번역관·서기·근위병 등의 직책으로 고려에 공식 파견되었다. 그밖에 상인이나 일반 무슬림들도 들어왔다. 이들 중 일부는 정착해 고려인으로 귀화했고 일부는 고려에서 벼슬을 얻거나 권세를 누리며 원나라를 대신해 정치에 간섭하는 일을 맡았다. 13세기 후반부터 약 150년 동안 고려에 들어온 무슬림들 중 일부는 개경 근처에 집단거주지를 이루고 정착했다고 한다.

원나라의 침입으로 고려사회의 풍속은 많이 변했다. 100여 년 동안 일곱 명의 원나라 공주가 고려에 시집와서 왕비로 생활했고 고려에서는 몽골어와 몽골식 풍습이 유행했다. 예를 들면 고려인들은 몽골족의 주식인 만두나 설렁탕을 만들어 먹는 법도 배웠고 시장에는 만두가게인 쌍화점이 생기기도 했다.

서역에서 들어온 음악이나 춤도 유행해 고려 말 우왕은 대동강 부벽루에서 피리 같은 서역악기를 연주하면서 직접 서역의 춤과 노래를 불렀다고 한다. 제주도는 원나라의 목마장이 되어 원래 자라고 있던 말 외에 2~3만 필의 말을 더 키워 원나라에 바쳐야 했다. 또 매 사냥을 즐긴 몽골족은 고려에서 매를 징발하기 위해 매 사냥과 사육을 담당하는 응방이라는 기구를 설치했다. 그리고 매 사육과 꿩 사냥을 많이 하도록 고려인들에게 강력히 권했다. 서역인 응방기술자들도 고려에 들어와 응방에서 많이 근무했다고 하니 매를 통해서도 우리는 서역인과 가까워졌던 것이다.

또 원나라는 귀족들에게 노비나 첩으로 나눠주기 위해 수많은 고려의 여성을 공녀로 뽑아갔다. 공녀란 조공으로 바치는 여성을 뜻한다. 그중 기씨라는 여성은 원나라에서 궁녀로 발탁되었고 이국적인 미모에 끌린 황제의 총애를 받아 결국 원나라 황후자리까지 올랐다. 명나라를 세운 주원장의 반란과 몽골족의 내분으로 기황후 천하도 얼마 못 가 막을 내렸지만 원나라 역사책에서도 고려 여성 기황후에 대해 기록해놓고 있다.

원나라를 통해 고려는 티베트불교인 라마교와도 기이한 인연을 맺었다. 무슬림의 활약이 두드러진 원나라이지만 황실은 이슬람교가 아닌 라마교를 신봉했다. 원나라 황실의 사위가 된 충렬왕이나 충선왕은 자연스레 라마교를 접했고 라마교 승려들도 고려에 들어올 만큼 라마교와 가까워졌다. 몽골 침략에 끝까지 맞선 삼별초의 저항이 무너진 뒤 몽골에 포로로 끌려갔던 어떤 고려인은 라마교 승려가 되어 돌아왔다고 한다. 충선왕은 불경 공부라는 명분 아래 머나먼 티베트로 사실상 유배를 간 적도 있다.

「쌍화점」과 소주

만두집에 만두 사러 가니 회회아비 내 손목을 쥔다.
이 소문이 가게 밖에 나며 들며 하면
다로러거디러 조그만한 새끼광대 네 말이라 하리라
더러둥셩 다리러디러 다리러디러 다로러거디러 다로러
그 자리에 나도 자러 가리라
위 위 다로러거디러 다로러
그 잔 데같이 지저분한 것이 없다.

「쌍화점」은 고려 충렬왕 때의 가요로 고려 사회의 자유분방한 모습이 잘 묘사되어 있다. 회회나 회골은 원래 위구르인을 뜻하는 말로 회교란 단어도 여기서 나왔다. 여기서 회회는 이슬람교를 믿는 서역인, 즉 무슬림을 말한다. 회회아비라는 서역인이 개경의 시장에서 만두가게를 열어 장사했다는 점만으로도 고려와 서역 간의 긴밀한 관계가 피부에 와 닿는다. 쌍화는 상화떡이라는 무슬림들의 고유한 빵 혹은 만두인데 무슬림이 들어오면서 함께 들어왔다. 쌍화 외에도 고려에서 유행한 서역의 음식으로 송도설씨가 만들었다고 해서 이름 붙여진 설적이 있다. 설적은 쇠고기나 소의 내장에 갖은 양념을 하여 꼬챙이에 꽂아 구운 음식으로 이슬람의 케밥과 유사한 음식이다. 엄격한 선비들의 윤리가 강조되던 조선시대에 쌍화점은 퇴폐적인 노래라고 배척당했다.

한편 소주도 몽골 침략기에 처음 만들어졌다. 몽골군은 항상 가죽술병에 아락주를 넣어 다니며 마셨는데, 아락주를 고려에서도 공급하기 위해 만든 것이 바로 소주다. 소주는 메소포타미아의 수메르에서 처음 만들어졌다고 한다. 그 뒤 아랍지역에서 전해오다가 몽골이 아바스왕조를 공격할 때 농사를 짓는 서아시아인들에게서 소주 제조법을 배워 왔다고 한다.

그리고 칭기즈칸의 손자 쿠빌라이칸이 일본을 공격하기 위해 고려에 머물던 무렵, 개성·안동·제주도 등지에서 처음으로 소주를 빚었다. 고려소주의 본산인 개성에서는 최근까지도 소주를 몽골식 이름인 아락주라고 불렀다. 따라서 소주는 유목문화와 농경문화가 서로 만나 빚어진 문명 교류의 산물이다.

고려인으로 변신한 무슬림들

고려에 들어온 무슬림 중에는 이런저런 이유로 고려에 남아 결국 고려인으로 귀화한 사람들도 꽤 있었다. 오늘날까지 그 후손이 번창하는 가문들도 있는데, 덕수장씨·경주설씨·임천이씨의 조상이 바로 고려시대에 귀화한 대표적인 서역 무슬림들이다.

장순룡은 몽골의 고위관리로 충렬왕 때 몽골공주를 따라 고려에 들어왔다. 고려에서 벼슬을 얻어 권세를 누렸고 고려여성과 결혼해 세 아들까지 낳아 덕수현에 정착했다. 덕수현은 현재 개성 남서부에 있는 개풍군의 옛이름이다. 충렬왕은 왕위에서 물러난 뒤 장순룡의 집에 가서 살았고 그의 집을 덕자궁으로 부르며 그를 총애했다고 전해진다.

그의 후손들은 본관을 덕수로 하고 장순룡을 덕수장씨의 시조로 삼아 문중을 이루었다. 덕수장씨는 조선시대까지 많은 인물들을 배출했는데, 조선시대 4대 문장가이며 우의정까지 지낸 장유도 덕수장씨 출신이다.

위구르에서 온 설손도 고려에 정착했다. 설손은 원나라 순제 때 황태자에게 경전을 가르칠 정도로 학식이 탁월한 인물이었다. 고려에 들어와 관직과 토지를 하사받고 정착해 경주설씨의 시조가 되었다. 설손은 고려시대의 대표적인 시인으로 활약했으며 그 일가는 고려 말 조선 초의 명문집안으로 자리 잡았다.

2 | 조선

만남에서 절교까지

조선시대 초기까지도 우리나라와 이슬람의 만남은 계속되었다. 『조선왕조실록』이나 조선의 여러 문헌에는 무슬림이 정착해 조선사회에서 활동한 일들에 대해 여러 차례 기록되어 있다.

조선 초 무슬림들은 나라의 특별한 배려를 받았다. 국가적인 행사나 예식에 무슬림들은 이슬람식 전통복장을 갖추고 공식적으로 참가했고 국가가 내린 높은 지위를 누리며 왕이나 지배층과 각별한 관계를 유지했다.

태종은 1407년 이슬람교의 지도자 도로가 가족을 데리고 조선에 들어오자 갖가지 혜택을 주어 정착하게 했다. 도로가 태종에게 모자에 매다는 수정구슬을 선물하자 왕은 이에 대한 보답으로 금강산 등에서 나는 수정을 채집하도록 허락했다. 마침내 도로는 300근이나 되는 수정을 채집해 태종에게 헌상했다고 한다. 그러나 나라의 재정이 어려워지자 일본인이나 무슬림에게 주던 이런 경제적 혜택은 점차 줄어들었다.

무슬림들이 점점 조선사회에 적응하면서 조선인과 별반 다를 바 없어지자 세종은 1427년 무슬림들의 이색적인 풍속을 금지하는 외래습속 금지령을 내렸다. 이제 조선인이 되었으므로 조선식 복장과 예법을 따르라는 것이다. 칙령이 떨어진 이후부터 조선사회에서 무슬림에게 주던 혜택은 눈에 띄게 줄었다.

조선 중기 이후 나라 안팎의 여러 사정으로 무슬림의 활동은 완전히 수그러들고 만다. 원나라가 명나라에 망한 뒤부터 우리나라에 들어오는 무슬림의 수가 확연히 줄었고, 명나라가 쇄국정책으로 이방인들에게 문을 닫아버리자 우리나라에서도 무슬림의 활동은 거의 힘을 잃었다.

16세기 조선의 정세 변화도 무슬림의 활동이 약화된 이유 중 하나다. 16세기 이후 사림들이 중앙정치계에 본격 진출하면서 조선은 보수적인 유교문화가 주류를 이루게 된다. 사림들은 성리학과 유교질서를 중시하고 그 이외의 사상과 제도를 배격했기 때문에 외래문물을 경시하고 멀리하는 풍조가 널리 퍼졌다. 조선의 사

16세기에 만든 자격루. 세종 때 만든 물시계를 중종 때 개량한 것이며, 높이가 2미터에 가깝다.

18세기에 만든 앙부일구. 지름이 25센티미터쯤 된다.

대부들은 스스로 '작은 중국'이라 자부하면서 명나라의 쇄국정책을 본받아 이방인들에게 문을 닫았다. 이 때문에 조선 중기 이후 이슬람문화는 설 자리를 완전히 잃고 말았다. 더욱이 중국이 조선의 북쪽 경계를 막으면서 활발한 서역관계란 점차 잊혀가는 옛말이 되고 말았다.

새로운 문물

조선이 이슬람문명과 접하면서 가장 많은 영향을 받은 부분은 과학기술 분야였다. 특히 역법이나 천문기상학, 천문관측기기의 제작 등에서 이슬람천문학의 영향은 두드러졌다. 해시계인 앙부일구나 물시계인 자격루, 천체 운행을 측정할 때 사용하는 혼천의 등은 원나라에 들어왔던 이슬람 천문기기들과 아주 유사한 것으로 밝혀졌다. 이슬람제국은 물시계를 이미 8세기에 제작해 프랑크 왕국에 선물로 보냈을 만큼 선진 과학기술을 갖고 있었다.

세종은 새로운 역법을 만들기 위해 정인지, 이순지 등의 학자들에게 이웃나라의 역법을 가져와 연구하게 했다. 이에 따라 원나라의 수시력, 명나라의 대명력, 이슬람의 회회력을 연구한 학자들은 가장 수준이 높은 이슬람력을 집중적으로 연구해 마침내『칠정

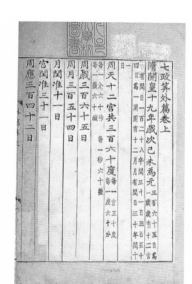

산내외편』이라는 조선의 역법을 만들어냈다. 칠정이란 해와 달 그리고 다섯 행성을 합친 일곱 개의 별을 말하는데, 칠정산내외편에서 이 행성들의 운동을 계산할 수 있는 방법을 완성했다. 내편에서는 서울에서 일어날 일식 등의 천문현상을 예보했고, 외편은 이슬람력의 원리를 그대로 도입해 만든 태음력으로 말하자면 '조선의 이슬람력'인 셈이다.

공예기법에서도 이슬람문명의 흔적이 보인다. 도자기에서 보이는 푸른 빛깔을 흔히 회청색이라고 한다. 도자기에 바르는 청색 안료인 회청은 위구르인을 뜻하는 회회에서 나온 말로 회회청이라고도 한다. 회청은 원래 사마르칸트 등 투르크계 무슬림 거주지역에서 생산된 안료인데 무슬림상인들이 중국을 거쳐 조선에 올 때 가져온 것이다. 이 새로운 안료 덕분에 조선은 물론 중국이나 일본 등에서 아름다운 청화백자가 만들어질 수 있었다. 세조 때 회청이 들어와 이전의 깨끗한 순백자와 달리 화려한 청화백자가 선을 보이게 되었다. 그러나 회청을 수입하기가 점점 어려워지자 청화백

국보 222호 청화백자매죽문호.

자는 생산량이 줄었고 18세기 이후 국내산 안료가 개발되면서 다시 유행했다.

마지막으로 눈길을 끄는 것은 한글처럼 알타이어족에 속하는 위구르어가 고려 말 조선 초 지배층 사이에 유행했다는 사실이다. 일찍이 몽골은 위구르어를 공식언어로 정해 널리 사용했고 몽골의 침입과 함께 위구르어도 고려에 들어왔다. 고려의 지배층은 위구르어를 비공식 궁중언어로 사용했고 공식 외국어로 가르치면서 번역관 시험에 필수과목으로 채택하기까지 했다. 이렇듯 유목민족의 문화뿐 아니라 언어까지도 우리 생활에 깊숙이 다가와 있었다니 새삼 놀랍다. 고려 말부터 조선 초까지 위구르어는 약 150년간 유행하다 세종 때 외래습속 금지령이 떨어지면서 다른 서역의 풍습과 함께 자취를 감추었다.

그리고 새로운 만남

근대사회에 들어서면서 유럽은 바다로 나아가 지구촌을 지배하는 대항해시대를 개막했다. 중세의 바다를 제압한 이슬람세력은 힘을 잃었고 동방으로의 진출도 점점 어려워졌다. 조선시대 중기 이후 우리나라에서도 이슬람은 자취를 거의 감추었다. 보수적인 사림의 집권과 명나라 중심의 대외관계, 이슬람세력의 약화 등으로 조선시대 말까지 서역과의 만남은 한동안 불가능했다.

그런데 조선 말기에 오스만투르크제국의 적극적인 동방 진출로 우리나라와 이슬람의 만남은 다시 꿈틀거렸다. 우리나라에도 개화의 바람이 불었고 이슬람인들도 새로운 동방 진출을 꿈꾸었다. 이에 따라 20세기 초에는 한국을 방문하는 무슬림이 등장하기도 했다.

360

투르크족 출신의 러시아 종교지도자인 압둘 라시드 이브라힘은 1909년 아시아 순방길에 조선을 방문했다. 그는 여행보고서에서 조선의 참담한 현실과 재한 외국인의 실태 등을 언급했다. 또 1920년대에는 무슬림들이 집단적으로 한반도로 이주해 작은 공동체를 이루어 살기도 했다. 우리나라에 이슬람교의 싹을 틔운 이들이 바로 그들이다.

한편 한국전쟁 때는 터키군이 파견되어 오늘날 한국 무슬림공동체가 형성되는 실질적인 기반을 마련했다. 1970년대 이후 우리나라는 이른바 '중동붐'이라고 불릴 정도로 아랍 곳곳에서 많은 대형공사를 성공적으로 처리함으로써 아랍지역에 강한 인상을 남긴 적도 있다. 또 최근에는 수많은 무슬림 이주노동자들이 우리나라에서 '코리안드림'을 꿈꾸며 일하고 있다.

이렇게 오랜 인연을 바탕으로 우리나라와 이슬람은 문명 교류의 아름다운 역사를 계속 만들어가야 할 것이다.

4. 비단길에 새겨진 우리 민족의 얼굴들

1 | 세계사에 우뚝 선 고구려인, 고선지

파미르고원을 넘어 서역 일대에 이르는 당나라를 건설하는 데 지대한 공을 세운 인물이 있다. 바로 고선지 장군이다. 그에 대한 기록을 남긴 중국 문헌들은 대부분 첫머리를 이렇게 시작하고 있다. "고선지는 고구려인이다."

하지만 고선지가 세운 업적에 대한 평가는 제대로 이루어지지 않았다. 험악한 힌두쿠시산맥을 넘어 티베트 대원정을 승리로 이끌고 개선한 고선지 장군에게 중국인 상관은 "개똥이나 처먹을 고구려놈"이라고 민족적 멸시를 퍼부었다. 오늘날까지도 그의 업적에 대한 올바른 연구나 평가는 아주 부족하다. 세계사에 굵은 한 획을 그으며 동서문물 교류에 큰 발자취를 남긴 고구려인 고선지를 만나보자.

당나라로 끌려간 고구려인들
당나라는 668년 고구려를 멸망시킨 후 이듬해 4월에 고구려인

362

알타이산맥

바이칼호

발하시호

탈라스강

톈산산맥

투루판

고 비 사 막

부하라

카슈가르

사마르칸드

파미르고원

타클라마칸사막

허텐

쿤룬산맥

란저우

카불

장안(시안)

페르가나
(당나라 도독부 설치)

고선지 서역 원정과 탈라스
강전투.

들을 당나라 각 지역으로 강제이주시켰다. 병약자를 뺀 중산층 이
상의 신체건장한 사람들만 골라 가축이나 우마차와 함께 끌고 갔
는데 대략 3만 호 정도 되는 고구려유민들이 이때 당나라 각지로
끌려갔다. 그 이유는 고구려인들의 당나라에 대한 저항운동을 뿌
리 뽑기 위한 것이었다. 당시 랴오둥지방 일대에서는 당나라에 대
한 고구려인들의 저항운동이 꺾이지 않고 지속되었다. 처음에 당
나라는 이들을 잠재우기 위해 옛 고구려왕인 보장왕을 랴오둥지역
의 책임자로 내세워 조용히 다스리도록 유도했다. 그러나 보장왕
마저 비밀리에 당나라에 대한 반란을 꾀하다 그만 발각되고 말았
다. 결국 당나라는 보장왕을 소환해 중국 남부로 유배시키고 고구
려유민들을 랴오둥에서 끌어내 중국의 각처로 뿔뿔이 흩어놓는 이
주정책을 쓰게 되었다.

이미 당나라의 침략으로 안시성이 함락되어 고구려인 수만 명
이 당나라에 포로로 끌려간 적이 있었다. 게다가 이렇게 강제로 이

주당한 사람들까지 합치면 고구려인 상당수가 망국의 한을 품은 채 당나라에 끌려가 정착한 셈이다. 전쟁포로로 끌려간 사람들은 대개 노예가 되어 고된 노역에 시달렸지만 강제이주당한 사람들의 처지는 조금 나았다. 당나라는 고구려인의 무예 숭상 기질을 이용해 젊은이들을 당나라군대에 많이 복무하게 했다. 이들 중 빛나는 업적을 세운 영웅들이 적잖이 나타났는데, 고선지 장군도 그중 하나다.

서역 대원정과 탈라스강전투

고선지의 아버지 고사계는 중국에 끌려온 뒤 전쟁에서 공을 세워 장교로 발탁되었다. 아버지에게서 무예를 배우고 자란 고선지는 대담무쌍하고 출중한 재주로 공을 세워 약관 스무 살에 아버지와 같은 지위에 올랐다.

그는 서기 747년 1차 서역 원정길에 올라 72개의 크고 작은 서역제국들을 굴복시키고 이슬람제국의 진출을 저지했다. 2차 원정에서는 티베트의 수중에 들어간 소발율국을 정복했다. 인도의 서북부 카슈미르 북쪽 길기트지역에 있던 소발율국은 당나라가 서역으로 향하는 문호로 이 지역을 티베트에 뺏기면 당나라는 서역 진출이 어려웠다.

고구려 유민의 후손으로 비단길의 주인공으로 우뚝 선 고선지 장군 상상도.

2차 원정 당시 힌두쿠시산맥에서도 특히 목숨을 걸고 넘는다는 다르코트고개에 이르러 부하들이 겁에 질려 더 이상 나아가려 하지 않자 고선지는 지략을 발휘했다. 자기 부하들 중 일부를 적군으로 가장시켜 고선지군대에 항복하고 영접하러 나온

탈라스강전투를 치른 고선지
연합군의 병사들 상상도.

탈라스강전투에서
고선지의 부대와 싸웠던
이슬람제국의 병사 상상도.

것인 양 꾸몄다. 적군이 항복했다고 믿은 부하들은 다시 사기를 회복하고 마침내 전투는 승리로 끝났다. 고선지의 승전보에 당나라 현종은 그의 공을 찬양해 높은 벼슬을 내렸다. 영국의 저명한 탐험가 스타인은 소발율국 정복을 "현대의 어떠한 참모본부도 이룰 수 없는 전쟁이었고 나폴레옹의 알프스 돌파보다 더 성공적인 것"이었다고 극찬했다. 그 뒤 4차 서역 원정에서도 우즈베키스탄의 타슈켄트 일대의 석국을 공격해 승리함으로써 고선지의 명성은 하늘을 찌를 듯했다.

그러나 석국인들은 당나라에 한을 품고 복수를 다짐하며 이슬람제국에 구원을 요청했다. 고선지의 운명을 일거에 뒤바꿔버린 불길한 징조였다. 동쪽으로 세력을 넓히고자 노리던 이슬람제국의 아바스왕조는 이때라는 듯 석국의 대당보복전에 참여했고 마침내 751년의 그 유명한 탈라스강전투가 벌어졌다. 네 차례의 서역 원정에서 단 한 번도 패배하지 않고 승승장구했던 고선지 장군은 5차 원정인 탈라스강전투에서 생애 최초이자 최후의 대참패를 맞이했다. 전쟁을 시작한지 불과 닷새 만에 당나라 군사 대부분이 사살되고 약 2만 명의 군인들이 포로로 이슬람제국에 끌려갔다. 탈라스강전투의 패배로 파미르고원을 주름잡던 당나라의 서역 경영도 막을 내려야 했고 고선지의 운명 또한 치명적인 타격을 받았다. 그 뛰어난 용맹과 지략도 결국 날개가 꺾이고 말았다.

고선지의 대활약 이후

죽음과 공포의 상징인 타클라마칸사막과 파미르고원, 힌두쿠시산맥을 자유자재로 넘나들며 인간의 한계에 도전한 고선지는 인류 전쟁사에서 보기 드문 공적을 남겼지만 탈라스강전투에서 패배한 후 내리막길에 들어선다. 시인 두보는 전투에서 패하고 귀환한 고선지의 쓰라린 마음을 대신 말해주듯 다음과 같은 시를 읊었다.

> 만리라 한혈마를 이제 보았네
> 번개보다 더 빠른 것 세상이 아는데
> 청사로 갈기 딴 채 늙고 있으니
> 언제나 서역길을 다시 달릴까

고선지는 755년 안녹산의 반란을 진압하라는 현종의 명을 받고 다시 한 번 군사를 일으켜 잠시 부활의 기회를 맞이하지만 작전상 후퇴과정에서 억울한 누명을 쓰고 결국 죽게 되었다. 오늘날 『중국인명대사전』에는 고선지의 죽음에 대해 "모함으로 살해되었다"라고 분명히 기록하고 있다.

탈라스강전투는 비록 중국의 서역 지배를 마감한 계기였으나 동서문물 교류에 크게 이바지했다. 서역의 진귀한 문물들이 중국에 전파되었고 중국의 제지술이 이슬람제국과 유럽에 전파되어 서방의 문명수준을 한 단계 높이는 데 크게 기여했다.

2 | 우리 역사 최초의 세계인, 혜초

『왕오천축국전』의 발견과 의미

1908년 프랑스의 동양학자이자 탐험가인 펠리오는 둔황석굴에서 제목도 필자도 없고 앞뒤부분까지 떨어져나간 두루마리문서 하나를 발견했다. 총 230행에 약 6,000자만 남은 낡고 오래된 것이었다. 그 당시 둔황석굴 안에 수많은 중국 고대서적이 묻혀 있다는 소문이 퍼지면서 유럽 각국은 앞 다투어 이 일대를 조사했다. 한자를 잘 아는 펠리오도 이때 발굴한 고문서들을 상당량 가져갔다.

이 문서를 발견하기 전부터 펠리오는 『왕오천축국전』에 대해 "세 권으로 된 순례기로 중국의 남해안을 거쳐 서북인도와 중앙아시아를 한바퀴 돌아 다시 중국으로 온 여행록"이라고 발표한 적이 있지만 이미 사라진 것으로 생각했다. 그런데 자신이 발견한 그 고문서가 바로 혜초의 『왕오천축국전』임이 밝혀졌다. 본래 세 권이었던 『왕오천축국전』을 요약해 베껴놓은 필사요약본 중 일부가 세상에 드러난 것이다. 처음에는 혜초가 누군지 몰랐고 당나라인쯤으로 짐작했는데 문서가 발견된 지 7년 만에 신라의 대덕고승이란 사실도 밝혀졌다.

『왕오천축국전』이란 제목 그대로 동인도·서인도·남인도·북인도·중인도 등 다섯 천축국을 다녀온 기록이란 뜻이다. 이 책은 자서전이자 일종의 여행기로 혜초가 인도뿐 아니라 중앙아시아와 서아시아 일대를 다니며 직접 보았거나 들었던 여러 나라의 역사와 풍물을 사실적으로 기록한 것이다. 혜초는 역사상 처음으로 이슬람제국을 대식국이라 이름 붙였고 대식국의 상황을 여러모로 비교적 정확하게 기술했다.

『왕오천축국전』은 역사서로도 매우 귀중한 내용을 담고 있다. 한 예로 "페르시아인은 항시 지중해에 진출할 뿐 아니라 남해상의 스리랑카에 가서 보물을 취득하며 바다비단길로 중국의 광저우까지 가서 비단을 교역하고 온다"라고 하여 바다비단길을 통한 페르시아상인의 교역활동에 대해 기록해두었다. 『왕오천축국전』은 8세기경의 이 지역 관련서적으로는 보기 드물게 내용이 다양하고 정확해서 명저로 높이 평가받고 있다.

혜초의 일생과 서역 순례

혜초의 출생연대는 명확히 밝혀지지 않았는데 700년 설과 704년 설이 있다. 그는 열여섯 살에 불법을 얻기 위해 신라를 떠나 당나라로 갔다. 당시 신라의 승려나 유학생들이 불교와 학문을 배우기 위해 당나라로 가는 일이 대유행이었다.

혜초는 당나라에 들어가 중국밀교의 시조인 금강지를 만나 밀교를 배웠다. 금강지는 남인도 출신의 승려로 중국에 들어와 밀종 불교를 포교하고 있었다. 혜초는 스승의 권유로 스승이 건너온 바다비단길을 거슬러 인도로 불법 순례의 길을 떠나게 되었다.

천축국을 순례중인 혜초의 상상도.

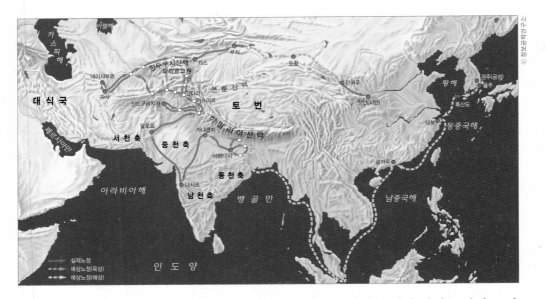

혜초의 순례.

『왕오천축국전』의 일부분만 발견되어 순례길 전체를 알기는 어렵지만 여행기의 핵심이라고 할 수 있는 인도와 중앙아시아의 기록이 남아 있어 그의 중요한 행적은 알 수 있다. 혜초는 광저우를 떠나 바다비단길로 동천축국에 도착한 후, 다섯 천축국을 차례로 여행하고 부하라와 페르시아, 이슬람 일대까지 이르렀다. 그 후 파미르고원을 넘고 쿠처를 지나 장안으로 돌아왔다. 바다비단길을 거쳐 인도에 이르렀고 오아시스비단길을 통해 되돌아오는, 당시까지 그 누구도 시도하지 않았던 독특한 여정이었다. 약 4년간에 걸친 인도 및 서역 순례를 마치고 장안에 돌아온 혜초는 불경을 번역하고 주석하며 여생을 보냈고 787년경 80여 세의 나이로 세상을 떠났다.

혜초의 서역행이 남긴 것

혜초는 우리나라 사람으로는 처음으로 이슬람세계까지 진출한 '우리 역사상 최초의 세계인'이다. 또 중국문화권에서 보면 이슬람제국의 현지견문록을 처음으로 남긴 사람이다. 그는 아랍국가와 그 지배 아래 있던 중앙아시아 여러 나라를 최초로 대식국이라고 불렀다.

혜초는 대식국에서 직접 보고 들은 사실을 여행기에 담아 전함으로써 중국문명과 이슬람문명이 서로 이해하고 교류하는 데 선구자의 역할을 했다. 고선지 장군이 동서 교류에 이바지한 시기보다 30여 년이나 앞선다. 또한 8세기 무렵의 중앙아시아와 서아시아 및 인도에 대한 생동하는 역사를 기록함으로써 중세세계사 연구에도 크게 기여했다. 그리고 50여 년간 당나라에서 밀종불교를 연구하고 전승하는 데 힘을 쏟아 금강지·불공·혜초로 이어지는 밀교 전통의 맥을 세웠고 불교 발전에도 크게 공헌했다.

『왕오천축국전』은 역사학적 의미뿐 아니라 문학적인 가치도 담고 있다. 간결한 필치와 뛰어난 표현력으로 혜초는 서역만리의 이색풍물들을 잘 표현해 현장이나 의정의 필력에 비길 만한 글솜씨를 보여준다. 고국 신라에 대한 향수와 고난이 절절히 배인 다섯 편의 시가 현재 『왕오천축국전』에 남아 있다.

3 | 신라가 낳은 세계적 무역왕, 장보고

장보고가 활약했던 8~9세기의 신라는 정치적으로나 사회적으로 혼란이 심했다. 중앙의 귀족들은 권력을 둘러싼 왕위 쟁탈전으로 피비린내 나는 싸움을 숱하게 벌였고, 그 틈을 타 지방호족들이 활개를 쳤으며 곳곳에서 반란이 일어났다. 중앙정부는 통제력을 잃어 해적과 도적이 들끓었고 민중들은 가난과 고통 때문에 유랑민으로 떠돌기도 했다. 그들 중 일부는 해적에게 납치되어 노예로

팔려가기도 했고 또 일부는 당나라나 일본으로 새 삶을 찾아 떠나기도 했다.

당나라에 밀려들어온 신라인들은 산둥반도 일대를 중심으로 신라방이나 신라촌 같은 집단구역을 이루어 뿌리를 내렸다. 당나라 물류의 중심이던 대운하 주변에 신라방을 설치하고 독자적인 자치권을 행사하면서 재당신라인들은 각종 무역에 종사하게 된다. 장보고가 훗날 동북아시아 일대의 해상권을 장악하고 국제적인 무역왕으로 활약하는 데 이들의 조직적인 무역활동이 중요한 밑거름이 되었다.

또한 신라는 이미 수준 높은 조선술과 항해술도 갖추고 있었다. 당시 신라선 한 척은 평균 250톤 정도의 짐과 사람을 실을 수 있었다고 하는데 이는 콜럼버스가 대서양을 항해할 때 이용한 선박의 규모와 맞먹는 것이다. 이러한 선진 과학기술을 갖추지 못한 일본인들은 해외로 나가거나 해상교역을 할 때 반드시 신라선단의 도움을 받아야 했다. 신라의 수준 높은 과학기술 또한 장보고의 눈부신 활약에 훌륭한 동력이 되었다.

장보고선단의 활약으로 바다비단길은 중국 동남해안에서 멈추지 않고 한반도와 일본으로 힘차게 이어졌고 신라는 바다비단길의 중계무역기지 역할을 자연스럽게 맡게 되었다.

군인 · 상인 · 정치인, 장보고의 일생

장보고는 790년경 전라남도 완도에서 출생한 섬사람으로 알려져 있다. 신라의 엄격한 신분제도인 골품제에 비추어볼 때 그다지 높은 가문 출신은 아니었던 것 같다. 장보고가 역사에 새긴 업적에 비해 그의 신분이나 유년기에 대한 기록은 거의 없어 그의 생애를 상세히 그리기는 어렵다.

당시 중국은 적극적인 개방정책으로 각
국의 많은 유학생·승려·상인 심지어 일반
인까지 자유롭게 받아들였고 외국인들 가운
데 실력이 뛰어난 자들을 발탁하여 관리나
군인으로 적극 채용하기도 했다. 장보고도
이십대 후반에 친구 정년과 함께 당나라에
건너가 뛰어난 무예를 인정받고 서른살 남
짓에 장쑤성 쉬저우에서 무령군소장이 되었
다. 당나라의 유명한 시인 두목은 장보고를
동방에서 가장 성공한 사람이라고 극찬했

해상왕 장보고.

다. 장보고가 의리와 통찰력을 갖추었고, 말을 타고 창을 쓰는 데
뛰어나 쉬저우에서 그를 대적할 이가 없다고 하면서.

　하지만 장보고는 당나라 군인으로서의 삶에 만족하지 않고 망
망대해로 나아가 동북아 해상무역시대를 열었다. 상인 장보고의
인생을 시작한 것이다. 그는 완도 청해진을 중심으로 중국과 일본
을 잇는 해상무역을 전개함으로써 바다비단길의 동쪽 끝자락에 막
강한 해상왕국을 건설했다. 청해진은 해외무역을 관장하는 거대한
국제무역센터로 자리 잡았다. 동북아시아의 드넓은 해역을 종횡무
진 누비면서 그는 뛰어난 해양 경영능력을 발휘했고 중국에 도착
한 서역의 진귀한 물물들을 우리나라와 일본에 전함으로써 동서
물물 교류에도 크게 이바지했다.

　하지만 인생의 마지막에 택한 정치인 장보고의 삶은 비극이었
다. 혼란과 무기력에 처한 신라정부는 장보고의 풍부한 무역경험
과 뛰어난 군사력을 활용해 국가적인 위기를 풀고자 했다. 그래서
장보고를 청해진대사로 임명하여 해적을 소탕하고 국제무역으로
생긴 재부를 국가에 바치도록 유도했다.

정치적 야망을 품게 된 장보고는 신무왕을 즉위시키는 데 일등공신의 역할을 하면서 중앙귀족들의 왕위 쟁탈전에 발을 깊이 들여놓게 된다. 결국 장보고는 자신의 딸을 문성왕의 두번째 왕비로 삼으려 했으나 이를 반대한 귀족들의 음모로 암살되고 말았다. 귀족들은 막강한 해상권력으로 군림한 장보고를 극도로 경계했고 신분적인 한계를 넘지 못하도록 완강하게 막았던 것이다. 바다비단길의 동쪽 끝을 호령하던 신라의 영웅은 이렇게 하여 파란만장한 일생을 마쳤다.

바다비단길의 동쪽 끝에 피어난 해상무역왕국

장보고가 일으킨 동북아 일대의 국제해상무역은 우리 민족의 활동무대를 바다로 확대한 역사상 최초의 시도이자 최고의 성과였다. 공무역이 점차 시들고 사무역이 번성하는 새로운 시대 변화에 맞추어 장보고는 한·중·일 삼국 지방세력들 간의 사무역에 힘을 쏟았다. 그는 휘하의 막강한 군사력으로 해적과 노예상들을 완전히 소탕하고 중국과 일본에 흩어져 있던 신라상인들의 활동을 바탕으로 국제적인 삼각 해상무역망을 구축했다. 나아가 동북아 일대의 해상교통권과 무역권을 완전히 장악하여 이 일대의 바닷길을 통과하려면 장보고선단의 허락과 도움 없이는 불가능할 정도로 막강한 힘을 행사했다.

장보고는 한·중·일 삼각무역에 머물지 않고 당나라의 국내무역에도 깊이 관여했다. 장안에 밀려든 페르시아상인·아랍상인·동남아상인과의 상거래를 주도하면서 장안에 도착한 갖가지 서역 물물들을 신라와 일본으로 적극 교류시켰다. 그 덕분에 신라와 일본은 세계적인 유행의 흐름에 뒤떨어지지 않고 선진문물을 입수할 수 있었다. 신라인들은 장보고선단이 수입한 이국적인 보석을 몸

에 둘렀고 아라비아산 거북으로 호화로운 머리빗을 만들었으며 수레를 장식했다. 일본의 귀족들도 가세가 기울 정도로 장보고선단이 들여온 각종 사치품들을 사들였다고 한다. 일본인들은 자신들이 생산하지 못하는 수준 높은 신라·중국·서역의 각종 물물에 열광하였고, 일본당국은 국교가 단절된 상황에서도 장보고선단에 절대적인 신뢰를 보여주며 신용거래를 허락했다.

도자기는 장보고선단의 주요 교역품이었다. 도자기는 당나라 시대 최고의 교역품이었는데 장보고의 활약으로 도자기의 길은 우리나라와 일본으로 이어졌다. 최근에 중국 양저우에서는 신라자기가 발굴되었고 일본에서도 중국도자기뿐 아니라 신라자기와 이슬람자기가 출토되었다. 장보고는 당나라의 유명한 웨저우요의 도자기를 수입해 신라와 일본에 팔았고, 9세기경 도자기의 수요가 급증하자 우리나라에서 직접 만들어 유통시켰다. 청해진 주변의 해남과 강진에서는 웨저우요와 비슷한 해무리굽도자기*를 생산한 가마터가 여럿 발굴되었다. 장보고는 중국이나 이슬람의 도자기를 중계무역하는 데 그치지 않고 신라자기를 직접 생산함으로써 우리나라의 도자기 탄생에도 선구적인 역할을 했다. 그의 진취성은 고려청자가 탄생할 수 있는 기반을 마련했고, 우리나라 도자기의 역사를 한 시대 앞당겨놓았다.

*굽을 깎아낸 모양이 마치 해무리 같아서 붙은 이름이다. 일명 일훈문(日暈文)굽이라고도 부른다.

'바다의 신'으로 추앙받은 해양제국의 무역왕

중국이나 우리나라에서는 그의 이름을 한자로 '張保皐'라고 쓰지만 일본에서는 '張寶高'라고 표기한다. 장보고의 막강한 재력과 영향력을 높이 평가한 것이다.

실제로 일본에서 장보고는 '항해의 수호신'이자 '바다의 신'으로 수용된 역사가 있다. 헤이안시대의 승려 엔닌은 당나라에 유학할 때 장보고가 세운 적산법화원에 한때 기거하면서 신라명신을 불법 연구의 수호신으로 받들었다. 엔닌은 신라명신의 공덕으로 10년간 당나라에서 수행을 마치고 무사히 귀국했다고 믿었다. 그는 귀국한 다음 일본에 신라명신을 모시고 기념비를 세우게 되는데, 그 신라명신이 바로 장보고다. 그리하여 '청해진대사 장보고 비'가 오늘날 일본불교의 심장부에 세워져 있다. 엔닌은 장보고를 바다의 신으로 추앙하며 자신이 죽은 후에는 그를 모시는 신사를 만들라는 유언을 남겼고 제자들은 그 유언에 따라 '세키산젠인'을 세우고 신라명신을 모셨다.

동양역사를 전공한 미국의 저명한 학자이자 정치가인 라이샤워는 장보고의 위대함에 주목하면서 그의 빛나는 업적을 세계에

장보고가 세운 적산법화원.

최초로 알린 인물이다. 그는 장보고를 '상인의 왕자' '해양상업제국의 무역왕' '해양 식민지를 지배한 총독'이라고 칭하면서 서양역사에서나 등장할 법한 인물이 독특하게 동양역사에 등장한다고 말했다. 장보고의 도전정신과 개척정신, 포용력과 지도력, 보잘것없는 가문과 신분적 한계를 뛰어넘어 시대를 앞서간 추진력 등을 높이 칭송한 것이다. 그래서 어떤 이는 장

보고를 9세기에 등장한 우리 역사상 최초의 벤처인이며, 군산상(軍商産)복합체를 운영한 뛰어난 경영인이라고 평가한다.

최근 우리나라에서도 장보고의 업적에 대해 각계에서 주목하고 있다. 특히 21세기 동북아경제권 구상에서 장보고는 세계경영의 선구적인 모델로 손꼽힌다. 장보고는 단지 중계무역에 머물지 않고 직접 생산과 유통, 사절 파견, 여객 운송, 종교문화적 분야까지 자신의 활동영역을 넓혔다. 그러한 종합적인 해양경영체제는 오늘날 우리에게 시사하는 바가 매우 크며 그의 업적은 앞으로도 계속 빛을 발할 것이다.

| 찾아보기 |

가야(伽倻) 329
각배(角杯) ☞ 뿔잔
각저총(角抵塚) 338
간다라(Gandhara)미술 20, 145, 198,
　225, 227
간쑤저랑(甘肅走廊)지대 ☞ 허시후이랑
　지대
갈레온(galleon)선 53
감부(甘父) 24
감영(甘英) 74, 282, 283
감옥(嵌玉)기법 346
감자 117, 123
강감찬(姜邯贊) 304
개운포(開雲浦) 344, 345
거란(契丹) 40, 42, 291, 303, 304, 308
거란족(契丹族) 291, 292, 295, 303, 304
게르만(German)족 135
견마무역(絹馬貿易) 40, 80~82, 323
「견왕녀도(絹王女圖)」 76, 149, 262
견직술(絹織術) 20, 77, 78
겸익(謙益) 331, 333
경교(景敎) 20, 27, 61, 77, 209, 217,

　220, 221, 293, 349
경덕진(景德鎭) ☞ 징더전
경덕진요(景德鎭窯) ☞ 징더전요
경주(慶州) 201
계림로단검(鷄林路短劍) 343
계절풍 49, 113
계피 112, 114, 116
고거회(高居誨) 89
고구려(高句麗) 234, 240, 326, 328,
　334~38
고려(高麗) 351~56
『고려사(高麗史)』 351
고려청자(高麗靑瓷) 107
고비(Gobi)사막 18, 21, 141, 310
고사계(高舍鷄) 364
고선지(高仙芝) 27, 145, 287, 289, 290,
　336, 362~67
고월자(古越瓷) 103
고조선(古朝鮮) 236, 325
고창고성(高昌故城) 144
고창국(高昌國) 27, 143, 144, 190
「고행하는 붓다 상」 228

곤륜산맥 ☞ 쿤룬산맥

공후(箜篌) 234, 236, 337

광저우(廣州) 49, 50, 81, 105, 166, 168, 293, 327

광주(廣州) ☞ 광저우

괘릉(掛陵) 무인석상 343

교하고성(交河故城) 144

구유크칸(Güyüg Khan) 222

구자국(龜玆國) 145

구텐베르크(J. Gutenberg) 243

국내성(國內城) 324

굽타(Gupta)왕조 195

그레고리우스 10세(Gregorius X) 185

그리스문명 227, 270~74

근초고왕(近肖古王) 345

『금강경(金剛經)』 242, 264

금강지(金剛智) 369

금(金)나라 37, 291, 296, 299, 304

금속활자 237, 244

금장한국(金帳汗國) ☞ 킵차크칸국

기독교 208, 209, 216~23

기련산맥(祁連山脈) ☞ 치롄산맥

기마유목민족 34, 43, 79, 126~37, 295

기미(羈縻)정책 85, 289

김수로왕(金首露王) 325, 329, 330

김춘추(金春秋) ☞ 태종무열왕

『꾸란』(Qur'ān) 64, 66, 119, 169, 205~09, 244, 253, 315

『꾸르안』 ☞ 『꾸란』

나시르 딘 투시(Naṣīr ad-Dīn aṭ-Ṭūsī) 255

나침반 47, 183, 184, 237, 245~47

나폴레옹(Napoléon Bonaparte) 272, 301, 366

낙양(洛陽) ☞ 뤄양

낙준(樂僔) 142

낙타 47, 100, 171, 172, 174~78

「낙타를 탄 악사상」 104

날란다(那爛陀)사원 196, 333

남북조(南北朝)시대 83

남송(南宋) 246, 291, 293, 295, 299, 304, 308

내몽고자치구(內蒙古自治區) ☞ 네이멍구자치구

너트메그(nutmeg) ☞ 육두구

네덜란드 52, 184

네스토리우스교(Nestorianism) 218, 219, 220~23, 349

네이멍구자치구(內蒙古自治區) 310

『논어(論語)』 325

농가타(農伽陀) 333

농경문화 37, 81, 355

누란(樓蘭) ☞ 러우란

니야(尼雅) 148, 149

다리우스 1세(Darius I) 20, 128, 156

다마스쿠스(Damascus) 78, 239, 287, 299

다옌탑(大雁塔) 61

단단오일리크(Dandan Oylik) 76, 149

단향(檀香) 110, 112

담배 117, 122

담비의 길 39, 350

당(唐)나라 20, 21, 26, 40, 46, 59, 81~83, 99, 103, 140~45, 147, 149, 152, 160, 161, 201, 220, 285, 287, 289~94, 304, 362

당나라 무종(唐 武宗) 201, 220

당나라 태종(唐 太宗) 120, 213, 220, 335

당나라 현종(唐 玄宗) 84, 293, 366
당삼채(唐三彩) 99, 103
『대당서역구법고승전(大唐西域求法高
　僧傳)』 333
『대당서역기(大唐西域記)』 76, 84,
　144, 145, 147, 190, 198, 262
대도(大都) 35, 222
대롱불기 94
대명력(大明曆) 358
대상(隊商) 19, 21, 22, 31, 171~76
대상관(隊商關) 175, 176, 306
대식국(大食國) 371
대안탑(大雁塔) ☞ 다옌탑
대월지(大月氏) 24, 25, 73, 90, 118, 282
대진(大秦) 83, 220, 278, 279, 283
대진경교유행중국비(大秦景教流行中
　國碑) 61, 220
대하(大夏) ☞ 박트리아
대항해시대 106, 117, 284
도로(都老) 357
도시국가 20, 198, 270, 274, 290
도자기 19, 47, 49, 70, 98~108, 171
도자기의 길 50, 101
돈황(敦煌) ☞ 둔황
돌궐(突厥) 37, 40, 42, 59, 131, 132,
　144, 157, 179, 218, 288, 304, 334
돌무지덧널무덤 321
동로마제국 ☞ 비잔틴제국
『동방견문록』 113, 185~88
동방기독교 77, 209, 216
동시(東市) 60
동이(東夷) 325
동인도회사 52, 116
둔황(敦煌) 21, 141, 142, 147, 148, 152,
　225, 228, 242, 261~63, 267, 367
둔황학(敦煌學) 234, 267

라마(lama)교 354
라시드 앗 딘(Rashīd ad-Dīn) 352
라와크(Rawak) 170
라이샤워(E.O. Reischauer) 376
랴오둥(遼東)반도 307, 327
러스터(Lustre)도기 102
러시아 54, 56, 297~99, 310
러우란(樓蘭) 138, 147~49, 259~61
로마상인 71, 94
로마유리 93, 94, 96
로마제국 64, 73~76, 77, 89, 93~95,
　110, 112, 113, 135, 157, 167, 182,
　216, 218, 228, 272, 273, 275~83
로만글라스(Roman glass) ☞ 로마유리
로프노르사막 ☞ 뤄부포사막
로프노르호수 ☞ 뤄부포호수
루스티첼로(Rustichello) 186
루이 9세(Louis IX) 39
루트(Lut)사막 18
룽먼(龍門)석굴 228
룽취안요(龍泉窯) 99, 104, 166
뤄부포(羅布泊)사막 22, 148, 259
뤄부포(羅布泊)호수 95
뤄양(洛陽) 75, 221, 228, 284, 324
뤼브뤼키(G. Rubruquis) 38, 39
르네상스(Renaissance) 163, 244, 275
르콕(A. Von. Le Coq) 257, 264, 265

마니교(摩尼敎) 20, 27, 61, 198, 217,
　219, 264, 293
마답비연상(馬踏飛燕像) ☞ 청동분마상
마라난타(摩羅難陀) 328
마르코 폴로(Marco Polo) 20, 28, 113,
　167, 185~88, 307~09
마우리아(Maurya)왕조 196

마이센(Meißen)가마 106
마케도니아(Macedonia) 197, 270~72
마호메트(Maḥomet) ☞ 무함마드
막고굴(莫高窟) ☞ 모가오굴
만리장성(萬里長城) 24, 42, 131
말[馬] 79, 80, 100, 178~80
말라바르(Malabar)해안 48, 51
말라카(Malacca)왕국 58, 114, 116, 214
말라카해협 45, 48, 58, 313
말라크(Malak)천문대 255
메디나(Medina) 203, 204, 209, 316
메소포타미아(Mesopotamia)문명 66,
    92, 94, 101, 102, 156, 156, 270, 355
메카(Mecca) 203, 204, 254, 315
명(明)나라 99, 106, 183, 308, 310, 311,
    318, 357, 358, 360
명나라 영락제(明 永樂帝) 310, 312
명도전(明刀錢)길 323, 324
명사산(鳴沙山) ☞ 밍사산
모가오굴(莫高窟) 21, 24, 142, 225,
    228, 229, 232, 242, 261
모피의 길 37, 39, 350
목간(木簡) 241
목판인쇄 242
몬테코르비노(G. da Monte Corvino) 222
몰약(沒藥) 110, 111, 351
몽골(Mongol) 18, 42, 73, 133, 154,
    179, 180, 211, 287~89, 295, 297~99,
    301~08, 310, 312, 360
몽골고원 24, 37, 126, 129, 153, 158,
    295, 296, 303, 304, 310
「몽골사」 222
몽골의 원정 296~98
몽골제국 20, 23, 27, 37~39, 54, 62, 67,
    104, 168, 176, 221, 243, 288, 291,
    295, 299, 300, 303, 305, 306~12, 316

「묘법연화경(妙法蓮華經)」 242, 243
「무구정광대다라니경(無垢淨光大陀羅
    尼經)」 242, 243, 264
무굴(Mughul)제국 52, 213
무령왕릉(武寧王陵) 346
무슬림(Muslim) 58, 119, 202, 209,
    211, 254, 287~89, 293, 309, 311, 354,
    357, 360
무용총(舞踊塚) 338
무하마드 ☞ 무함마드
무함마드(Muḥammad) 203~05, 210,
    248, 254, 286, 314~16
묵특선우(冒頓單于) 79
묵호자(墨胡子) 328
미나이(minai)도기 102
미란(米蘭) 148, 262
미추왕릉(味鄒王陵) 342, 343
밍사산(鳴沙山) 142, 228, 229

바그다드(Baghdad) 59, 66, 67, 139,
    166~70, 172, 212, 287, 291, 298, 318, 341
바다비단길 17, 27, 36, 39, 45, 47, 48,
    50~52, 70, 95, 100, 104, 115, 157,
    160, 161, 163, 166, 168, 171, 174,
    180, 182~85, 190, 208, 281, 282, 284,
    293, 306, 308, 310, 325~27
바미안(Bāmīān)석불 56
바스라(al-Baṣrah) 160
바스코 다 가마(Vasco da Gama) 51,
    58, 161, 162, 187, 311, 314
「바우어 필사본」 258
『박물지(博物誌)』 92
박트리아(Bactria) 23, 25, 119, 219,
    227, 272, 273
반초(班超) 74, 145, 147, 282

발하시(Balkhash)호 33, 38
발해(渤海) 39, 294, 304, 327, 348~50
백옥강(白玉河) 149
백은(白銀)의 길 53
백제(百濟) 345~48
백제금동대향로(百濟金銅大香盧) 347
법현(法顯) 20, 28, 148, 199, 261, 331
베네치아(Venetia) 38, 105, 167, 185,
　186, 309
베네치아상인 50, 64, 115, 159, 160,
　162, 174
베니스(Venice) ☞ 베네치아
베이징(北京) 81, 297, 304, 307, 323
베제클릭(Bezeklik)석굴 144, 265
벽란도(碧瀾渡) 327, 352
보장왕(寶藏王) 363
『본초강목(本草綱目)』 119
봉수형(鳳首瓶) 유리병 96
부하라(Bukhara) 20, 25, 59, 139, 151,
　152, 218, 293, 297
북경(北京) ☞ 베이징
북송(北宋) 294, 304
분청사기(粉靑沙器) 108
분향(焚香) 110~12
불교 20, 27, 61, 194~202, 208, 209,
　219, 293, 328
불교문화 142, 145, 201, 202, 227
불교비단길 28, 197, 199, 201, 225
『불국기(佛國記)』 148
불타승가(佛陀僧伽) 333
붓다(Buddha, 佛陀) 194, 195, 198, 227
비너스(Venus)상 37
비단 49, 70, 72, 75, 80, 100, 171
비마라진제(毗摩羅) 333
비비코눔대사원 154, 317
비엔나(Vienna) ☞ 빈

비잔틴유리 ☞ 로만글라스
비잔틴제국 23, 42, 62~66, 76~78, 93,
　102, 132, 137, 147, 152, 153, 158,
　163, 164, 167, 209, 275, 287
비파(琵琶) 236, 337
빈(Wien) 121
뿔잔 321

『사기(史記)』 83, 325
사마르칸트(Samarkand) 20, 25, 59,
　139, 140, 151~54, 158, 172, 218, 239,
　297, 307, 317, 324, 335, 341, 359
사마천(司馬遷) 83, 325
사산(Sasan)왕조페르시아 93, 94, 96,
　137, 157, 167, 203, 209, 280, 286, 292
「사행도(使行圖)」 154
산스크리트(Sanskrit)어 194, 200, 258
『삼국사기(三國史記)』 323
『삼국유사(三國遺事)』 328, 345
『삼국지(三國志)』 위지 동이전(魏志東
　夷傳) 325
삼이교(三夷敎) 221
삼황오제(三皇五帝) 72
상경(上京) 348
상관(商館) 52
상도(上都) 185
서극마(西極馬) 82
서로마제국 93
서릉씨(西陵氏) 72
서시(西市) 60, 166
서역(西域) 24, 73, 84, 110, 117, 190,
　197~200, 277, 281, 282, 289~91, 294
서역도호부(西域都護府) 142, 145
서역 착공(西域鑿空) 24, 26, 277, 282
『서유기(西遊記)』 144, 190, 195

서하(西夏) 261, 295, 296
석국(石國) 290
선우(單于) 24
『설문해자(說文解字)』 87
설손(偰遜) 356
설적 355
설탕 117, 119
『성서(聖書)』 110, 118, 123, 186, 220
성 소피아 사원 ☞ 하기아 소피아
세레스(Seres) 71, 277~79
세키산젠인(赤山禪院) 376
세형동검(細形銅劍) 321
셀레우코스(Seleucos)왕조 273, 276
셀주크투르크(Seljuk Turks) 137, 287, 288
소그드상인 27, 71, 82, 139, 141, 152,
  159, 162, 165, 172, 218, 221, 349
소그드어 153, 159, 166
소그디아나(Sogdiana) 27, 82, 147,
  149, 151, 153, 156, 218, 219, 272, 286
소주(燒酎) 354, 55
속특(粟特) ☞ 트란속사니아
송(宋)나라 37, 40, 47, 83, 99, 104, 167,
  183, 200, 237, 289, 293~95, 304, 309
송림사 5층 전탑 343
송림사 유리사리장치 96
쇄국정책 357, 358
수(隋)나라 40, 59, 201, 285
수밀격벽술(水密隔壁術) 182, 183
수시력(授時曆) 358
수침반(水鍼盤) 246, 247
순도(順道) 328, 329
술탄(sulṭān) 121, 122
쉬누아즈리(Chinoiserie) 106
스키타이(Scythian) 36, 37, 42, 128,
  129, 131
스타인(M.A. Stein) 76, 257, 261~63, 366

스투파(Stūpa) 227
스트라본(Strabon) 249
스페인(Spain) ☞ 에스파냐
『시경(詩經)』 91
시라프(Sīrāf) 158, 160
시르다리야(Syrdarya)강 151, 288, 289
시리아(Syria)사막 18
시박사(市舶司) 49, 104, 292
시스탄(Sīstān)전투 317
시안(西安)비석 ☞ 대진경교유행중국비
신강위구르자치구 ☞ 신장웨이우얼자
  치구
신드바드(Sindbad) 48, 160
신라(新羅) 294, 326, 339~44
신장웨이우얼(新疆維吾爾)자치구 22, 55
십자군전쟁 119, 287
쌍영총(雙楹塚) 336
「쌍화점(雙花店)」 354, 355

아도(阿道) 328, 329
아드리아(Adria)해 162
아라본(阿羅本) ☞ 알로펜
아라비아반도 48, 50, 58, 203, 286
아라비아해 17, 45, 48, 50, 281
아랍마 83
아랍상인 27, 38, 48, 49, 51, 52, 104,
  111, 115, 160, 161, 165, 168, 172,
  208, 253, 303, 341
아랍어 166, 205
아무다리야(Amudarya)강 151, 174,
  219, 286, 289
아바스('Abbāsid)왕조 46, 48, 66, 101,
  136, 168, 211, 213, 287, 292, 297,
  298, 355, 366
아부 알 피다(Abū al-Fidā') 246

아불 피다 ☞아부 알 피다
아소카왕(Asoka) 196, 197, 209
아스트라한(Astrakhan) ☞ 사라이
아유타국(阿踰陀國) 329, 330
아케메네스(Achaemenes)왕조 23, 94,
  128, 156, 274
아프가니스탄(Afghanistan) 56, 57, 198
안녹산(安祿山) 132, 291, 367
안달루스(Andalus)문화 212
안사(安史)의 난 81, 132, 213, 290, 291
안서도호부(安西都護府) 144, 145
안세고(安世高) 199
안식(安息) ☞ 파르티아
안토니우스(M.A. Antonius) 283, 284
안티오크(Antioch) 174
알 라지(al Rāzī) 251, 252
알 마스오디(al-Mas'oudī) 343
알 마크디시(al-Maqdisī) 339
알 만수르(al Manṣūr) 213
알 바타니(al-Battānm) 255
알 이드리시(al-Idrīsī) 339, 340
알 카와리즈미(al Khawārijmī) 253, 254
알 카즈위니(al-Qazwīnī) 340
알라(Allàh) 204, 205, 315, 316
알람브라(Alhambra)궁전 213
알렉산더(Alexander) ☞ 알렉산드로스
알렉산드로스(Alexandros) 20, 51, 61,
  62, 112, 119, 151, 156, 270~74, 301
알렉산드로스제국 93, 273
알렉산드리아(Alexandria) 61, 62, 93,
  160, 174, 272
알로펜(Alopen) 220
알리 아크바르(Ali Akhbar) 352
『알마게스트』(Almagest) 249, 255
알타이(Altai)산맥 29, 33, 38, 129
앙부일구(仰釜日晷) 358

야르칸드(Yarkant) 138, 147, 149
양귀자(洋鬼子) 257
양자강(揚子江) ☞ 양쯔강
양잠술(養蠶術) 20, 23, 72, 73, 76~78, 262
양저우(揚州) 120, 293
양주(揚州) ☞ 양저우
양쯔강(揚子江) 292, 295
양피지(羊皮紙) 238
언기(焉耆) ☞ 카라샤르
에스파냐(España) 52, 116, 120, 286~88
에프탈(Ephtal)족 218
엔닌(圓仁) 376
여진족(女眞族) 40, 291, 292, 304
『역사』(Historiae) 84
역참제(驛站制) 176, 306
영국 52, 54, 56, 184
옌치(焉耆) ☞ 카라샤르
오경(五經)박사 345
오고타이(Ögödei)칸국 299
오고타이한국 ☞ 오고타이칸국
5대10국(五代十國) 89, 103
오르혼(Orhon)강 81, 323
오리엔트(Orient)문명 156, 270, 272, 274
오손(烏孫) 82, 90
오손마(烏孫馬) 82, 83
오스만투르크(Osman Turk)제국 53,
  64, 65, 115, 121, 122, 137, 211, 287,
  288, 318, 352, 360
오아시스남도 21, 22, 23, 28, 89
오아시스도시국가 20, 31, 126, 127,
  138~54, 165, 172, 174, 197, 198, 259,
  260, 320
오아시스북도 21, 22, 28
오아시스비단길 17, 19, 20, 21, 26, 27,
  30, 33, 34, 36, 45, 46, 59, 60, 90, 95,
  100, 104, 108, 117, 139, 154, 157,

158, 160, 163, 166, 182, 185, 190, 191, 197, 198, 224, 278, 279, 281, 282, 284, 288, 293, 306, 317, 321
오채자기(五彩瓷器) 99, 106
오타니 고즈이(大谷光瑞) 257, 267
오트라르(Otrar) 318
옥(玉) 70, 86
옥기학(玉器學) 87
옥문관(玉門關) ☞ 위먼관
옥수수 117, 124
옥에오(Oc Eo)유적 284
옥의 길 90
『왕오천축국전(往五天竺國傳)』 267, 331, 367, 368, 370
왕원록(王圓籙) 263, 264
왕유(王維) 141
왕의 길 23
왕인(王仁)박사 345
외래습속 금지령 357, 360
요(遼)나라 37, 304
요동(遼東)반도 ☞ 랴오둥반도
용문(龍門)석굴 ☞ 룽먼석굴
용천요(龍泉窯) ☞ 룽취안요
우기국(于闐國) 76, 77, 149
우마이야(Umayyad)왕조 168, 211, 249, 286, 287, 298
우즈베키스탄(Uzbekistan) 127, 153
운강(雲崗)석굴 ☞ 윈강석굴
울루그베그(Ulügh Beg)천문대 154, 317
움마(Ummah) 208
워너(L. Warner) 257, 267
원(元)나라 35, 47, 49, 99, 167, 183, 185, 186, 221, 252, 289, 294, 299, 305, 307~10, 353, 357
월아천(月牙泉) ☞ 웨야천
월주요(越州窯) ☞ 웨저우요

월지마(月氏馬) 82, 83
월지족(大月族) 73, 89, 90, 198, 227
웨야천(月牙泉) 142, 231
웨이수이강(渭水) 141
웨저우요(越州窯) 99, 103, 104, 375
위구르(Uighur) 37, 40, 42, 59, 81, 81, 131, 132, 144, 145, 153, 159, 295, 303, 308, 355, 356, 359
위구르어 60
『위략(魏略)』 110
위먼관(玉門關) 21, 23, 190
『위서(魏書)』 95
「위성곡(渭城曲)」 141
위수(渭水) ☞ 웨이수이강
윈강(雲崗)석굴 228
유교문명 200, 202
유라시아(Eurasia) 18, 40, 43, 45, 70, 93, 126, 128, 137, 158, 197, 205, 209, 211, 223, 272, 285, 286, 296, 309
유리 19, 70, 86, 91~93, 141, 171
유목문화 37, 81, 129, 355
유목민족 40, 42, 203, 295
유스티니아누스1세(Justinianus I) 66, 77
유주(幽州) ☞ 베이징
유클리드(Euclid) 62, 249
유프라테스(Euphrates)강 66, 280
유향(乳香) 48, 110, 111, 341
육두구(肉荳蔻) 112, 114, 116
은(銀) 53, 168
은(殷)나라 72, 90
은 본위제(銀 本位制) 168
음산(陰山) ☞ 인산
응방(鷹坊) 353
의녕방(義寧坊) 220
『의사의 윤리규약』 251
의정(義淨) 333

『의학정전』 252
이광리(李廣利) 83
이베리아(Iberia)반도 208, 286~88
이븐 마지드(Ibn Majid) 58, 161, 162
이븐 바투타(Ibn Baṭūṭah) 20, 47, 50,
  167, 176, 181, 182, 188~89, 208
이븐 시나(Ibn Sīnā) 252
이븐 쿠르다지바(Ibn Khurdādhibah)
  49, 341
이사(Iīsā) 252
이슈타르(Ishtar)문 101
이스탄불(Istanbul) 38, 64, 137
이슬람교 20, 52, 58, 61, 64, 65,
  203~15, 217, 248, 285, 286, 289, 316
이슬람력(曆) 254
이슬람문명 58, 67, 94, 211, 215, 248,
  286, 287, 289, 298, 316, 317
이슬람상인 288, 292, 305, 308, 309,
  325, 351
이슬람제국 20, 21, 89, 132, 136, 152,
  160, 167, 168, 170, 209, 211, 212,
  214, 251, 275, 285~88, 290~92, 297,
  299, 308, 320, 358, 364
이시진(李時珍) 119
이집트문명 270
인노켄티우스 4세(Innocentius IV) 39,
  222
인더스(Indus)강 272, 281, 287
인도 25, 53, 59, 73, 113, 146, 194~97,
  202, 225, 272, 277, 279~82
인도문명 202, 270, 274
인도양 17, 45, 51, 157, 158, 161,
  182~84, 280, 308, 313
인두세(人頭稅) 210
인산(陰山) 307
인쇄술 20, 206, 237, 242, 289, 299,

307, 308
일(Il)칸국 42, 255
『일칸천문표』 255
일한국 ☞ 일칸국
『일한천문표』 ☞ 일칸천문표

자격루(自擊漏) 358
자바(Java)섬 113
자위야(al-Zawiyah) 189
잔지바르(Zanzibar) 58, 162
장건(張騫) 20, 23~26, 84, 118, 119,
  139, 277, 279, 282
「장건 출사 서역도」 26
장경동(藏經洞) 263
장보고(張保皐) 327, 341, 371~77
장안(長安) 16, 19, 21, 23, 27, 59, 66,
  81, 120, 139~42, 151, 152, 157, 159,
  166, 172, 201, 219~21, 279, 291~93,
  324, 327, 340, 348
장유(張維) 356
재식농업(栽植農業) ☞ 플랜테이션
적산법화원(赤山法華院) 376
적산선원(赤山禪院) ☞ 세키산젠인
적석목곽분(積石木槨墳) ☞ 돌무지덧널
  무덤
전한(前漢) 59, 73, 86, 139, 145, 277
정주(定住)문명 127, 133, 137
정크(junk)선 50, 54, 184
정통칼리프시대 210, 211, 286
정향(丁香) 112, 114, 116
정화(鄭和) 183, 310~14
제노바(Genova) 105, 163, 186
제노바상인 50, 115, 160
제라프샨(Zeravshan)강 153
제지술(製紙術) 20, 239, 240

조로아스터교(Zoroastrianism) 20, 27, 61, 156, 198, 217, 219, 264, 293
조선백자(朝鮮白磁) 107
조선술(造船術) 47, 182, 184
『조선왕조실록(朝鮮王朝實錄)』 356
조양(朝陽) ☞ 차오양
조우관(鳥羽冠) 36, 335, 337
조지(條支) 279
주(周)나라 72, 90
주자학(朱子學) 201
주작대로(朱雀大路) 60
죽간(竹簡) 239, 241
중가리아(Zungaria) 34, 43, 55
중가리아분지 29, 34
중국 197, 199~202, 207
중국문명 202, 270, 274
중근동(中近東)지방 102
중도(中都) 296, 297
중산왕(中山王) 88
중앙아시아 19, 74, 126, 127, 140, 145, 174, 197, 198, 202, 218, 221, 222, 257, 259, 288, 290, 293, 297, 299, 304, 316, 320
중화(中華)사상 40
지남어(指南魚) 246
『지리학 총서』 339
지중해 45, 48, 182, 276, 317
지혜의 집 249, 250
직지상(直指賞) 243
『직지심체요절(直指心體要節)』 243
진(秦)나라 40, 59, 276
진나라 시황제(秦 始皇帝) 24, 42, 61, 245
진시황병마용(秦始皇兵馬俑) 61
『집사(集史)』 352
징더전(景德鎭) 49, 99, 105~07
징더전요(景德鎭窯) 105, 106

차가타이(Chaghatai)칸국 299
차가타이한국 ☞ 차가타이칸국
차사국(車師國) 143, 144
차오양(朝陽) 321, 324
채도(彩陶)의 길 37
채륜(蔡倫) 239
채후지(蔡侯紙) 239
「처용가(處容歌)」 344, 345
천마총(天馬塚) 85
천불동(千佛洞) ☞ 첸포동
천산북로(天山北路) ☞ 톈산북로
천산산맥(天山山脈) ☞ 톈산산맥
『천연두와 홍역』 252
천주(泉州) ☞ 취안저우
천축(天竺) 141, 171, 369
철의 비단길 43
청(淸)나라 34, 43, 54, 55, 106, 183, 310
청동기문화 321
「청동분마상(靑銅奔馬像)」 84
청동솥 321
청해진(淸海鎭) 373
청화백자(靑華白瓷) 99, 104~06, 359
첸포동(千佛洞) 142
초원비단길 17, 23, 30, 32, 34, 36~38, 40, 42, 45, 81, 95, 129, 158, 179, 180, 304, 306, 321~23
최치원(崔致遠) 331
춘추전국시대(春秋戰國時代) 95
충렬왕(忠烈王) 354~56
충선왕(忠宣王) 354
취안저우(泉州) 47, 105, 168, 309
치롄산맥(祁連山脈) 21, 141
칠정산내외편(七政算內外篇) 358, 359
침향(沈香) 48, 110, 112
칭기즈칸(成吉思汗, Chingiz Khan) 20, 295~97, 299, 301, 302, 316, 317

카니슈카(Kanishka) 198
카라부란 31, 259
카라샤르(Kharashahr) 138
카라수크(Karasuk)문화 321
카라코람(Karakoram)산맥 22, 28
카라코룸(Kharakorum) 38, 39, 81, 298, 306
카라쿰(Kara Kum)사막 18
카라호자(Qarakhoja) 264
카레즈(Karez) 143
카로슈티(Kharoṣṭī)문서 262
카르피니(G. Carpini) 38, 39, 221, 222
카비르(Kavir)사막 18
카슈가르(Kashgar) ☞ 카스
카슈미르(Kashmir) 78, 82, 364
카스(喀什) 28, 138, 146, 149
카스트제도 194, 196
카스피(Caspi)해 126, 174, 318
카올리(Kao-li) 352
카자흐스탄(Kazakhstan) 127
카이사르(G.J. Caesar) 75, 272
카자흐(Kazakh)초원 33, 126
카카오 117, 120
카탈루니아(Catalunya)대지도 187
카필라(Kapila) 194
칼리프(Khalīfah) 255, 286
캐러밴사라이(Caravanserai) 175
커피 117, 121, 122
『코란』 ☞ 『꾸란』
코르도바(Córdoba) 212
코르도바사원 213
코르비노 ☞ 몬테코르비노
코칸드(Khoqand)자치정부 55
콘스탄티노플(Constantinople) 22, 38, 62~64, 66, 76, 140, 163, 164, 172, 212, 217, 341

콘스탄티누스 1세(Constantinus I) 63
콜럼버스(C. Columbus) 53, 117, 120, 122, 123, 187, 202, 311, 314, 372
쿠빌라이칸(Khubilai Khan) 35, 167, 185, 186, 252, 256, 307~09, 312, 355
쿠산(Kushan)왕조 197, 227, 228
쿠차 ☞ 쿠처
쿠처(庫車) 138, 139, 144, 145, 198, 234, 258, 265, 290, 347
쿠처불교 145, 146
쿤룬산맥(崑崙山脈) 22, 28, 138, 259
쿰투라(Kumutura)석굴 145
퀸사이(Quinsai) 309
크라수스(M.L. Crassus) 280
키르기스스탄(Kirgizstan) 127
키예프(Kiyev) 38, 297
키질(Kyzyl)석굴 145, 234, 265
키질쿰(Kyzyl Kum)사막 18
『키타이서』(Hitayname) 352
키타이(Kitai)제국 304
킵차크(Kipchak)칸국 38, 39, 42, 289, 298, 318

타림(Tarim)분지 22, 26, 89, 95, 149, 151, 152, 172, 198, 199, 260, 295, 304
타메를란(Tamerlane) ☞ 티무르
타슈켄트(Tashkent) 151, 152
타지마할(Tāj Mahal) 52, 213
타지키스탄(Tadzhikistan) 127
타클라마칸(Taklamakan)사막 18, 21, 30, 138, 142~44, 146, 149, 260, 261
탄구령(坦駒嶺) ☞ 다르코트고개
탈라스강(Talas)전투 27, 46, 239, 287, 290, 294, 365~67
태종(太宗) 357

태종무열왕(太宗武烈王) 326
태평양비단길 17, 54
테베(Thebes) 271
테오도시우스 1세(Theodosius I) 23
톈산북로(天山北路) 21, 23
톈산산맥(天山山脈) 18, 22, 25, 28, 29,
　30, 31, 54, 138, 143, 190, 259, 304
톈산위구르왕국 132
통일신라시대 201
투루판(吐魯番) 20, 30, 138, 143, 144,
　190, 304
투르크메니스탄(Turkmenistan) 127
투르크문자 56
투르크족 131, 132, 136
투르키스탄(Turkistan) 126, 137
트란속사니아(Transoxania) 149, 158,
　208, 272, 297
트란스옥시아나 ☞ 트란속사니아
티그리스(Tigris)강 66, 67
티무르(Timur) 188, 301, 316~18
티무르제국 20, 27, 54, 67, 153, 154,
　211, 312, 316, 317
티베리우스(C.N. Tiberius) 75
티베트(Tibet) 46, 81, 132, 143, 145,
　202, 290, 293, 312, 354, 362

파라문선(婆羅門船) 183
파로스(Pharos)등대 63
파르스(Fārs) 274
파르티아(Parthia) 113, 130, 131, 156,
　278~80, 282, 283
파르티아식 활쏘기 130, 179, 338
파미르(Pamir)고원 16, 18, 22, 23, 28,
　127, 139, 141, 146, 151, 165, 171, 172,
　185, 190, 202, 282, 285, 289, 297, 317,

321, 362
파사교(波斯敎) 220
파사선(波斯船) 46, 183
파피루스(papyrus) 238
팍스로마나(Pax Romana) 276, 284
팍스몽골리카(Pax Mongolica) 306
팍스시니카(Pax Sinica) 284
『팔리어 삼장(Pāli語 三藏)』 195
패자(牌子) 306
페니키아(Phoenicia)상인 180
페르가나(Fergana) 25, 73, 82~84, 118,
　149, 151, 286
페르시아(Persia) 25, 59, 74, 78, 89,
　102, 128, 129, 151, 225, 274, 277,
　289, 293, 305, 320
페르시아문명 156, 157, 273, 274, 289, 298
페르시아비단 74
페르시아삼채 102
페르시아상인 27, 46, 48, 71, 156, 157,
　303, 341
페르시아어 166, 172, 255
페르시아유리 93, 94
페르시아제국 73, 156, 197, 209,
　270~73, 292
펠로폰네소스(Peloponnesos)전쟁 271
펠리오(P. Pelliot) 257, 267, 367
펠리페 2세(Felipe II) 53
포도 117, 118
포르투갈 52, 114, 116, 161, 184
푸스타트(Fusṭāt)유적 99, 100, 105
프란체스코(Francesco)파 39, 221
프랑크(Frank)왕국 286, 358
프톨레마이오스(C. Ptolemaeos) 255
프톨레마이오스왕조 62, 63, 273, 276
프톨레마이오스 1세(Ptolemaeos I) 249
플랜테이션(plantation) 122

필률(篳篥) 234
필리포스(PhilipposI) 271

하기아 소피아(Hagia Sophia) 64, 66,
　164, 217
『하디스』(Ḥadīth) 248
하디자(Khadījah) 315
하서사군(河西四郡) 142
하서양(下西洋) 183, 311, 312
하서회랑지대 ☞ 허시후이랑지대
한(漢)나라 20, 25, 40, 73, 74, 88, 102,
　118, 135, 144, 148, 157, 179, 182,
　276~79, 281~85, 289
한나라 고조(漢 高祖) 276
한나라 무제(漢 武帝) 24, 80, 83, 95,
　110, 142, 236, 325
『한서(漢書)』 139
『한서(漢書)』 지리지(地理志) 282
한침반(旱鍼盤) 247
한혈마(汗血馬) 82, 83
항저우(杭州) 81, 113, 252, 309
항주(杭州) ☞ 항저우
항해술 46, 48, 182, 184
해동성국 348
해무리굽도자기 375
해상무역 101
향료(香料) 47, 48, 50, 51, 109, 115,
　141, 160, 163, 351
향료의 길 50, 116
향료전쟁 115
향약(香藥) 113
허시후이랑(河西回廊)지대 21, 141
허톈(和闐) 20, 73, 76, 77, 89, 90, 138,
　148, 149, 198, 262
허톈강(和河) 76, 148

허황옥(許黃玉) 329, 330
헌강왕(憲康王) 344
헤딘(S.A. Hedin) 257, 260, 261
헤라클레스(Heracles) 272
헤로도토스(Herodotos) 84
헤지라(Hegira) 204
헬레니즘(Hellenism)문명 218, 262,
　270, 274, 275
헬레니즘제국 274, 275
현장(玄奘) 20, 22, 30, 31, 61, 76, 84,
　144, 145, 147, 149, 171, 190, 198,
　199, 262, 263, 331
혜초(慧超) 22, 28, 195, 199, 267, 331,
　333, 367~71
호레즘(Khorezm)왕국 297, 305
호악(胡樂) 234
호탄(Khotan) ☞ 허톈
호한문화(胡漢文化) 129
혼천의(渾天儀) 358
홍해(紅海) 203, 280, 313
화베이(華北) 103
화북(華北) ☞ 화베이
화약(火藥) 237, 244, 245
화염산(火焰山) ☞ 훠옌산
화하(和河) ☞ 허톈강
활자인쇄 242
황남대총(皇南大塚) 96
황소(黃巢)의 난 160, 220, 221
황하(黃河) ☞ 황허강
황허강(黃河) 141
회창법난(會昌法亂) 220
회회력(回回曆) 358
회회사천대(回回司天臺) 256
『회회약방(回回藥方)』 252
회회의약 252
후추 112~14, 116

후한(後漢) 77, 83, 139, 145, 147, 237, 239
『후한서(後漢書)』 83, 152, 283
『후한서(後漢書)』 서역전(西域傳) 278
훈족 135, 180
훌레구(旭烈兀) 255, 307
훠옌산(火焰山) 144, 145
흉노(匈奴) 24, 25, 37, 37, 40, 42, 73,
　79, 85, 90, 133, 135, 136, 142, 144,
　145, 148, 179, 180, 227
흑옥강(黑玉河) 149

흑해(黑海) 174
흥덕왕(興德王) 91, 341
희망봉 51
히라(al-Ḥirah)동굴 315
히팔루스(Hippalus) 113, 280
힌두교(Hinduism) 194, 195, 213
힌두문명 200
힌두쿠시(Hindu Kush)산맥 28, 126,
　227, 272, 362

비단길에서 만난 세계사

초판 1쇄 발행／2005년 9월 5일
초판 7쇄 발행／2017년 10월 27일

지은이／정은주 박미란 백금희
펴낸이／강일우
편집／유용민 김종곤 신동해 이지영
미술·조판／윤종윤 한충현
펴낸곳／(주)창비
등록／1986년 8월 5일 제85호
주소／10881 경기도 파주시 회동길 184
전화／031-955-3333
팩시밀리／영업 031-955-3399 · 편집 031-955-3400
홈페이지／www.changbi.com
전자우편／ya@changbi.com

* 이 책 내용의 전부 또는 일부를 재사용하려면
  반드시 저작권자와 창비 양측의 동의를 받아야 합니다.
* 책값은 뒤표지에 표시되어 있습니다.